モバイル・ライブズ

「移動」が社会を変える

アンソニー・エリオット/ジョン・アーリ
[著]

遠藤英樹
[監訳]

ミネルヴァ書房

MOBILE LIVES
by
Anthony Elliott and John Urry
Copyright©2010 Anthony Elliott and John Urry
All Rights Reserved.
Authorised translation from the English language edition published
by Routledge,a member of the Taylor & Francis Group.

Japanese translation rights arranged with Taylor & Francis Group,
Abingdon, OX 14 4RN
through Tuttle-Mori Agency, Inc., Tokyo

はじめに

　次のような事態を考えてみよう。人びとは，今日かつてないほどに「移動の途上」にある。大規模な社会変動——グローバリゼーション，モバイル・テクノロジー，絶え間なき消費主義，さらに気候変動——が，地球規模で人，モノ，資本，情報，観念の移動がますます拡大し続けることに内在している。今や人びとは，毎年延べ230億km旅していると推定されている。2050年までには，資源の制約さえなければ，約4倍の毎年1,060億kmに達すると予想されている[1]。旅や観光は世界で最も大きな産業を形成するようになり，毎年7兆ドル以上の価値を生み出している。国際航空便の数は，10億便近くとなっている。今日，人びとはより遠く，より速く，そして（少なくとも）より頻繁に旅している。多くの人びとが旅を選択しているのに対して，「移動の途上」にあることを強いられている人もいる。亡命希望者，難民，強制移民もまた急増しているのだ。これに加えて，コミュニケーションを拡げるヴァーチャルなモビリティも急速に増大し，固定電話よりも携帯電話が増え，10億人以上のインターネットユーザーが存在するようになり，目も眩むような可能性と恐ろしいほどのリスクをもって，モビリティの黄金時代がまさに訪れている。同時に，社会科学者の中には，何らかの「時代を画するような社会変動」が実際に生じていると述べることに対して，その危険性を指摘している者もいる。それは通常の出来事に過ぎないのだと。

　そうした物言いに対して，どのように説明するのか。加速するモビリティーズに基礎づけられたグローバル化する世界において，移動の変容に関する問題がほぼ，社会科学の主流から無視されてきたのは何故なのか。移動のイシューをめぐるこれらやそれ以外の難しい問題は，「モビリティーズ・パラダイム」において問われ，そして答えられてきた。それは，John Urryの『モビリティー

i

ズ（*Mobilities*）』において詳細に論じられた，モビリティの変容をめぐる体系的な社会学である。

『モバイル・ライブズ』は，制度的なモビリティ・システムと，変容しつつある日常的な生との交差点について，多くの新たな問いを提起する。本書の主張によれば，人びとが今日みずからの生を営むあり方は，グローバルなモビリティ・プロセスのより広い変動に影響され，それを映し出しているのである。さらに言えば，世界をさらに移動するようになること——炭素をエネルギー源とする，人，品物，サービス，観念，情報の移動が加速していくこと——は，生が営まれ経験され理解されるあり方に影響をあたえるのだ。したがって本書は，モバイルな「生」に焦点を当て，「モビリティーズ・パラダイム」をより拡充する。私たちが思うに，モビリティーズに関する新たなグローバルな語りにおいて，生は再形成され変容しつつある。『モバイル・ライブズ』は，異なる形態であるはずの旅，輸送，ツーリズム，コミュニケーションに関する社会学的分析を接続する。これらは，さまざまな空間や時間を通じてアイデンティティが構成され，演じられ，編成される多様で時に新しいあり方を伴っているのである。

モバイル・ライフを生きることは，たしかに，相反することが混在している。体験と危険，可能性とリスク，これらがモバイル・ライブズを形成するうえで競合し合っている。「スピードの速い」モバイル・ライブズとモビリティ・システムにおいては，とくに新しいものや危険なものが増えていく。制度的なレベルでは，スピードの速いモバイル・ライブズ（私たちが「グローバルズ」と呼ぶ人びとの特権的な閉ざされた世界）は，絶え間ない組織のリストラ，企業規模の縮小，ジャスト・イン・タイムな生産，炭素による環境危機，電子的なオフショアリングを含んでいる。個人的なレベルでは，今日，モバイル・ライブズが加速していることによって，さまざまな行動の中で，美容手術，サイバーセラピー，合コン，転職などが重要となる。そうしたプロセス，トレンド，ライフスタイルに光を当てようと，現代の社会理論ではさまざまな記述がなされてきた。「個人化」「再帰的な自己アイデンティティ」「液状化する生」などは，

はじめに

現代のモバイルな世界の流れ，流動性，散乱を把握しようとして用いられた言葉である。別のところで，筆者の一人は，新たな「個人化」の出現を，制度的なプロセスと新しい種類のアイデンティティ形成がセットになったものとしてとらえた。ここで分析の焦点としているのは，次第に移動のスピードが速くなり，すぐに変化が起こり，自己発見が絶え間なく要求されることについてである。だが，社会理論のどのようなアプローチもこれまで，個人的・社会的・政治的な生の形態を促す具体的な実践を，「モバイル化」されていくものとして適切かつ明確に把握しようとしてこなかったのである。

濃密でせめぎ合うモビリティ・システムに結びついたモバイル・ライブズに関する説明を発展させていくためには，新たなアプローチの社会理論が必要となる。筆者の一人が『モビリティーズ』において主張した考えにもとづき，モビリティーズ・パラダイムが自己アイデンティティや日常生活の分析や批判にまで拡張し得ることを示すつもりである。とくにそこで焦点を当てたいのは，自己をめぐるモビリティであり，いかにして複合的なモビリティ・プロセスが深い部分で人びとの日常的な生を構造化し，逆にそれによって構造化されているかということである。これについて展開していくために，私たちは，「小型化されたモビリティーズ」「情動の蓄積」「ネットワーク資本」「集い性」「近隣の生」「ポータブルな人格」「くつろぎの場所」「グローバルズ」といった新しい概念を導入する。それは，モビリティ・システムとモバイル・ライブズが交差するあり方を把握するものである。

本書を通じて，専門の雑誌から大衆向けの本にいたるまで，あるいは社会統計から社会理論にいたるまで多くの出典を参照し，モバイル・ライブズを位置づけていく。私たちが広範囲に引く出典は，時に簡潔な要約を必要とする場合がある。たとえば，さまざまな人生を生きる人びとに対して行われた詳細なインタビューから引用された語りなどが，それである。それらのすべてが，モバイルな世界のスリルも辛さも教えてくれる。こうしたナラティブ・アプローチを援用するのは，単にモバイル・ライブズを明確に語ってくれているからだけではない。それだけではなく，モバイル・ライブズとモバイル・システムの複

iii

雑な関係性を洞察するうえで有効だからでもある。私たちのアプローチでは，複雑で非常にせめぎ合うモビリティ・プロセスをより理解するための手段として，主観的で生きられた経験に関する研究に対し，特別な位置づけをあたえている。これについて筆者の一人が以前に書いた本——すなわち『新しい個人主義（*The New Individualism*）』と『メーキング・ザ・カット（*Making The Cut*）』——のように，インタビューした人びとのことはフィクション化された語りのかたちにして述べている。その理由の一つは，匿名性を保証し個人情報を保護するためである。別の理由としては，このアプローチが，いくつかの声を一つにし，語りを複合的なストーリーに凝縮することを促すからである。

　本書の目的は一貫して，モバイルな世界に関する，人びとの矛盾に満ちた経験において生じていることを抽出し，21世紀におけるモバイル・ライブズのすがたを具体的に描写していくことにある。また，そうした経験を可能としたり，本書の最後で述べるように，時にできなくしたり，逆の経験を生じさせたりする前提条件も考察する。したがって，私たちが考察するのは，ポストモダンな未来像というよりも，ポスト炭素社会の未来像であり，ポスト炭素社会がモバイル・ライブズの持続・成長・インパクトに対して有する意味なのである。それゆえ本書は，ある部分，ポスト炭素社会主義に関する書物でもあるのだ。本書は多分，「ポスト炭素社会」をめぐる社会理論の端緒の一つとなるだろう。

謝　　辞

　本書は数年かけて練られてきた。モバイル・ライブズを考察する書物として相応しく，本書は，アデレード，ランカスター，ロンドン，ドバイ，東京，シンガポール，ニューヨーク，ヘルシンキ，上海，香港など世界のさまざまな場所で（時には，その場所への移動中に）書かれている。したがって，私たち自身のモバイル・ライブズに関していえば，読者は私たちがロンドンや東京にいるが，バグダッドやラゴスにはいないことが分かるだろう。もちろん，そうした地政学的なモビリティーズがこれからの議論にどのように影響をあたえるのかについては気を配ってきたつもりである。

　本書の大部分は，email として知られるヴァーチャルなモビリティの助けを借りて書かれている。だが，通常のフェイス・トゥ・フェイスな出会いやスピードの速い旅もまた研究には不可欠であったと思う。2009年に南オーストラリア州立図書館でセミナーの機会をもち，何度も議論できたことは本当に幸運であった。そのグループのメンバー，とくに Ross Harley, Gillian Fuller, Greg Noble にお礼を言いたい。Ros Harley には，モバイル・ライブズのイメージを明確にしてもらったが，それは，彼自身のモバイルでデジタル化された生活によって可能となったことである。他にも Kay Axhausen, Zygmunt Bauman, Monika Büscher, Javier Caletrio, Daniel Chaffee, Saolo Cwerner, Kingsley Dennis, Pennie Drinkall, Bianca Freire-Medeiros, Paul du Gay, Nicola Geraghty, Tony Giddens, Kevin Hannam, Eric Hsu, Sven Kesserlring, Jonas Larsen, Charles Lemert, Glenn Lyons, Mimi Sheller, Bron Szerszynski, Bryan Turner, David Tyfield, Sylvia Walby, Laura Watts など，有益なコメントや示唆をしてくれた多くの同僚や友人たちにも，感謝したい。Gerhard Boomgaarden からは，とくに多くの有益な示唆を受けた。研究計画全体にわたる彼のサポートに

お礼を述べたい。Louise Smith には，編集作業で助けてもらった。最後に調査のアシスタントとして素晴らしい仕事をしてくれた Daniel Mendelson に感謝の辞を述べたい。

アデレードにて
アンソニー・エリオット

ランカスターにて
ジョン・アーリ

目　　次

はじめに

謝　辞

第１章　モバイル・ライブズ——さらに遠くへ？……………… 1
　1　あるモバイル・ライフ …………………………………… 1
　2　移動の途上で——オン・ザ・ムーブ …………………… 11
　3　モビリティーズ・パラダイム …………………………… 20
　4　本書の議論 ………………………………………………… 29

第２章　新しい技術・新しいモビリティーズ ………………… 33
　1　デジタルなモビリティーズ ……………………………… 33
　2　デジタル技術と小型化されたモビリティーズ ………… 37
　3　デジタルな生活——情動の蓄積・保存・検索 ………… 46
　4　結　論 ……………………………………………………… 58

第３章　ネットワークと不平等 ………………………………… 61
　1　ネットワークとネットワーキング ……………………… 61
　2　集　い ……………………………………………………… 70
　3　ネットワーク資本の領域 ………………………………… 78
　4　結　論 ……………………………………………………… 86

第4章　グローバルズとモビリティーズ……………………89

1. 超えていく——グローバルズ……………………89
2. グローバルズ——新しいスーパー・エリートの出現……………………92
3. 数百万ドルとモバイルな駆け引き……………………95
4. グローバルな激しい競争におけるモビリティーズ……………………100
    ——エリートの逃避術
5. グローバルズの自己様式化……………………107
6. グローバルズ・モビリティーズ・空間……………………111

第5章　モバイルな関係——遠距離の親密性……………………113

1. モバイルな親密性をやりくりする……………………113
2. 親密な関係性——地域的な限定から個人化されたモビリティへ……………116
3. 親密性・空間・モビリティ——再検討……………………122
4. モバイルな親密性……………………130
5. 性をモバイル化する……………………140
6. 結論——拡張している（stretching）？　それとも拡張してしまった（stretched）？……144

第6章　過剰な消費……………………149

1. ドバイとは……………………149
2. モバイルな消費社会……………………152
3. モバイル・ライブズと管理社会……………………159
4. 新自由主義……………………163
5. 例外か典型か……………………169
6. 結論——パーティーの終わり……………………172

第 7 章　せめぎ合う未来 ……………………………………… 175
　　1　20世紀 …………………………………………………… 175
　　2　気候・エネルギー・人間 ……………………………… 180
　　3　未　　来 ………………………………………………… 188
　　4　果てしない移動 ………………………………………… 190
　　5　ローカル・サスティナビリティ ……………………… 192
　　6　地域軍閥主義 …………………………………………… 195
　　7　デジタル・ネットワーク ……………………………… 198
　　8　複合的な未来 …………………………………………… 204
　　9　破　　局 ………………………………………………… 208

おわりに

注

監訳者あとがき

索　　引

第1章　モバイル・ライブズ
―― さらに遠くへ？

　言葉や思想を広く行き渡らせる新たな方法とともに，海中も，地下も，空も，地上も，人をある場所から別の場所に運ぶものが発明される。しかし，ある場所から別の場所へ旅することで，人びとはまさに邪悪なものと関わってしまうことだろう。思想や言葉もまた，邪悪なもの以外の何ものも指し示すことはなくなるだろう(Leo Tolstoy)[1]。

1　あるモバイル・ライフ

　Simone は，イギリスを拠点とする研究者だ。彼女はブラジル生まれで，仕事で旅することが多い[2]。物価の高い西欧の都市に暮らす他の研究者と同様に，公私にわたり綿密な調整を必要としている。旅先ではなおさらだ。学会に出席しようと，彼女が最近アメリカに旅した時のことを考えてみてもよいだろう。JFK 空港に降り立った Simone は税関でのチェックを済ませる。それは，彼女が何度も経験しているもので，9.11 のニューヨーク爆破テロのために大きく変わってきたものだ。生体 ID，指紋認証，パスポートチェックなどがあり，彼女がマンハッタンを訪問する理由について細部にわたり質問を受ける。とりわけ彼女があいまいな人種的特質を有していること，彼女の夫がイランのバッググラウンドをもっていることに質問が集中する。税関を通過し，Simone は BlackBerry に手をのばし，email をチェックする。その後，ニューヨークに先着していた友人に電話をかける。国際的な名声を有する Simone がニューヨークにやって来たのは，学術会議で基調講演をするためだが，同時に，中東で活動する人事雇用会社のコンサルタントとして働くためでもある。タクシーでマンハッタンまで行き，Simone は，数週間前にベルリンで（別の会議に出席

1

資料1-1 西安咸陽国際空港の手荷物受取所 (2007年)

しながら）予約していたホテルにチェックインし、部屋で中国製のテレビをつけ、次第に悪くなってきた天気の最新情報をみる。実は、彼女は今後も仕事がずっと入っており、さらに旅が続き、天気によっては遅れることになりそうなのだ。

旅は Simone の生活において、アンビヴァレントなものである。一方で、旅は彼女にとって楽しく開放的なもので、とくに買い物をする贅沢ができる機会を提供してくれるものである。他方で世界中を旅することは、彼女の負担にもなっている。彼女は、夫や6歳の娘から離れて過ごす時間がつらいと思っている。座ってコーヒーを飲み、Apple のノート PC を起動させ、明日の会議で読むペーパーを点検する。だが集中できずに、彼女は電話を手にとって、夫や、できれば娘と寝てしまう前に話がしたいとロンドンにかける。だが、バッテリーを充電するための正規のアダプターを忘れてきていたことを思い出す。イライラしながら、Simone はノート PC の iTunes を起動させ、家族への思い

を表現してくれている曲を選択する。曲を聞いて，気持ちを静め，発表のことについて考える。これらすべてのことが，JFK 空港で税関を通り，厳しいチェックを受けて，たった2時間程度で行われているのだ。この街はたしかにニューヨークだ。だがダブリンやダーバンやドバイであっても，様子は変わらない。実際，Simone は，この数年間でこれらすべての街を訪れている。多忙な仕事を抱えながら，世界中の都市を訪れ，そこで買い物をしているのである。

　Simone の，ペースの早い消費的な暮らしぶりは，21世紀の変貌する社会的世界について，どのようなことを言い表しているのだろう。ある部分，それは，徒歩や自転車のようなゆっくりした移動形態に代わって，近年発達してきた速い移動形態の重要性を示唆している。かつてアメリカでは，人びとは1日に平均して主に徒歩，馬，馬車などで50m 移動していたが，現在では主に自動車や飛行機などで50km 移動するようになっている(3)。

　このように高速の移動が発展してきたのは，さまざまな相互依存的なプロセスに由来する。世界中で自動車によって移動するようになり，6億5,000万台以上のクルマが世界の高速道路を走る。とりわけ，中国やインドなど人口が急激に増加している社会ではそうである。新たな料金体系モデルにもとづき，安価に飛行機で移動できるようにもなっている。鉄道も，とりわけヨーロッパや日本で走っている高速鉄道などを通じて，再び注目を集めるようになっている。遠くから訪問しなくてはならないグローバルなテーマ化されたレジャー環境も，新たに増えている。空でも陸でも移動距離は増えている。海でも9万隻の船が，工業製品，部品，食料品を輸送している。人もそうだ。職場でもレジャーでも，あるいは家族や友人も，多くの人びとが，「遠距離」を移動する日常生活に対応するべく過ごしている(4)。輸送で二酸化炭素を排出しているのは，全温室効果ガスの14％を占め，ガス排出の2番目に大きな原因となっており，2050年までに倍の量に達すると見込まれている(5)。世界を巡り回るには多額のカネが必要ではなく，安価な大量の石油と，そこから生じる二酸化炭素の排出が必要なのである。

　「豊かな北」の生活形態（Simone のような生活形態）は，「モバイル化」され

ている。旅（人の旅）のスピードはますます速くなり，移動距離（モノや人の移動距離）はますます遠くなる。そうしたことを前提に，社会的な実践が営まれているし，そうである「必要」が生じている。Simone の仕事の風景にも映し出されているように，鉄道，飛行機，タクシー，バス，email，SMS，携帯電話，スカイプなどがなければ，日常のビジネスや仕事もままならないのだ。

さらに，こうしたことによって，世界が自己に対し，すなわち日常生活や自我形成のあり方や感情の陰影に対し関わっている生の諸相が，加速的に——Linder はそのことを「加速的」というのだが——現れはじめている。[6]スピードの速いモビリティーズの出現は，変化しつつある職業生活，個人のアイデンティティ，人生設計に対して根本的に重要となる。以下では，さまざまな変化のうちでとくに関係するものを詳述してみよう。

第1。こうして拡張していくモバイルな世界に対する個々人の参画は，単に，移動の特定形態の「使用」に関わるだけではない。むしろ，高度にモバイルな社会の出現は，より広い世界へ接続するのみならず，自己——日々の行為や他者との関係性も含めて——を再形成するのである。進展したグローバリゼーションのこうした時代にあっては，「ポータブルな人格」が出現する。アイデンティティは，新たな形態の輸送や旅に「傾斜」してあるだけではなく，移動によって創り直されるものとなる。言い換えるのならば，モビリティのグローバリゼーションは，自己の核心部分にふれるものとなっているのだ。モビリティ——それはとくに移動という問題が人びとに要求するものだが——は，多くの社会の特徴となっている。前産業的なモビリティのシステムでは，馬，馬車，船，徒歩が主であった。それに対して，進展したグローバリゼーションの状況においては，ソフトウェアを起動させるデジタルなモビリティ・システムが——それは航空機運航管理システムから携帯電話にいたるまで用いられ——，自己に対して新たな要求をもたらし，心のあり方までも新たに組み替えていく。このことは，Simone の絶え間ない旅のダイナミズムからだけではなく，彼女が旅しながら用いるヴァーチャルなコミュニケーション・システムからも明らかである。これに関する重要な帰結の一つは，世界の「豊かな北」におけるア

イデンティティが,「モバイル・ライフ」として構築されているということである。このことは,実際に旅をしている人にだけ当てはまるわけではない。有償であろうが無償であろうがホストとして,近くから来ている相手や,とりわけ遠くから来ている相手をもてなし,来訪者を受け入れている人にも当てはまるのである。[7]

　第2。世界をまたにかけて旅するような Simone のスケジュールをみると分かるのだが,個人化されたモビリティの傾向は,地球全体に広がる社会的・文化的・経済的ネットワークの複雑な網の目における,あるいは少なくとも地球のいくつかの部分の結び目におけるパーソナルな生であることを意味している。このことから,「スモールワールド」の経験として描写されていることが生じてくる。離れた場所にいる集団は,実際のところ,それほど間に人をいれずともつながっているのである。多くの人がきっと,「それはスモールワールドですよね？」というだろう。この考えは時に「6次のつながり」とも表現されているもので,世界中のどんな2人であっても間に6人いればつながってしまうとされている。Simone のように,緊密なネットワークを有していれば,もっと少ない人数で世界中の人とつながってしまうにちがいない。[8]

　第3。国境を越えて広がる,さまざまな高速の「モビリティ・システム」(自動車から航空機まで,ネットワーク化されたコンピュータからモバイルフォンまで)のもとで,人びとは,皆が時間を共有することが稀であるポスト伝統的あるいは「脱伝統化」された社会状況を生き,それを通してみずからの人生における将来計画と同様に,自己アイデンティティの諸側面も定義しているようにみえる。[9]「移動の途上」にある生とは,他者とは異なる時間のもと「どこか別の場所」にいる可能性が中心となる生なのである。email, SMS, MP3 オーディオ,パーソナル DVD プレイヤー,これらによって人びとは,より流動的なパターンや実践のもとで,以前の伝統や伝統的なかたちの文化的生活から解き放たれるのである。そのようなモバイル・ライブズにおいては,重要な他者が他のことをし,異なる時間を生きているとしても,予期できないことに備え,新規なことに対応していくため,柔軟性（フレキシビリティ）,適応性（アダプタビリ

ティ），再帰性（リフレキシビリティ）が求められるようになる。人びとの経験はますます相互に同時性を喪失し，その結果，システムも人びとも「ジャスト・イン・タイム」であることが必要になるのだ。[10]

　第4。このことが意味しているのは，人びとの生が魅惑的な可能性に満たされるということである。それは，まさにSimoneが仕事の地位を上昇させていきながら手にしたものである。とはいえSimoneは，まったくもって，グローバルなものに対して「まさに」男性的な（モバイルな）ネットワークにいるというわけではないので，すでに限界を感じてもいる。魅惑的な可能性は，新たな脅威に満ちた世界でもある。「移動の途上」にある生は，欲してはいないセクシャルなものを伴うものであり，遅れたり予測できない旅の不確実性に悩まされるものであり，家族や近隣の人びとからいつも離れざるを得なくなるものである。もちろん旅の不安を補ったり，親しい人びととふれあったりするためのヴァーチャルなモビリティもさまざまなかたちで存在している（たとえば携帯電話，emailなどがそれだ）。だが，こうしたことがうまくいくのは，それらの装置が作動している時に限られるのであり，それらが作動しなくなってしまうことも，本当にしばしばある。

　第5。Simoneのモビリティは，比較的モバイルではない生を営む多くの他の人びとを前提にしている。その中には，チェックインフロントで働くホテル従業員，ホテルや航空機のクリーナー，携帯電話アンテナの補修者，東南アジアの工場で彼女のファッショナブルな洋服をつくる人びと，スーツケースを運ぶ人びと，彼女の娘，イラクのパイプラインで働くセキュリティ・ガード，会議を組織した団体などが含まれる。彼らが世界中にいることで，Simoneのモバイルで，移動し続ける「ジャスト・イン・タイム」な生が可能なものになる。ある意味，彼らは他者の移動のために「非モバイル化」されているのである（「非モバイル化」の否定的な側面のいくつかについては，第5章参照）。

　第6。次第に複雑でコンピュータ化されるシステムに参画することで，自己形成が行われるようになるが，そのことで，生のあり方は短期スパンの気まぐれなもので，散発的な情報にもとづく，社会性が断片的にすぎないものとなっ

ている。人びとが相互に関係し合うデジタル化されたシステムに依存するようになるにつれて，「移動の途上」にある生は，21世紀のはじめに一層急速に展開されるようになっている。私たちが「小型化されたモビリティ」と呼ぶもの（たとえば携帯電話，ノートPC，iPod）を用いることで，人びとは他者から引き継ぎ，他者とともに創り上げた社会生活を変容させていく。「do-it-yourself」によってスケジュールを何度も組みながら，人びとは，どのように行為するのかの筋道を計画し，接続したり接続しなかったりする他者との計画を作成するようになる。そういったDIY的なライフスタイルを実現する中で，モビリティに関する今日のデジタル化されたシステムは，自己のあり方を「開放性」すなわち自己暴露の新たな形態へと誘うのである。──それが，Heideggerの言う「現存在」を構成するのだ。「ダーザイン」あるいは現存在が（Heideggerの主張するように），それをとりまく社会的な事柄に「関連している」のだとすれば，駆り立てられるようなモビリティの世界は，自己を基本的に変わらないままにしておいてなどくれないだろう。逆に，ここでみるべきは，複雑でグローバルなモビリティのシステムが登場することで，モバイル・ライフという新たなかたちや，新たな種類の日常的な経験や，新たな形態の社会的相互作用が誕生するということなのだ。もちろん人びとは，これまでつねに行ってきたようなことの多くを行い続けている。だがモバイルな世界が形成されたことで，モバイル・ライフにおける革新的な経験が引き起こされたのである。「移動の途上」にある生では，「ネットワークにつながったり」「つなげられたり」しながら日常がすすみ，接続の操作が繰り返され，ログオンとログオフがいつも行われる。このことを考慮に入れるならば，世界-内-存在をめぐるHeideggerの記述を，モバイルなシステムに「包まれた」ものだと再解釈することができる。モバイルな社会では，世界-内-存在のあり方は，経験，場所，出来事，旅，知識，データ，ファイルが個人化され私化されて集積するものになっているのだ。一般的な現象として，人びとが「包まれている」社会的事柄は，私たちが「一瞬の時間」として言及する別の場所でのこと，すなわちRosa and Scheuermanが「加速的な駆り立て」と述べることに集中するようになってい

るのである。自己や社会的ネットワークは,「検索」「消去」「削除」「カット・アンド・ペースト」「キャンセル」といったコンピュータ上の一瞬のクリックをめぐって再構成されるようになっている。

　こうしたテーマは,「モバイル・ライブズ」の核心にふれるものである。私たちの議論においては, 世界の豊かな北側における「秩序なき資本主義」は, 金融, 短期の契約, ジャスト・イン・タイムな運送などが支配しており, 個人的な生と社会的な生の両方に対して影響をもたらす。このことは, 短いスパンで思考することばかりがまかり通り, マルチタスクでマルチキャリアを感情的に優先させることにもみてとれるのである。金融的なフローが国家の領域を越えてモバイルな資源を売買し蓄積を促すだけではなく, 世界中の資本の瞬間的な移転をヴァーチャルなかたちで促すように, グローバリズムは, 少なくとも現代世界のある部分に生きている何らかの市民にとって, フレキシブルで液状化した, 一層モバイルで不確実な生を有する個人のあり方を到来させるのである。

　もちろんモビリティを強いられている人もいる。たとえば, 難民, 亡命者, 奴隷の数は21世紀の初頭において記録を更新している。そういった移民は, トラックのコンテナや荷台の中で国境を危険なかたちで越えていき, 短期の法的にすれすれの雇用, 人間関係, 不確実な事柄に直面することになる。さらに多くの時を難民は, 市外にある難民キャンプで留められる。Homi Bhabha が主張するように,「場所を追われし者も富を持たざる者も, 移民も難民も, 国境からたった数フィートの距離が最も恐ろしい」のだ。

　第7。小型化されたモビリティに一層浸るようになることで, 私たちが情動の保存と検索と呼んでいることがますます発展していく。これについては, Simone が家族に電話できなかった時のことをもう一度思い出してみるとよい。彼女はこの事態にいかに対処したか？ 彼女は, ノートPCのiTunesを立ち上げ, ロンドンの自宅や家族を鮮やかに思い出させてくれるブラジルの歌を選択したのではないか。もちろん, 今とは異なる多くの社会的な状況や歴史的なコンテクストでも, 記憶を想起させるために音楽を「用いる」ことはあった。

第1章　モバイル・ライブズ

　MP3 プレイヤー，iPod，携帯電話のオーディオプレイヤーといった小型化されたモビリティの到来は，人びとが音楽，写真，ビデオ，文章にアクセスする社会的コンテクストを変えてしまったのである。ここで中心的に議論すべきなのは，人びとが新しい情報技術を用いるのは情報を送り手から受け手へと伝達するためであるという既存の知識，すなわち「インプット」と「アウトプット」に関するコミュニケーションモデルを捨て去ってはじめて，モバイル・ライブズの社会的インパクトを把握し得るということである。私たちが主張したいのは，小型化されたモビリティーズを用いることが，一般化されたメディア・コミュニケーションの対象的な世界において，情動や感情の保存とそれに続く検索を通じて，自己経験を変容させるということだ。精神分析学的な研究を援用しつつ，私たちは第 2 章で，いかにして小型化されたモビリティーズが，テクノロジー的な対象の中へ情動や気質——自己経験の感情的かつ美学的な側面をシンボルとして洗練させたり，それを用いて対人的なコミュニケーションを行ったりするために「引き出される」までは保存しつつ——を深く入り込ませていくのかを考察している。さまざまな種類のモバイル・ライフを通して形成されていく情動の保存と検索は，一定のローカリティ，これまで通常とされていたパターン，固有の文化的伝統にあまり結びつけられていない，新たな形態のアイデンティティを生み出していくのだ。

　最後に。人びとの生は，彼らが意識しているか否か，望んでいるのが自由なのかセキュリティなのか，そういったことにかかわりなく，さまざまなモビリティ・システムのもと，多様な情報の断片をみずからの足跡として残していく。アメリカ移民局のコンピュータデータベースに保存されている Simone の生体 ID 情報から，マンハッタンのホテルで宿泊した際のクレジットカード情報にいたるまで，自己の足跡は空間と時間の中に残され，それらのすべてが少なくとも原理的には，検閲したり管理するために一瞬で検索し得るものとなっている。個人情報をデータベース上で収集することに関しては，近年，ますます進んでいる。それは旅，情報，テレコミュニケーションの領域に，さらに関連するデータベースが商業において，かつ新たな形の統治において用いられるあり

方にも結びついている。相互に連関し合うシステムのモビリティ化の社会的帰結を考察するにあたり，私たちは自己をめぐる情報を収集し記録する新たな機会を再生産する諸制度や，そうした情報が自己に注ぎ込まれ，さらにモビリティ化や人，モノ，情報の流通を促進していくあり方を検討することになるだろう。このことがとくに重要であるのは，異なったデータベースが相互に結びつき合い，自己に関する多様な足跡がマシンの中の亡霊のように接続し合っているからである。スーパーリッチたちがパパラッチから逃れるためでなければ，単純に「プライベート」であることはますます少なくなっているのである。

　モバイルな世界やモバイル・ライブズに関する多様なテーマは，この80時間で世界をまわる Simone の旅の肖像から分かるだろう。ほとんど疑いもなく，Simone は特権的な暮らしを享受しているが，彼女の自己経験の内に，世界の多くの人びとにとって次第に支配的になっている側面がある。人びとは，ある種の「重荷」のように移動を背負わされていると感じはじめている。私たちが示唆するように，モビリティは中核的なものとなっているが，それは社会科学者が社会的世界——その制度，プロセス，社会性を理解するために必要なだけではなく，人びとの日常的な生を織り上げ構成するためになくてはならないものなのである。私たちが示しているのは，モビリティーズのパラダイムは，現代のアイデンティティ形成にとって一層中心的なものとなっているということだ。

　本章では，移動をめぐる諸問題や（徒歩，馬，自転車とは逆に）スピードの早いモビリティーズの出現から生じる，豊かな北における人びとの生の状況と帰結に関連した大きな変容を考察する。私たちの主張によれば，人びとの生に対する加速的なモビリティーズをめぐる最も重大な特徴は，柔軟性（フレキシビリティ），適応性（アダプタビリティ），短時間の変容を可能とするようにアイデンティティを再形成することである。つねに旅をし，つねにコミュニケーション・メディアに接する時代にあって，本人やその周りにいる人びとは，「移動の途上」にある。格安の航空機を用いた旅から「太陽と砂浜とショッピング」で満たされたツーリズムまで，携帯電話から情報機器を用いた在宅勤務まで，インターネット上のブログからネット会議まで，豊かな北における多くの生は，

多様なモビリティ・システムによって変容せしめられている。それは，物理的，対人的，想像的で，かつヴァーチャルな変容であり，深く広いのだ。

そうしたモバイル・ライブズを考察し概念化するうえで，本章では，モビリティーズ・パラダイムの理論と知見を概観する。モバイルな世界とモバイル・ライブズの関係をめぐる議論は，人びとのモバイル・ライブズが組み立てられるあり方について，新たな考え方に概念的な裏づけを提供してくれるだろう。私たちは，本書を通じて展開される議論を素描し，本章を結ぶことにするが，そうした議論が示すのは，プライベートな空間とパブリックな空間の再編のあり方についてである。地球上で繰り広げられるモバイルな生が，なおも急速に増え続ける世界中の人びとに対し，ある程度の期間維持されるのかをめぐってはさまざまコンフリクトがあるだろう。と同時に，モビリティーズの帰結は，多くの人びとにとってさらに重荷になるとともに，新たな可能性と快楽を生み出していくのである[17]。

2　移動の途上で──オン・ザ・ムーブ

移動の自由は，ポピュラー・カルチャー，政治，パブリックな空間において表象されているように，21世紀のイデオロギーとユートピアである。アメリカもEU諸国も，憲法で移動の権利を謳っている。知識，名声，経済的成功以上に，移動から生まれる無限の可能性こそが重要なのである。今やモビリティは，包括的な物語を提供している。その物語では，「移動の途上」にある生が，携帯型の電気機器やソフトウェアを作動させることで行われるコミュニケーションや，その他のモビリティ・システムと関係していることが描かれるのである。その物語が語るストーリーは，酔いしれるほどの可能性と恐ろしいばかりの暗黒の狭間で分断されてはいるものの，魅惑的ではある。酔いしれるほどであるというのは，深くかつ広がりのあるモバイルな社会の登場によって，私たちの生がどこへ向かおうとしているのかといった実存的な問題に対して説得力のある答えが提供されているからである。答えは，どこか別の場所にいると

いうことで「別のどこかへ向かっている」と主張する。だが，別のどこかにいることで——いわば，最終地点に到達するために，いくつかのハードルを越えながら——個人の夢や職業的な野望を実現しようとする考えは，暗くて恐ろしい側面も持ち合わせている。こうしたことや，各人の生に負わされるコストを，排除されている人だけではなく，地球上にいるすべての人びとに対して強調することは，充実した生の経験が儚い幻想であると意味することになるだろう。

モバイルなシステムとテクノロジーに関するグローバルな渦において，「ネットワーク化された個人主義」によって特徴づけられる人びとは，スケジューリング，モニタリング，監視，統制の複合的なシステムにともに結びつけられている[18]。開かれた，流動的で，自由な旅や移動が，テロ戦争やグローバル温暖化との関連で，監視やセキュリティに関して統制され固定されたシステムのもとに置かれるようになるにつれ，移動の自由はますます不平等に分配されるようになる。その結果，Zygmunt Bauman が書いているように，「モビリティは追い求められる価値の中で最高位にのぼりつめている。そして，移動する自由は，つねに希少で不平等に配分される必需品であり，急速に，私たちが生きる後期近代あるいはポストモダン時代における階層化の主な要因になっているのである[19]」。

モバイル・ライフの核心とは何か。モビリティや，そのもとで営まれる生をめぐっては，よく知られている神話がある。それは，モバイル・ライフの核心が，何を知っているのかではなく，誰を知っているのかにあるということだ。したがって，他者と会い，交流を生み持続させようと，移動し旅すればするほど，仕事のうえでも個人にとっても，成功できると理由をもって思えるようになる。この神話については真実も含まれているが，疑わしい要素もある。人びとは名声につき動かされ，ジェット機にのる生活を送るかもしれないが，実際にそういった生活を送る人びとの多くは高い不安感，感情的な混乱，抑うつに悩まされている。非常にモバイルな人びとの中には，ある種の公的な責任や組織的な義務，とくに納税を逃れることができると感じる人も——ほぼ間違いなく——いるだろう。しかしながら，広く深くモバイル・ライブズを送ることは，

第1章　モバイル・ライブズ

何ら高いレベルでウェルビーイングをもたらさないのである。本書を通じて私たちは，モビリティとその素晴らしい生活に関する神話には，違っている点が多々あるのだということを考察し議論していくつもりだ。

とはいえ，新たなモビリティーズ（身体的，想像的，そしてヴァーチャルなものも含めて）と，社会階層や不平等をめぐり生起する構造の，Bauman が述べた結びつきにもう少しとどまることにしよう。前著において，モビリティーズが社会的，金融的，感情的，実践的利得を生み出すあり方は，「ネットワーク資本」という考え方に関連づけ具体的に考察し得るとした。このことの重要性は，新たな「モビリティ複合体」において明白である。その「モビリティ複合体」は，地球全体に広がり，豊かな北から現れる経済・社会・資源の新たな領域だ。大規模なモビリティーズが新しいのではなく，新しいのは「モビリティ複合体」が開花してくることなのである。ここには，消費，快楽，仕事，友情，家族生活など多くの要素が相互に結びつき合っている。この複合体あるいは領域の要素は，次のようなものである。

- 世界中を巡る現代的な規模の移動
- とくに遊びのためのモビリティ・システムの多様性
- 自己拡大する自動車のシステムとそのリスク
- 身体的な移動とコミュニケーションに関する洗練された結びつき
- ナショナルな社会を越えるモビリティ領域の発展，とくに船舶，航空，未来の宇宙旅行
- 現代的な統治に対する，国境を越える移動の重要性
- 遠いところから旅をしてやってくるレジャー場の開発
- モビリティに関連する言語の発展
- 世界中の場所を比較し対照し収集する能力
- 人びとの社会的・感情的な生にとって多様なモビリティーズの高まる重要性

そういったモビリティ領域や複合体は，権力関係の性質を変化させる。あらゆるモビリティーズは，豊かで複雑な社会的世界を導く。今日の多様なモビリティーズの制度的な諸要素において個人がもつ地位は，野望や利害関心を実現する新たな種類の権力を，すなわち移動に関する具体的な経験の新たな可能性とリスクを，同時に文化や趣味や社会的せめぎあいに関与する新たなあり方をもたらすのである。

　そうしたモビリティーズによって生じる社会変容は，文化資本や経済資本，また象徴権力といった考え方で分析できるだろう。それは，Pierre Bourdieuが提唱したものである。人は教育程度や消費のレベルなどで文化的かつ経済的にみずからを他者と区別するのと同様に，生の「多様化する」モバイルな形式——実際のものであれ，想像的なものであれ，ヴァーチャルなものであれ——は，承認や尊敬や威信を積み上げる重要な資源となっている。「移動の途上」にある生は，「善き生」を実現する基本的な指標と見なされるのだ。実際，多様なモビリティーズは，象徴権力，具体的なハビトゥス，快楽を追求するライフスタイルの駆動因となっているのである。

　しかしながら，文化資本や経済資本，そしてそれらが生じる際の象徴権力に関する Bourdieu の分析に加えて，モビリティ領域の拡大と洗練から生じる別の権力の形態もあるだろう。このタイプの権力は，私たちが「ネットワーク資本」と呼ぶものから現れてくる。前著で，私たちの一人は，その有効性と特性について詳述した。ネットワーク資本は，現在の社会的プロセスの根本的な側面となっており，離れた場所にいながら，離れた他者とともに過ごす新たな経験を生成する核となっているのだ。

　ネットワーク資本を構成するうえで重要な要素は8つある。

　　① 一連の適切な書類，ビザ，カネ，資格。それらがあることで，人は，ある場所，都市，国から別のところへ安全に移動することができる。
　　② 招待し，もてなし，実際に会ったりする遠くにいる他者（仕事仲間，友人，家族）。彼らがいるからこそ，断続的に訪問したりコミュニケー

ションしたりすることで住居やネットワークを維持しようとする。
③　環境と関連した移動の能力。すなわち，異なった環境のもとで距離に対して身を処し，モビリティのさまざまな手段を見て選択できる能力である。たとえば荷物を運び移動させ，時刻表情報を利用でき，コンピュータの情報にアクセスでき，付き合いや会合をアレンジできる能力である。また携帯電話，SMS, email, インターネット，スカイプなどを利用できる能力やそうしようとする意思である。
④　場所にとらわれない情報やアクセス・ポイント。それがあることで，特定の場所にいようと移動中の場所にいようと，リアルかつ電子的なダイアリー，アドレス帳，留守番電話，秘書，オフィス，留守番取次サービス，email，ウェブサイト，携帯電話などを含めて，情報やコミュニケーションを交わすことができる。
⑤　コミュニケーション機器。それらのおかげで，とくに移動中でも，あるいは移動している人と接続している時でも，日程を調整することができる。
⑥　移動の途中であれ目的地であれ，オフィス，社交クラブ，ホテル，自宅，公的な場所，街角，カフェ，空き地を含めて，適切かつ安心で安全に会うことのできる場所。それは，身体面でも感情面でも暴力にさらされないことが保証されている場所である。
⑦　自動車，ロードスペース，燃料，リフト，航空機，鉄道，船，タクシー，バス，市電，マイクロバス，メールアカウント，インターネット，電話などにアクセスできること。
⑧　①〜⑦を管理し調整できる時間と，それ以外の資源。とくに時折起こるであろうシステム障害がある場合にはそうであろう。(22)

ネットワーク資本は，（Bourdieu 的な意味の）文化資本や経済資本とは区別し得る。多くの場合，後者は個人によって形成されているが，ネットワーク資本はかなりの程度，主体なき，コミュニケーションによって駆動された，情報を

基盤としたものである。高い水準でネットワーク資本を有する人びとは——第4章でみるように——，高い水準で地理的なモビリティを経験し（また，第5章で考察する暗い側面にもみられるように，他者にもかなり移動を要求する），移動しさまざまな状況にいながら，緊密に社会的なコンタクトをとり，「家にいるかのようにくつろぐ」こともできる。とくに重要なのは情報である——情報を生み出し，伝達し，流通させ，とりわけ共有することである。高いネットワーク資本をもつということは，広がりのあるネットワークの領域に参画することである。Wellman らはそれを「コネクトされた生」と呼んでいる[23]。

「モバイル・ライブズ」という言葉は，ますます，個人の生にとって複雑で脱伝統化されたあり方を意味するようになっている。かなりネットワーク資本を有している人びとは，個人的な世界も社会的な世界も移動の途上で形成し，旅に順応して生きることを学びとっているのだ。人びとが直面する重要な課題の一つは，ある意味やはり「ネットワーク化」されている他者——家族，友人，仕事仲間——の欲求や欲望に関する社会的コンテクストのもとで，社会生活の複雑性をいかに機能させることができるのかということである。社会生活を機能させるためには，イベント，会議，デート，旅行，ビデオ会議，休日などの「スケジューリング」が必要である。そういったスケジューリングは，地域社会のある伝統的な状況とはシンクロできなくなっている。こうした do-it-yourself 的な，個人化された時間と空間のパターンのもとで，世界の3分の1を占める豊かな人びとは旅をし，多量に消費し，より多様な生を生きることができているのだが，同時に彼らは「生の結び合わせ（コーディネーション）」を実行することが必要になっているのである。こうした個人化は，do-it-yourself 的なアイデンティティ形成や，シンクロしない個人主義の社会的形成に関する Beck の分析から推測することができる[24]。

　自己選択や自己創出のプロセスは，特定の唯一無二な個人の「アイデンティティ」を基盤としている。だが自己を形成する唯一無二な個人という考えは，3つの重要な点で力をうしないつつある。第1に，現代の社会理論のほとんどで言及されている脱中心化，分裂，多様性，断片化といった言葉は，「全き」

第1章 モバイル・ライブズ

資料1-2 プラハ国際空港の掲示版（2007年）

個人的な自己という考えに対して問い直しを迫っている。第2に，経済的，政治的，社会的な生におけるネオリベラリズム的な時代は，第6章や第7章で議論しているように，個人を消費者としてしまい，個人を購買した物やブランド品や消費体験などと切り離して考えられなくなっている。第3に，人びとの日常的な経験は，集合的な結び合わせ（コーディネーション）の複雑なシステムや，本書でみるように，とくに身体的な移動やコミュニケーションに関するテクノロジーの専門知識に驚くほど依存している。Paul Valéry が印象深く述べているように，日常的な生の形成は，個人的な行動や意思決定以上に，さまざまなプロセスと関わっているのである。

　個人の創造とシステムへの依存，能動性と受動性，主体であることと客体であること，これらの間でアイデンティティが「分断」されていることは，とくに明らかである。もっとはっきりいおう。モバイル・ライブズにはパラドックスが存在しているのである。人びとの移動に関する（リアルで，想像的で，

17

ヴァーチャルな）広く深い次元について，私たちが検討してきたのは，個人の生の新しいあり方を明るみに出すためだが，このグローバル時代のモバイルな人びとが生きる社会形態ほど，予測できず，ルーティーン的でなく，型にはまっていない社会形態はない。人びとはインターネットを用い，自動車や電車で日常的に旅をし，国際便の航空機に搭乗し，携帯電話の SMS を送り，グローバルな電子データベースにアクセスし，今いるところまで世界中のいたるところからジャスト・イン・タイムに荷物を届けてもらう。人間的なエージェンシーや個人的な生に関する社会構造は，ますます移動のシステムを通じて構築されるようになっている。

　啓蒙主義時代には，足よりアタマ，肉体より精神がまさっていると考えられ，人間が社会や文化を創るのだとされた。だがモバイル・ライフをこのように形成したのは，「人間的な」エージェンシーではないのだ。むしろモバイル・ライフは，合理性，情動，欲望，社会性，システム，国家，地域的な団体，グローバルな組織などが複雑に絡み合った結果なのである。その意味で，モビリティーズの分析は，あるところで，抽象的な「コギト」を指定するヒューマニズムの批判，とくに人間的な主体が物質的な世界から独立して何らかのかたちで思考し行動できるとするヒューマニズムの批判にもなり得る。むしろ「人間」の限られた力が，たとえば衣服，道具，モノ，靴，道，機械，建物などといったさまざまな物質的な世界によってほぼいつも強められていると本書は考える。

　社会的なものに関する Gilles Deleuze の分析を再考し，Manuel DeLanda は「アサンブラージュ」というアイデアを提示し，グローバルな資本主義経済のより広い文脈のもとで，人，生きられた経験，組織，社会運動，宗教，領土的国家を分析しようとする。アサンブラージュは関係し合う合成物であり，システムを構成する諸要素の属性やアイデンティティが融合し合いつねに変化し，時間と空間を通じて創発的なかたちで実現され，歴史的に特有のプロセスにおいて具体化される。このように Deleuze 的に潜勢性を強調することで示されるのは，生きられた経験が——モバイル・ライブズの枠組のもとで形成される

場合には——個人の主体性によって理解されないということである。DeLanda は人について，Clough らの言葉を用いて言うと，「『話す主体』という言語学的に基礎づけられたカテゴリーを通じて構成されるような，内側から溢れ出てくるものではなく，外的なものの関係性から生じるのだ」と考えた。[28]「自己のアサンブラージュ」は，したがって，認識，情動，感情的能力，社会性，社会化のさまざまなプロセスが相互に関係し合い織り上げられた，人の可能性の状況なのだ。DeLanda は正当にも強調するが，人のアサンブラージュが形成されることを理論化する際に重要なことは，感覚，情動，欲望の個人的能力の生成が，相互の人間同士のアサンブラージュや文化のアサンブラージュと結びつけられるべきであり，さらにはより広く，現代の社会性の組織的，技術的，制度的プロセスに結びつけられ得るということである。「モバイル・ライブズ」の批判に向け新たな概念を発展させていくために，私たちは部分的・間接的ではあれ，本書を通じてアサンブラージュに関する DeLanda の説明を描写するだろう。

　たとえば，それは，次章で言及される「小型化されたモビリティーズ」によって「情動を保存し，蓄積し，検索する」という考えにみてとることができる。詳しくは第２章をみてもらいたいが，簡単にいうと，ここでは，新たなデジタル・テクノロジーが「モバイル・ライブズ」の形態とどのように絡まり合い，とくに感情的な不安感を「抑制」することと結びついているのかということを述べている。私たちは示そうと思っているのだが，そうしたアサンブラージュを理解することは，いかにしてテクノロジーと人がモバイル・ライブズを形成し変容させる際に結びついているのかを把握することでもある。

　さらにいうと，モバイルなアサンブラージュの考察が強調していることによると，モノは，とくに移動を可能とするさまざまなアフォーダンスをもたらしつつ非常に多様である。モノはしたがって次のように区別できたりもする。それらが場所に「固定されているもの」（たとえば線路やホテル）。「一時的に留まっているもの」（ガレージの中の自動車，エンジンルームのエンジン）。「移動できるもの」（書物，運送トラック）。「身体と一体となっているもの」（Walkman，時

計)。モビリティ・システムの「構成要素」(自動車，航空機)。「コンピュータ・プログラム」が組み込まれているもの(洗濯機，表計算ソフト)。「モノ」をそのように分類することには，膨大なバリエーションがあるだろう。しかし，どのような場合でも，人間はさまざまなシステムに組織されるモノがなければやっていけないのである。システムが最初にあって，それが個人の人間的な主体の小さな力を別のかたちで強力なものにしていくのだ。主体も含みこみ，主体，思考，情報，さまざまなモノを移動させるアサンブラージュがあるからこそ，主体は大きな力を発揮するようになるのである。

3 モビリティーズ・パラダイム

これまで私たちは，次第に進展するモビリティについてどちらかといえば概論的に述べ，このことが現代世界をいかに特徴づけるのかを論じてきた。本節では，社会科学を再考するモビリティーズ・パラダイムをめぐる事柄に目を向ける。これは，整理すると，相互に関連した多くの言明から成り立っている[29]。

第1。あらゆる社会関係は，多かれ少なかれ「離れて」いて，スピードが早く，緊密で，多かれ少なかれ身体的な移動に結びついた多様な「つながり」を有している。歴史的に，社会科学は地理的に近接したコミュニティにあまりに焦点を当てすぎてきた。それは，同じ場所に存在している多少なりともフェイス・トゥ・フェイスな社会的相互作用に基礎づけられたものである。しかし人びとや社会集団との多くの結びつきは，地理的に近接していることに基礎づけられているばかりではない。モノ，人，情報，イメージが旅することによって生まれる多様なかたちの「想像された存在性(プレゼンス)」は，さまざまな他の社会空間を横断するつながりを実現する。社会生活は，他者と(仕事，家庭，余暇などで)存在していることと，他者から離れたところにいることがつねに結びついたプロセスを有している。もしその場所に不在(アブセンス)であれば，現代のことについてすでに言及してきたように，想像された存在性(プレゼンス)を見出すことができるだろう。あらゆる社会は距離と関連するように

なっているが，異なった組み合わせの相互作用を通じてそうなるのだ。これらは，移動と関連する多様な「言説」を含んでいるのである。

　第2。こうしたプロセスは，5つの相互に関連する「モビリティーズ」から成り立っており，距離を超えて組織化される社会生活を成立せしめ輪郭を形成する。これらのモビリティーズは以下の通りである。

- 仕事，余暇，家族生活，快楽，移民，避難のための人びとの身体的な旅。それらは対照的な時間－空間の諸様相（日常の通勤から人生で一度きりの亡命まで）のもとで形成される。
- プレゼントや土産を贈ったり受け取ったりするだけではなく，生産者，消費者，小売業者への「モノ」の物理的な移動。
- さまざまな活字メディアや映像メディアのもとで現れ移動する，場所や人間のイメージを通じて生じる「想像的な」旅。
- ヴァーチャルな旅。それは，しばしばリアルな時間で，それゆえ越境するべき地理的かつ社会的な距離のもとで行われる。
- 伝言，書物，手紙，電報，ファックス，携帯電話などによって交わされるメッセージを通じた，コミュニケーションの旅。

　このパラダイムにおいては，これらのモビリティーズの複雑なアサンブラージュが強調される。それが，さまざまな距離のもとで社会的なつながりを生み，それを時に維持するのだ。このパラダイムでは，そうした中で何らかのモビリティを優先させる言説（ビジネスは「フェイス・トゥ・フェイス」で行われるべきだといったような）が強調されたりもするが，同様にこれら5つのモビリティーズの相互関連性も強調されるのである。

　第3。物理的な旅は，均一的でなく，断片的な，年齢・ジェンダー・人種と結びついた身体と関係している。そうした身体が多様な感性のもとで，他の身体，モノ，物理的世界と出会うのだ。旅はつねに身体的な移動を含んでおり，快楽や苦痛を形成する。そうした身体を媒介として，「他者」の感覚や，多様

な「センススケープ」に向かうことができるのである。身体は固定された所与のものではなく、それを通じて、その中で、とくに移動、自然、趣味、欲望の感覚をもつ役割を演じる。旅において外部の世界を直接感じることと、そして社会的趣味、ディスタンクシオン、イデオロギー、意味を示す媒介されたセンススケープを広範に経験すること、この間で身体は機能している。身体が「移動する」につれて、身体はとくに感じとるようになる。ここで重要なのは、山道を足でふみ、岩肌やハンドルを手でさわるなど、触れることによる、移動のそうした感覚、すなわち「空間の操作（メカニクス）」である。人間、モノ、テクノロジー、文書のさまざまなアサンブラージュが、時にモビリティの永続性や安定性をもたらしているのだ。そういったハイブリッドなアサンブラージュが、地方や都市をめぐり、移動を通じて景観をかたちづくっているのである。

　第4。時に、特定の期間だけ、フェイス・トゥ・フェイスのつながりがなされることがあるが、このフェイス・トゥ・フェイスについては説明を要する。フェイス・トゥ・フェイスを生み出す際には、5つのプロセスがある。それらは以下のようなものである。

- 比較的フォーマルな集いに参加すべしという法・経済・家族による拘束がある。
- 参加者が出席することに対して強い期待感を伴って、会って会話すべしという社会的な拘束もあるだろう。
- 契約にサインしたり、モノや文字テクストや映像テクストを使ったりするためには、他者と一緒にいるべしという拘束もある。
- 時に移動しながら場所の中にいて、場所を「直接に」経験し、触れるべしという拘束もある。
- 特定の瞬間、特定の場所で起きている「ライブ感のある」出来事を経験すべしという拘束もある。こうした拘束はとても強力で、Durkheim が「沸騰」と呼んだことを形成する。

強い情動のそうした感覚は，時に特定の時間，特定のルートをたどって旅をすべしという強制を生むのである。

　第5。現代のモビリティの社会的実践について，特定のネットワーク資本に関連した少なくとも13の異なる種類がある。人間，モノ，テクノロジー，文書のこうした異なるアサンブラージュは，以下に考察される異なった社会的実践と結びついている。それらの社会的実践とは次のようなものである。

- ビジネスや仕事の旅。
- 学生，オペア（訳注：ホストファミリーの家事や育児を手伝う留学生），「海外の経験」を志しているそれ以外の若者たち。これは「通過儀礼」を構成し，文明の中心に向けて海外を旅する。
- 温泉，病院，歯科医，眼鏡技師などのところへ行くメディカルな旅。
- 軍隊，戦車，ヘリコプター，航空機，ロケット，偵察機，衛星などによる軍事的なモビリティ。
- 巡礼の旅。現代世界ではともにいながら集まるものとして，最も大規模なものかもしれない（たとえばメッカのように）。
- 退職後の旅。「リタイア」して国境を越えるライフスタイルを形成することもある。
- 難民，避難，故郷を喪失した移民。
- 世界，とくにグローバル都市を巡り歩くサービス労働者の旅。
- 子ども，配偶者，親戚，使用人の「トレーリングの旅」。
- 数多くの海外の中国人のように，ディアスポラの地の主要な拠点を巡る旅や移民。
- 場所やイベントを訪問するツーリストの旅。
- 旅において今急速に増加しているカテゴリーである，友人や親戚の訪問。
- とくに通勤をはじめとする仕事に依存した旅。

　第6。「距離」は，18世紀から人びとを「支配」してきた近代国家の統治の

あり方に対して大きな問題を生じさせる。現在の統治のあり方は，1カ所にとどまっている国民の領土に関係しているのではなく，「領土」を越えて横断するモバイルな国民に関係している。「セキュリティの装置」は「国民」を配置することに関わっているが，どのような国民も離れたところにいて，移動の途上にあり，統計的に測定されプロットされ追跡される必要がある。そうした「モバイルな国民」は監視され支配されにくい。国家のセキュリティは，国民を記録し測定し評価する複雑なコントロール・システムを伴う。国民は，「デジタルな秩序」の要素の多くと結びついていない粗末なパスポートや一時的な収容施設のシステムから始めて，これまで断続的に移動し続けてきたのである。移動の言説は，現代の歴史的瞬間において大きなウェイトを占めるようになっているがゆえに，理性のシステムをスピードの速い移動，絶え間ないひそかな移動に求めることはとくに疑問がある。

　第7。社会科学は，「自然」や「モノ」の世界から切り離され独立した社会領域として社会生活を扱ってきたが，こうした視点がここでは挑戦にさらされることになるだろう。私たちがみてきたように，社会生活を構成しているのは基本的に異質なものであり，異質性の要素は，直接的かつ間接的に，モノ，人，情報の移動を促したり遮ったりする（「自然」や「テクノロジー」を含む）多様な物質的なモノから成り立っている。社会科学をモノの世界を組み入れて再考していくためには，モノと人が時間－空間を通じて寄り集まっている以下の多様なあり方を考察する必要がある。

- モノがそれ自体距離を越えて旅することもある。
- 複合的なハイブリッドを形成し，人が旅することを可能とするモノもある。
- 他のモノを移動させるモノもある。
- 人は移動しないことを意味しているが，モノは移動する場合もある。
- モノと人がともに移動する場合もあるだろう。
- 過去の移動を思い起こさせてくれるようなモノもある。

- 人が時に長距離を旅して見に行きたいと思うような，価値を有しているモノもある。

このように，社会的実践を生み出し，行っていくために結びついている実体は，非常に異質性に富むものなのである。

第8。こうした関係を分析する際に決定的なのは，「アフォーダンス」という概念である。人びとは，視覚的に感じたりそうではなかったりする環境のもとで，一連の対象的な「事物」に出会うのではない。むしろ，多様な外観や多様なモノが，特定の人間の器官やテクノロジーと結び合わさって，アフォーダンスを提供しているのである。これらは，客体である「と同時に」主体でもあり，環境の一部でもあり器官の一部でもある。ある過去や現在の社会関係において，もし人間が感覚的で，身体的で，テクノロジー的に拡張されており，「モバイル」な存在であるとすれば，環境における特定の「モノ」は可能性や抵抗をアフォード（提供）するであろう。そういったアフォーダンスの例は以下のようなものである。

- 道は，人がそれにそって歩くことになるものである。
- まっすぐな舗装道路が続いていれば，スピードがあがるだろう。
- 山があれば，そこへ登る道がはっきりと見えることもある。
- 木は子どもたちにとって冒険の宝庫となる。
- 博物館では，そこに来る視覚障がい者がディスプレイを「触る」ことを促すものもその一例である。

第9。さまざまな関係のもとで人間と結びつくモノに焦点を当てることは，時間‐空間において人・行為・モノを配分する，炭素基盤システムの重要性を示唆することでもあり，それが人間社会が自然と代謝的な関係にある際の鍵となっているのである。自然に対する人間の「支配」は，移動を通じて最も効果的なかたちで達成されてきた。近代的な世界においては，徒歩のシステム，鉄

道のシステム，船のシステム，航空機システムなど他のシステムに比して，自動車が，そうしたモビリティ・システムにおいて最も強力であった。歴史的に，ほとんどの社会は，その社会の経済に対して発展的かつ適合的な関係にある主要なモビリティ・システムによって特徴づけられてきた。そうしたモビリティ・システムはまたお互いにも適合的で発展的な関係にあり，他のシステムがそのインパクトを弱め，その範囲を狭めていくのに対して，そうしたシステムは拡大し多様化していくのである。さらに，社会が豊かになるほど，モビリティ・システムの範囲は広がり，それらシステム間の関係性は複雑なものになっていく。これらのモビリティ・システムは，それらの立地やアクセスによって場所の，そして人びとの実質的な不平等を生み出す。それは，私たちがネットワーク資本と呼んでいるものである。強制されない「移動」は権力なのである。すなわち，移動できること（あるいは，自発的に同じ場所に滞留できること）は卓越性の主要な源泉であり，概念的には経済的・文化的卓越性とは区分し得るものである。

第10。モビリティ・システムは，多様な空間の範囲やスピードで人，モノ，情報を流通させるプロセスをめぐって組織されている。どのような社会にあっても，流通の支配的なプロセスがある。重要な問題は，移動に関連するモノ（たとえばクルマ，電話，コンピュータなど）ではなくて，人やモノや情報が流通する構造化されたルートなのである。社会のそうしたルートには，乗馬専用道，歩道，自転車道，鉄道，電話，公道，ネットワーク・コンピュータ，ハブ空港などのネットワークが含まれる。社会が「流通」をめぐって組織されるようになればなるほど，社会の中で用いられる資本の範囲としてネットワーク資本の重要性が高まるのである。

第11。これら多様なモビリティ・システムやルートは時間をかけて残っていく。そういったシステムは，時に強く空間的に固定されている。新たなシステムは，さまざまなかたちで距離を克服しモビリティを構造化しているような物理的な構造，社会的実践，経済的実体がすでに存在している，物理学者の言う「適応度地形（fitness landscape）」の中で，物理的にも，社会的にも，経済的に

も，言説的にも，みずからの場所を見つけなくてはならない。こうした堆積したシステムの中には，国家レベルや国際レベルの非常に広い空間スケールで組織化されているものもある。システムは時間を通じて組織化されていくが，そのことは，そうしたシステムが経路に依存していることを意味している。この数十年で，「ネットワーク・コンピュータ」と「携帯電話」という2つの新たなモビリティ・システムが形成されてきたが，それは以下の各章でみるように，新たな環境，社会的実践，経済的実体の到来を知らせるものなのである。

　第12。モビリティ・システムは，次第に専門的な知の形態に基礎づけられるようになっている。このことは，徒歩やサイクリングといったスローなモードから，すぐれて技術的な専門知識を要求する深遠なテクノロジーに基礎づけられたスピードの速いモードへと，身体的な移動がシフトしていることからも見てとれる。そういったモビリティ・システムは，くだんのシステムを駆動し監視し調整し，時には修理するコンピュータ・ソフトウェアにもとづくようになっている。コンピュータが自動車に組み入れられているあり方は，システムが非常に専門化している好例であろう。多くの開発途上国社会にあって自動車が部品をあれこれリサイクルしながら修理できるものであるのに対して，コンピュータが組み入れられていることで，自動車は修理しにくいのは言うまでもなく，理解もしにくくなっている。もしシステムに不調が見られれば，もちろんそういうこともあるが，大抵は修理できない。さらに，とくに「北」の人びとがみずからの個人生活のプロジェクトを進めようと移動するほど，個人的なネットワークは広がり，「業者」を利用するようになる。だが「業者」を利用するほど，彼らの多くは，ほとんどすべてのモビリティ・システムにとって重要となっているコンピュータにみずからの足跡を残すことになる。あちこちに散らばった情報の足跡として再構成された人間は，さまざまな「システム」から生じるものとなり，ほとんどの者はそのことに気づかないでいるのである。したがって，個人は次第にそのプライベートな身体を超えて存在するようになり，情報空間に足跡を残していくのだ。自己は一連の足跡として展開されモバイルになっていく。私たちがいうように，自己はそれ自体としては「モバイ

ル」だが，足跡としては「非モバイル」なのである。

　最後に。「非モバイル」な物質的世界の相互依存的なシステムや，とくにすぐれて非モバイルなプラットフォーム（トランスミッター，道路，ガレージ，駅，アンテナ，空港，港）は，モビリティの経験を構造化する。そういったシステムの「複雑な」特徴は，それらシステムが物理的な意味でさまざまに固定されている点から生じている。携帯電話，自動車，船舶，飛行機，電車，コンピュータ接続といった「モバイルなマシーン」はすべて，時間－空間上の「非モビリティ」を前提としている。非モビリティのシステムが展開されていなければ，流動性などあり得ないのである。非モビリティのシステムが相互に結びつき，共に発展しながらさまざまに存在しており，現代においてモビリティを推し進め構成しているのだ。これによって，時間－空間の歪曲が起こったり，ダイナミックなシステムの特性が生成したりする。物質的な世界のシステムは，意図しないかたちで共存する「新たな」要素を生む。ネットワークを衝突させないようにする「ゲート」などが次第になくなり，そのことによって，ネットワークが遠くに追いやられ見えなくなってしまうといったこともなくなる。これらの新しい物質的な世界の中には，あり得ないほどの距離を超え，刺激的で「かつ」同じくらい危険な移動を生み出すものもある。

　以上，本書では，モバイル・ライブズを理解する新しいモビリティ・パラダイムに関する13の構成要素を適用し考察を加えていく。これらの構成要素は，これまでとかなり異なった種類の社会科学を帰結させると考えている。それはただ単に，旅やコミュニケーションが体系的に研究され分析されるべきだということではない。モビリティ・パラダイムは，人や思考などのさまざまな移動がこれまで無視されてきたことを改善するべきだということではないのだ。それは社会科学を変容させ，オールタナティブな理論的・方法論的な観点の地位を確立しようとするものなのである。それによって，「社会科学」は，人や思考や情報やモノの移動を含み込んだ，経済的・社会的・政治的実践やインフラストラクチャーやイデオロギーをより広く理解できるようになるのである。そうすることで，このパラダイムは，ほとんど目立たず顧みられなかった理論や

方法や研究モデルを前進させる。移動に駆動された社会科学を発展させ確立させるより広いプロジェクトを考慮に入れたうえで，私たちはモビリティという言葉を用いるのである。

4　本書の議論

本書では，いかにして人びとの生がモビリティの作用として，すなわち「モバイル・ライブズ」として再編されているのかに目を向ける。一貫して私たちは，みずからの国を超え生を形成しようとしているモバイルな人びとのつねに変化する世界に結びついた，デジタル化され相互に依存するシステムの核心部分の特徴を明らかにしようとしている。本章の以下の部分では，主要な議論のいくつかを要約しておきたい。

本章ではモバイル・ライブズの分析枠組を設定した。第2章では，日常のモバイル・ライブズに対してデジタル・テクノロジーが有している個人的・社会的な影響を批判的に考察する。第2章では，デジタル・テクノロジーとモバイル・ライブズの関係を検討するにあたって新しい概念と考え方を紹介し，新たなテクノロジーが日常生活のモバイルなリズムの中に深く「内面化」していることを論じていく。携帯電話，ノートPC, iPod, BlackBerry, Bluetoothによるワイアレス接続は，仕事やレジャーの時間に対して，ますます中心的なものになりつつある。それらの複合システムと日常生活の関係性を把握するために，私たちは「小型化されたモビリティーズ」という用語を導入する。身体と織り合わせ，物理的・コミュニケーション的・ヴァーチャル的な形態において個々の主体のモバイルな能力を拡張させながら，小型化されたモビリティーズ——iPhoneからノートPCまで——は，情動の蓄積，保存，検索を構造化するデジタルな生を促進させていく。情動をヴァーチャルなモノ——Facebook, Second Life, スカイプ——の中へ入れていくことで，「不安のコントロール」は可能となる。そのことは，複合的なモビリティーズやデジタルな生の状況を推し進めていくのである。

第3章では，先の2つの章をふまえつつ，人びとの生においてネットワーク化された関係性が重要であることを検討する。いかに仕事やレジャーにおける生がネットワーク化されているのか，そして，これが引き起こしているジレンマや負荷について詳細に研究されることになるだろう。そういった生は，とくに，私たちがネットワーク資本と呼んでいるものに依拠している。その資本は非常に重要であり，経済資本や象徴資本と異なったものと見なされている。さらに，それが重要になればなるほど，それは一層，不平等を引き起こす。したがって，この章の多くの頁をさいて，モビリティの経験が階級，ジェンダー，年齢，エスニシティ，能力によって不平等であるあり方が詳述される。

　その後の3つの章では，いかにして複合的なモビリティのプロセスが社会生活の特定の領域を再編するのかについて考察する。すなわち，ウルトラ・リッチやグローバル・エリートのための「快速な」モビリティーズや，現代の親密性の流動的なセクシュアリティや，グローバル資本主義のモビリティーズによって形成された過剰な消費についてだ。第4章では，「ニュー・エコノミー」の中で働くグローバル・エリート——すなわち，メディア業界やハイテク業界や金融業界において高いネットワーク資本をもっているエグゼクティブ——に対するグローバリゼーションやトランスナショナリゼーションの影響にとくに目が向けられる。この章では，私たちが「グローバルズ」のモバイル・ライブズと呼んでいる事柄が詳述されることになるだろう。グローバルズのモバイルな世界は，つねに変化し続け，熱狂的なほどにネットワーク化されたものから成り立っている。ある意味で，グローバルズはモバイル・ライブズの「パイオニア」である。私たちは，グローバルズによるさまざまなライフスタイルやライフストラテジーを描写し，より一般的なかたちで，複合的なモビリティ・プロセスにおいて，そうしたモバイル・ライブズを位置づける。グローバルズのライフスタイルの「厚みのある織地」は，「距離に超然としていること」から，「逃げ道を絶えず思い描いておくこと」まで，多様で新しいモバイル戦略において固められているといった主張を，私たちは展開するだろう。

　第5章で私たちが展開する主張は，複合的で緊密なモバイル・ライブズの到

来が，現代世界において，新たな形態の親密性やセクシャルな関係性の出現に貢献するということである。今日，親密な関係性の変化し続ける形態——離れた場所にいて通いながら結婚生活を送ることから，「同じ場所で別居して暮らすこと」まで——を考察し，私たちは私的にも公的にも生が根本的に変容していることに焦点を当てる。親密性，セクシュアリティ，人間関係に影響する社会変動を解釈する現代社会理論を描写し，私たちが「ポータブルな人格」と呼ぶ，緊密なモビリティーズの状況において自己と他者の空間的断絶を心理的に「つなぐもの」のダイナミクスに目を向けるだろう。スピードの速い，緊密なモビリティーズの世界において生きることは——少なくとも親密な関係についていえば——，仕事と自宅の間を行き来しながら，公的な生活と私的な家族のもとでの生活を維持し調整できる感情的能力にかなりの程度かかっている。こうした問題を考えるうえでは，より一般的に，親密な生を形成する際に，モビリティーズと非モビリティーズの複雑な絡み合いに関する近年の議論や省察に対するフェミニズムの貢献を考慮しなくてはならない。とくに，グローバルなセックス産業についてはそうである。

　ここからさらに第6章では，現代資本主義がたどり着く過剰な消費空間，すなわちグローバルズたちが心ゆくまで消費する場所について検討する。過剰な消費のそういった場所によって，人びとは，欲望のままに振る舞え，一瞬の満足にとらわれ，絶えず自己発見し，表層的で，中毒のように短期的に「ハイの状態」でいることができるのである。私たちの目的は，消費文化の研究をモバイル化することにある。その際にはモバイル・ライブズが，いかに，近隣の場所から遠いところで手にする多様な品物やサービスの購入，使用，ディスプレイと絡み合っているのかに焦点を当てる。私たちが主張するのは，過剰な消費の場所では，人びとはクレジットカードで買い物をすることによってファンタジーにくるまれ，旅をし，滞在し，さまざまな経験をし，その後，他者がいる前でそのことを思い出し，話をするということである。とくに豊かな北において，モバイルな人びとは，距離の束縛から自由になり，テーマ化されデザイン化された環境のもとで品物やサービスや経験を消費するのだ。

最後の章では，モビリティーズの矛盾に再度目を向ける。とくに，21世紀の後半に訪れるであろう高炭素社会におけるモビリティーズの重要性を跡づけようと思う。何らかのパターンはすでにみられ，今日私たちはその帰結を手にしつつある。こうした帰結は，単にモバイルなライフスタイルや，それに関して個人が払うコストに限ったことではなく，おそらくは持続可能ではない未来社会のエネルギー・コストのことでもある。グローバルな温暖化や石油の枯渇は，モバイル・ライブズが永遠のものではないことを示している。この20-30年かで，世界の現在のモビリティ・システムの多くは，情け容赦ない温暖化によって衰退してしまうか，繰り返し生じる洪水によって流されてしまうだろう。近年21世紀においてグローバルでボーダレスな未来としてみてきたもののほとんどは，なくなってしまうのかもしれない。モバイルな秩序というものは，長期的には持続可能ではないとされ，近年の21世紀における放漫なエネルギー消費の仕方だとみなされるようになるかもしれないのである。私たちは，ヴァージン・キャデラックの宇宙旅行や空飛ぶクルマから，その土地を荒廃させる干ばつや洪水のために錆びついた飛行機や見捨てられた滑走路まで，未来のさまざまなバージョンについてみていこうと思う。旅をすることは，Simone のように，高炭素社会やモバイル・ライブズを志向することでもあるのだ。私たちが本書で解読しようとするのは，そのことである。

第2章　新しい技術・新しいモビリティーズ

　私たちは対象世界に立ち向かう時，対象の構造によって本質的に変容させられる。つまり，対象が私たちの中にそれらの痕跡を残していくことによって，内面的に変換させられるのである（Christopher Bollas）。[1]

1　デジタルなモビリティーズ

　Sandra Fletcher は，洗練された賢い女性で，広告会社の重役として高い人物評を得ている。[2]彼女は，44歳の時に職業人としても個人としても満ち足りた生活について書き記した。Sandra は，（9歳から14歳までの）3人の子どもの母であり，成功した建築家の妻であったが，リーズにある家庭とロンドンにある会社のオフィスとで1週間を分割して暮らしていた。彼女は，1週間のうち3日（時には4日）を家族から離れているような仕事のやり方について，いくらか問題を感じていた。少なくとも数年前，この方法での生活と仕事を最初に体験した時には，そうだった。しかし，彼女の心配は，さほど根拠のあるものではなかった。彼女の子どもたちは，毎週の留守にうまく順応したし，住み込みで子守をしてくれるおばあちゃんを，とても気に入っていた。Sandra と彼女の夫である Michael が，ある仲介業者から，その子守を選んだ（そして審査した）のだった。モバイルな夫婦に合わせた保育を提供するために，多くのこうした業者が成長し続けている。また，彼女は Michael との関係が良好であることを発見した。2人の関係は，平日の間，離れたところでの生活と仕事によって，むしろ育まれ，そして，週末の間の「上質な時間」に再び結ばれるのだった。これらのことを合わせてみると，彼女が職業生活と私生活のいろいろな要請をうまく処理するのに，さほど緊張を感じていなかったことが分かる。

資料2-1　クアラルンプール国際空港のオンライン・サービス（2007年）

　事実，彼女は毎週火曜日の朝にリーズから出発することを楽しみにして待っているし，ロンドンの職業生活での刺激のある挑戦を切望しているのだ。
　ロンドンとリーズの間で分割された彼女の生活に対する調整や管理や態度を助長したものは，さまざまなデジタル技術である。というのは，Sandra が，そういった技術を使うことを通じて，仕事と個人の生活を一緒にして繰り返し織り混ぜているからだ。彼女はデジタルなライフスタイルを積極的に受け入れている。消費者用の電子技術や移動に適した無線の製品の熱心な信奉者である Sandra は，モバイルな情報伝達手段を頼りにすることで動き続け，情報にアクセスし，他者とのコミュニケーションをとっている。無線のブロードバンド通信や記憶技術から，ビデオ会議やノートPCの画像まで，Sandra は，複合的に連結されたモバイルな生活を他者との間で形づくるために，デジタルなライフスタイルの技術を駆使している。そうする中で，彼女は新しい種類の自由を見出した。すなわち，その自由は，彼女がコミュニケーションや情報や知識

第 2 章 新しい技術・新しいモビリティーズ

を体験し，探し出すことを可能にするのである。これは，彼女の職業上の成功やビジネスの繁栄に，そして，拡張し続ける新たな広告業のネットワークに自身を位置づけることにとって，きわめて重要なことであった。しかし，Sandra にとって，デジタルなライフスタイルの魅力は，これらのヴァーチャルなネットワークによって，彼女が家族と（いや，より正確には家族との感情的な結びつきなのだが）寄り添っていけることなのである。というのは，彼女は，週の多くを家族との生活から物理的に離れていたといってよいのだが，モバイルな情報伝達手段によるデジタルなライフスタイルは，家族と決して遠く離れてはいないということを意味しているからだ（正確にいうと，Sandra にはそう思われたのだ）。

　いつも車を使っていた Sandra の，リーズからロンドンまでの毎週の旅行を考えてみよう。ざっと 4 時間の（鉄道よりも長い）旅は「無駄な時間」といえるかもしれないが，しかし，彼女は（無数の自動車旅行者と同様に），仕事についての戦略的な思考と，他者とのコミュニケーションの両方に充てるために，この時間を大切にしている。Sandra の車は，いわば移動オフィスのようなものと見なせるのだが，彼女は音声認識の email をチェックすることで旅行を始め，その後は Bluetooth のハンズフリー・モバイルを使って，さまざまな仕事の電話をこなしていく。また途中で，iPhone で「音声メモ」の機能を使って，秘書に手紙を口述筆記させる。彼女は長旅の間にコーヒーブレイクをとりながら，とくに連絡が優先され，その日のうちに発送する必要があるような場合には，しばしば秘書に email でこうした手紙を送った。仕事はしていないがロンドンへ運転をしている時は，彼女の車は個人的なエンターテイメントのシステムへと変貌する。彼女は，運転しながら音楽を聴くのだが，iPod の「トラックリスト」で選曲してアレンジした歌によって私的な夢想にふけるのである。

　確実なのは，Sandra がさまざまな技術——インターネットからのダウンロード，iPod，iPhone——を使いながら，ロンドンで働いている平日の間，ずっと音楽を楽しんでいることだ。ポップミュージックの熱烈なファンを自認する彼女は，最新のヒット曲を聞くことが好きだ（また，このことが，長女の

35

Victoriaの音楽の趣味にいくらかでも近づくことになるのを感じていると言っている）。しかしまた，彼女は，昔お気に入りだった曲——子どもたちがまだ小さくて，彼女が家に1日中いた時にとりわけ流行った曲——を聴くことに多くの時間を費やしている。音楽へのこの熱中は，とくに，過ぎ去ってしまった昔から，記憶や感じていたことを呼び起こすことができるので，彼女にとっては非常に大切なものである。また，このことは私たちが本章を通じて展開するテーマでもあるのだ。

また，デジタル技術とアイデンティティの間の複雑な関係は，ロンドンにおけるSandraの住居の装置に明らかにみてとれる。彼女と夫が数年前に購入したケンジントンのアパートは，新しい技術の標準的なセットが備え付けられている。彼女は，これをリーズにいる家族との「自由な伝達手段の一式」だといっている。固定電話，ファックス，email，スカイプなどは，彼女が仕事のある平日の間，夫や子どもたちとの触れ合いを維持するための主な方法なのである。しかしながら，Sandraの事例において，このような技術は，それを通じて他者とのコミュニケーションをはかるための手段となっているだけではない。重要なのは，それらがまた，自己‒探究と自己‒体験の基礎として機能していることである。というのは，Sandraが，彼女の人生の「映像」，とくに小さな子どもの母としての役割を演じる「映像」に自分自身を没頭させてしまい，時として疲弊したと述べているからだ。彼女は，GoogleのPicasaに貯めていた無数にある家族のスナップ写真の目録をつくり，フォルダーに整理するために，相当な時間を振り向けたと語っている。また，記録した家族のビデオ画像を編集し，AppleのiMovieで画像と音をミキシングするのに数えきれない時間を費やしている。Sandraは，これらすべてが自分を夢中にさせ虜にするものだと分かっているが，あまりに「とりつかれて」しまい，多大な時間をデジタルな生活に捧げてしまったのかもしれないと気にしている。この体験の感情的な中核には，私たちが後に検証するように，不安，嘆き，憂鬱といったものが存在している。

Sandraのモバイル・ライフは，現代社会における新しいデジタルの技術に

ついて，私たちに何を教えているのだろうか。グローバルなモビリティの隆盛に鑑みた時，デジタル技術の社会的な帰結は何だろうか。それは不安を内包しているのか，あるいは，その払拭を助長するのか。本章では，これらの課題や関連する疑問を探究するために，モバイル・ライフが，どのようにしてデジタル技術と織り合わされるのか，そして，技術＝モビリティとしての過程の中で，それはどのように再構成されるのかを検証する。本章を通じて，私たちは，人びとが彼ら自身や他者や，より広い世界との間で発展させる感情的な結びつきにおいて，モバイル・ライフが多様な技術的形態――仮想性や電子的な話法のような――を通じて，どのようにしてかたちづくられ変容するのかを探究する。私たちが議論している今日のモバイル・ライフの文化は，携帯電話，ノートPC，無線接続といった多様な小型化されたモビリティーズの展開を通じて，実体として創造されている。私たちは，次節で小型化されたモビリティーズという概念を導入し，議論の枠組みを設定する。さらに，デジタル技術がモバイル・ライフと，いかに複雑に織り合わされているのかということを強調するため，この概念を展開する。コンピュータとデータベース，携帯電話と SMS の文字通信，インターネットと email，デジタル放送と衛星放送，これらすべてがモバイル・ライフの遂行に通じている。しかしまた，デジタル技術は，感覚と情緒，記憶と欲望，夢と不安といったものの流動を促進する。私たちが議論しているのは，モバイル・ライフにおける情報伝達技術の展開では何が問題となるのかである。それは，単に社会的な関係がますますデジタル化していくことだけでなく，感情が収容される（預けられ，貯蔵され，取り戻される）仕方の幅広い変化にまで及ぶのであり，したがって，より一般的にはアイデンティティの再構築の問題なのである。

2　デジタル技術と小型化されたモビリティーズ

　職業的な／私的な，仕事／家庭，外部の／内部の，在宅／留守といった二分法は，Sandra のモバイル・ライフによって，すべて疑わしいものとなってい

る。Sandra のモバイルな接続性は，彼女が広告業で享受しているネットワークの資源を拡張するし，同時に，より流動的にうまく処理する方法で彼女個人と家族の生活の経歴を書き換える。このように，デジタルな生活は新しい種類の社交性を生み出すことと分かち難く絡み合っているのである。そうした体験の社会学的な複合性を理解するために，私たちは，「小型化されたモビリティーズ」という概念を導入する。私たちがこの用語を新しく造り出したのは，「移動中の」コミュニケーションの本質的な要素を，とくに，モバイル・ライフが繰り広げられる中で，デジタルな技術が，いかにして自己と物理的に織り混ぜられているのかを把握するためである。私たちが主張する小型化されたモビリティーズは，現代社会で展開される今の状況に基礎づけられているし，携帯できるソフトとハードの新しい製品の進化を通して，いよいよ増大する「移動しながらの生活」を促進している。

　私たちは，この移動技術の小型化が1948年に始まったと理解している。というのは，この年に，ベル電話研究所がトランジスタの発明を発表する記者会見を開いたからだ。以前は，非常にかさばって動かしにくい真空管を用いた電子工学によって力の流れを制御していたが，トランジスタラジオは，この方法に対する重要な飛躍を提示した。製造するのには非常に費用がかかったが，小さくて比較的に移動しやすい最初のトランジスタは，おおよそゴルフボールくらいの大きさであった。その後の回路基板の導入は，トランジスタを大きさの面で劇的に縮小したし，今日では，集積回路の中に張り巡らされたその大きさは，わずか数ミクロンでしかない。1961年，折しも科学者たちは，チップ上のトランジスタを1000万分の1mよりも小さく製造することは決してできないと断言した。ところが今日では，たとえば Intel Pentium のチップであれば，この大きさの100倍も小さくなっている。さらに現在では，トランジスタは移動できるだけでなく大衆のものとなった。たとえば，地球上には人間1人当たりで約6,000万個ものトランジスタがあると見積もられているのだ。しかも，一つのトランジスタには，かつて50ドル以上のコストがかかっていたのが，今では一つのトランジスタの価格についていうことさえ困難になっている。というの

第2章 新しい技術・新しいモビリティーズ

も，1ドルで数百万個も買えてしまうようになっているからだ。

　過去30年くらいの間ずっと，小型化は新しい技術の拡大とともに連続的に推し進められてきた。音楽，スピーチ，データなどを携帯できる機器の生産，消費，運搬のためのマイクロエレクトロニクスの発展は1970年代末から始まった。Sony の Walkman は，1979年初頭に国際的な出版物にその姿を現したのだが，おそらく，これ以降の最も重要な技術革新である。Paul du Gay らは，この象徴的な日本の製品の研究において，Walkman の文化的にみた特色がどこにあるのかを次のように要約している。

　　「私たちは Walkman でさまざまなことをしている……混み合った電車，あるいはバスや地下鉄の中で，移動している間に聞いているし，何かが起きることや誰かが現れるのを待つ間に聞いているし，何か他にしている間――散歩やジョギングの最中――に聞いている。」[6]

　Walkman は，小型化されたモビリティーズの歴史的な発生において，重要な位置を占めている。なぜなら，それが「技術的な混交」――人間の感覚的な体験における時間的／空間的な環境あるいは文脈の再編成――の初期の実例を示しているからだ。同時に2つの異なる事柄を行うこと，そして，同時に2つの異なる場所に存在することの精神的な影響は，Walkman の日々の使用とともに広がっていった。すなわち，「いかにも人混みのひどい騒がしい都市の空間に存在しているが，一方では，あなたのヘッドホンを通じて，非常に異なるイメージの空間あるいは音楽的パノラマに同調して存在しているのである。その空間やパノラマは，あなたが聞いている音楽と結合して，あなたの頭の中に現れてくる」。

　さらに近年にいたると，携帯できる強力な情報伝達基盤のシステム――BlackBerry のデバイスと iPhone，Bluetooth のワイヤレス接続，ノートPCやコンパクトな DVD プレーヤー――の出現が，個人間のコミュニケーション，情報の共有，知識の移転といったものの生産，組織，普及を急速に変えてし

まった。このことはたとえば，住所，交際，スケジュール，写真，音楽などに関する個人的なデータベースの大変革において見出すことができる。伝統的なコミュニケーションの道具類の形態（手紙，電信機）は，大きくてかさばる情報の集積（オフィスのファイル，キャビネット，家族の写真のコレクション，大きなレコードの収集）に依存していたが，今日，次世代のデジタル化されたコミュニケーションの世界は，モバイル・ライフにとってますす重要になる新しい種類の「ヴァーチャルな対象」を創り始めている。これらの小型化された諸システムは，しばしば直接身につけて持ち運ばれるし，自己の組成にとってますす重要なものとなっている。こうしたシステムは，ソフトウェアを基礎としており，自分自身，他者，そしてより広い世界に自己のコミュニケーションの多様なあり方を伝えることに役立つ。電子住所録，手に持てる iPhoto ライブラリー，iTunes の音楽コレクション，デジタルビデオライブラリーといった技術システムは，情報の豊富な世界の到来を告げているのであり，そこでは，容易に持ち運びができるのに加えて，知覚と聴覚の無視できない複合が見られるのである。

　小型化されたモビリティーズは，「去年のモデル」よりも，さらに小さく小奇麗で現代的なものとしてパッケージされて市場で売られるので，物理的に身体と織り合わされるような技術をもつ対象を使用する能力は，急激に成長を遂げている。Castells は，このような現代の性格をよくとらえている。

> 「私たちの世界を特徴づけるものは，相互作用のネットワークにおける，人間の主要な部分である体と心の拡張と増大である。この相互作用は，マイクロエレクトロニクスを基盤とし，ソフトウェアで処理される情報伝達の技術によって強化されている。これらの技術は，小型化の進展によって人間活動の全領域でますます広がっている。[7]」

　小型化されたモビリティーズを通じて生活とシステムとを対にすることは，Thrift の「移動 - 空間」の概念によってもとらえられている。つまり，それは

「『主体』と『客体』を交互に動かす，まさに世界的な枠組み」なのだという。[8]
ソフトウェアによって処理されるデジタルな技術は，個人の移動の能力を増大させるように作用するので，物質的に身体と織り合わされた小型化されたモビリティーズは，「移動‐空間」によって組織されるようになる。

　しかし，このようなデジタル技術については，技術的および社会‐空間的な範囲にとどまらない，より大きな問題がある。小型化されたモビリティーズは，社会的な関係，とくに自己を書き直すことに関して，より巧妙な方法で影響を及ぼすのだ。デジタル技術に対する一般的な理解は，自己のコミュニケーション活動の範囲が拡張すること——それで「何ができるようになるのか」——を強調する傾向がある。デジタル化されたライフスタイルの通俗的な理解には，たしかに正しいところもあるが，しかし，それは事の一面に過ぎない。個別の自己は，日々の生活の中でデジタル技術を「使用し」，あるいは活性化するだけではない。それどころか，自己は，——増大するモビリティーズという条件下にあるのだが——技術的なネットワークの中で，深く「層を成して」いくようになるし，さらに，それらの影響によって再構成されていく。実際，私たちが本章で探究するように，モバイル・ライフは，小型化されたモビリティーズのデジタル化という背景に依存して進められているだけでなく，そうした携帯できる技術システムは，感動，不安，記憶，欲望といったものと自己との関係に特定のかたちを与えている。

　小型化されたモビリティーズが，自己と他者の新しい社会の型を構成することに関与するうえで，4つの主要な方法があるのだが，そのすべてをSandraのモバイルな生活に見出すことができる。

　第1に，移動する接続性がある。それは，ポータルサイトのように個人を構成することによって，特定の位置や場所から自己を解放するのであり，「移動しながら」分散し漂うように，アイデンティティの構成を変更するのである。「携帯電話，それは場所からの根本的な自由をもたらす」とBarry Wellmanは述べている。[9] もし，地上通信線の電話が固定された場所（たとえば，「オフィス」）を意味するならば，モバイルな電話通信は——小型化されたモビリ

ティーズの優越性を示す標準的な例であるが——無線技術，国際ローミング，空間的な流動性の象徴である。この多くは，Sandra の個人化された無線の世界から明らかである。そこでは，——彼女自身のネットワークと接続の設計者として——たとえ，彼女がどこに移動している時でも，依然として同僚や友人や家族と日常的な連絡をとることができるのである。このように，Sandra の生活は，より大きな社会的趨勢を反映している。今や，携帯電話が固定電話を上回るだけではない。Nokia の実施した調査によれば，2015年には世界のおよそ３分の２の人びとがモバイルなつながりを持つようになるという。[10] 個人間の強力なコミュニケーションの基盤となるシステムのこの世界的な広がりは，ヴァーチャルなインフラを形成する。それは，Knorr Cetina が，今日，多くのモバイルな生活を構成している日々の繰り返しの行動に対して，「流動する建築様式」[11]と名づけたものである。携帯電話，着メロ，ボイスメール，電波信号，人工衛星といったヴァーチャルな背景は，Sandra が，ロンドンへ向かって運転している時に email をしきりに使ったり，ボタン一押しで音声記録を秘書に転送したり，リーズにいる家族にテレビ電話をすることを可能にしている。デジタルな情報伝達の技術の一つの重要な点は，社会的な生活の様相が，適合しやすく柔軟で，移動ができる自己組織的なものとして作り直されることである。モバイルでヴァーチャルな情報伝達の新しいシステムは，すばやい，柔軟な社交性を可能にするし，さらには，生活に示されたアイデンティティ，人間関係，親交，性，経歴，家族といったものの深奥にまで及んでいく。しかし，それは脱場所化され，拡散された流動的なコミュニケーションであるだけでなく，いつでも電話によって活性化されるのであり，強化されるモビリティという条件のもとで重要な位置を占めるようになる。これに劣らず注目すべきことは，自己とその洗練された調整に及ぼすモバイルな情報伝達の社会的なインパクトである。というのも，Sandra のデジタルなライフスタイルが次のことを明らかにしているからだ。つまり，それは，家族，仕事，個人といった領域の間で増加する交渉の大きな広がりであり，また逆に，それらの交渉が他者との段取りやコミュニケーションや対面的な会合の継続的で柔軟な調整を含ん

でいることである。このことは，私たちの次の論点に直接に結びついている。

　第2に，小型化されたモビリティーズは，コミュニケーション，社会的なネットワーク，モバイルな自己などの継続的な調整の本質的な部分である。私たちがすでに見てきたことは，デジタルな技術の発展が，いかにして離れた他者との目新しい関係を可能にし，社会的な生活をより一般的に非同期化するのかということであった。けれども，これまでの研究は，距離のあるすべての社会的な結びつきが，他者との調整，交渉および再交渉の多様なプロセスに依拠していることを示している。「再交渉」は，モバイルなネットワークの調整においてとくに重要である。というのは，「移動中」の人びとは，前もって約束した時間に他人と会うことを予期できているので，会合，イベントあるいは不測の事態などに対応して，時間と場所をリセットして再編成するために新しい技術を用いるからだ。たとえば Ling の研究では，ほとんどの携帯電話と文字通信が，しばしば即興的な性格を持つことが強調されている。翻って，このことは Sandra のモバイル・ライフ——すなわち，間に合うはずの電車が遅れるという報告をして，仕事の会合を再調整するために彼女のオフィスに短い電話をかけることから，帰宅途中で買う持ち帰りの料理の相談をするため，金曜の夜にリーズへ戻る途中で家族に文字通信を送ることまで——にも見出すことができる。携帯電話，email，文字通信によってなされるこのような「予定時刻の改訂」は，高度化したモビリティーズという条件のもとで，人びとが時間自体をどのように体験するのかということにおいて，奥深い変化を示唆している。というのは，コミュニケーション，社会的なネットワーク，そしてモバイル自体の継続的な調整が意味するものは，決められた時間から交渉される時間への転換であるからだ。

　第3に，小型化されたモビリティーズに侵食された世界では，戦略的な旅行の計画とコミュニケーションの予定は，決定的な重要性を帯びるようになる。小型化されたモビリティーズの出現とともに，あれやこれやの旅行の時間は，旅行をしながら遂行される仕事，ビジネス，レジャーなどの活動の周りを徐々に回転するようになる。つまり，こういうことだ。今日，輸送システムと新し

い情報伝達の技術の間に存在する複雑な結びつきが意味しているのは，おそらく，旅行の時間が，個人によって非生産的な「無駄な」時間としてとらえられるのではなく，むしろ，職業上の，あるいは私的な活動の領域で，生産的に使われているということである。実際，「移動の途中」で予定を立てるための情報伝達技術は，進展するモビリティという条件のもとで，相当の数の個人旅行の形態を成り立たせている。以前の労働環境であった移動できない固定の机と対比して，パームトップ，ノートPC，携帯情報端末，WiFi，第三世代携帯電話などで構成される今日のデジタル化されたモバイルの仕事机は，携帯できるオフィスが，車，飛行機，鉄道，そして途中で待っている場所を通じて，ますます，ありふれたものになっていることを表している。たしかに，伝統的な旅行の時間と形態の幅広い範囲にわたって，仕事および関連する職業の活動が——たとえば，船舶での軍事の戦略的な思索から鉄道での日常的な書類の作業まで——人びとによって企てられていることは事実である。しかし，旅行の時間と計画に関して遂行されている，現代の情報手段によるスケジュール化は，新しい情報伝達技術の即時性と，デジタルなネットワークのグローバルな広がりのため，旅行のコミュニケーションにおける以前のその形態とは次元を異にしている。このことは重要である。なぜなら，私たちは情報手段を基盤とする旅行計画の核心にある再帰性にも言及できるからだ。その再帰性というのは，個人が「移動の途上」にありながら企てようとする仕事のスケジュール表と職業の活動の両方に関連するものである。また，それは，重要な交渉を「確保」できないのであれ，ある人の仕事の予定について修正を必要とする新しい情報が入ったのであれ，スケジュールの変更を行うという点からも指摘できる。つまり，このような戦略的な旅行計画と，「動きながら」計画を立てていくコミュニケーションは当たり前のものであり，巨大な技術的インフラの配備を要請する。たとえば，飛行機や鉄道のビジネスクラスのエリアに設置される「スクリーン」，空港や鉄道駅に置かれるコンピュータ設備の供給である。

　このような旅行の状況においては，生産的な仕事あるいは意義のある生活の追求で，旅行それ自体の実質的な時間が「満たされる」だけではない。旅行の

第2章 新しい技術・新しいモビリティーズ

時間の「周縁」——空港ターミナルのラウンジで待っている時や，遅延した電車に座っている時——も，今や潜在的に利用できる状態になっている。仕事および関連する職業的な活動に対する現代的な態度の特徴は，旅行で予期しない時間の遅れに見舞われたような時に，人びとが多様な生産的活動——携帯電話技術，SMS の文字通信，email——を企てようとすることにある。しかしながら，手元にある小型化されたモビリティーズが多かれ少なかれ簡単に利用できるという状況においてのみ，私たちは，人びとにとって生産的な可能性としてのネットワーク化されたコミュニケーションと情報について，この文脈の中で語ることができるのだ。旅行中に遅延で生じる周縁の時間は，Lyons らの編著によって，うまくとらえられている。彼らは，「装備された待ち時間」の重要性を述べている。旅行中の遅れで生まれる時間に当てはまる，この装備された待ち時間は，情報伝達のネットワークの中で，生存する，あるいは暮らすことを見越しているのであり，それによって，諸個人はビスネス，労働，ロマンス，家族とのやりとりなどを処理することができるのである。

　最後に，小型化されたモビリティーズの幅広い利用の結果として技術的な無意識が前面に現れるようになり，不在，欠乏，距離，分断といった広範なパターンに基礎づけられた社会的な交渉にとっての心理的なメカニズムとして機能するのである。自己のアイデンティティと社会的な関係の両方に対する生産的で創造的な無意識の様相を強調したのは Freud だが，彼は，精神的な生活を構成している存在と欠如の間の複雑な相反する感情の関係——たとえば，エディプス・コンプレックスや，Jacques Lacan の Freud 解釈における「象徴的秩序」——を明らかにした。古典的なフロイト派の理論では，存在と欠如のパターンは主として，両親や兄弟，親類といった重要な他者を参照している。それとは対照的に，ネットワークによって駆動される複雑なシステムに伴って，私たちは，デジタルな技術の革命の結果として生じるさまざまな「ヴァーチャルな」他者と対象の出現を目の当たりにするのである。これらのヴァーチャルな他者と対象は，たとえば，Second Life における他者性のヴァーチャルな体験を通じて，今までにない存在と欠如の精神的な体験の背景を再構成する。結

45

局のところ必要なのは，社会的な関係の交渉において作用している高度の欠如，距離，分断を内包する技術的な無意識について語ることなのである。この最後のテーマは，次節へと進むちょうどよい契機となっている。というのは，そこで，デジタルや無線の技術によってもたらされる感情の包み込み（containment）の変容を扱うからだ。

3 デジタルな生活──情動の蓄積・保存・検索

ここでの議論の背景は，モバイル・ライフの特徴となっている，職業的および私的な領域における再構築あるいは再交渉である。21世紀のモビリティにおける技術的‐コミュニケーションのシステムは，生活を薄い輪切りにすることを帰結した。そこでは，人びとは同時に「移動の途中」にいることができるし，小型化されたモビリティーズを使って膨大な量の情報にアクセスし，リアルタイムで（近くても遠くても）他者とコミュニケーションをとることができる。私たちが Sandra のケースで見てきたように，モバイルな技術に関してとらえられた生活は，たしかに，満足ができて希望の持てる姿を示している──絶え間ない技術的なコミュニケーションと頻繁な旅行が，急速な変化と目もくらむような興奮の世界を，多かれ少なかれ生み出しているように。しかしまた，モバイルな生活は，とても不安定なある様相を帯びている。この様相もまた，変化の純然たる勢いに結びつけられてはいるが，しばしば，職業上の，個人的な，そして，家族の生活とのかかわりの中での困難に由来する，体験したことのない苦悩や試練に結びつけられるのである。Sandra の話が明らかにしているように，モバイルな技術は，「移動の途上」にある生活におけるさまざまな時‐空間の転移に必然的に伴う重要な様相に結びつき，それを発見し，理解することを助長する。しかし，モバイル・ライフへの技術的な介入と再構築は，感情的な困難に対する分かりやすい解決をもたらすわけではない。というのは，モバイル・ライフによって，より肯定的な様相がいかに予告されようとも（それらの生活が色々に異なることを否定しないが），私たちは「移動の途上」にある生

第2章 新しい技術・新しいモビリティーズ

資料2-2 ソウル・インチョン国際空港の出発ロビー（2007年）

活が，往々にして困難を生じ，予期しない気まぐれなものであるし，無視できないアンビヴァレンスを含んでいることを主張したいからだ。

　小型化された機械が，多様な形態の不安を内包することで，いかに重要な役割を果たすのかを理解することは，複合的なモビリティーズという条件のもとで，なぜ，人びとが情報伝達のネットワーク，活動，可能性の中で生き続けるようになるのかを説明することにつながる。私たちはこの主題について詳細に検討しないが，これに関しては，すでに文献が出ている。(18)「技術的な包み込み」という用語は，「包み込み（containment）」が心理学の多くの研究において，通常は他人（たとえば，セラピスト）の共感や支援と結びつけられて用いられる言葉なので，いくらか不可解で耳障りに聞こえるかもしれない。しかしながら，感情という側面で見れば，デジタル技術や小型化されたモビリティーズと感情の包み込みとの間には密接な関係がある。たとえば，列車に乗りながら携帯電話で話している人びとを考えてみるがいい。彼らが話している相手と共有される親密さは，（たとえ，相手が「遠く離れて」いても）とても強いだろうが，彼らが列車の中で今同時に存在しているということは，単に「背景としてぼやけていく」。列車の中の他人の存在を「濾過して取り除く」ことで，自己アイデンティティの感覚は，おそらく大きな変化または不安を被るだろう。そのような状況で，小型化されたモビリティーズは，感情の包み込みの諸形態――それは不安，疑い，恐れ，危険といったものを表し，探究するための機会なのだが――を促進する。

　私たちがSandraの話について書くことを選んだ一つの理由は，彼女のデジタル技術の体験が，モバイル・ライフを送るうえで前面に現れてくるような，非常にアンビヴァレントな心理上の重要性を反映しているからだ。たとえば，Sandraの小型化されたモビリティーズの日常的な利用が，彼女と家族の親密な関係の「共有された物語」を維持するのを助けていることは，ほとんど疑いがない。Sandraが家族との間で共有していた親密さの物語は，それらの親密さの過程――若い母親としてリーズでフルタイムに生活をしていた時には，彼女はその過程から分離されない主要な要素だったのだが――への，時間と空間の非常に多様な秩序づけを通じて創出され，維持されているものと思われる。

第2章 新しい技術・新しいモビリティーズ

しかし，それにもかかわらず，小型化されたモビリティーズの働きは，今日，彼女が自分の職業的な，そして私的な生活に家族のあれこれの日程を統合している仕方をみれば，まさに明らかである。敷衍するならば，Sandra のデジタルな生活は，非常に対話的であり，重要な他者との進展するヴァーチャルなつながりを越えて打ち建てられている。モバイルな技術は，このように，Sandra の親密な感情のつながりを維持するうえでの役割だけでなく，同様に包み込みの役割をも促進する。たとえば，彼女は次のように説明している。彼女は，離れている家族たちと，携帯電話や電子的な伝達手段（当然，それらが機能すると仮定してだが）を通じてヴァーチャルに即時の連絡がとれると知っていることは，「とても安心すること」であると気がついた，と。繰り返すが，このことは，部分的には，こうした技術の「便益」を手に入れることである。しかしそれ以上に，小型化されたモビリティーズは，何がしか安心させることや，ある程度の不安の感情の包み込み——それが顕在化していない時でさえ——を提示している。モバイルな手段が「手元」にあって，彼女が望めばスカイプで子どもたちと会ったり話したりできるということを明瞭に知ることは，長い期間，家を離れてやっている仕事と生活につきまとう不安を，しばしば十分に包み込むことなのである。このようなモビリティーズの「潜在力」に対する注目は，「自動運動性（motility）」としてのモビリティ（この例では，通信の，およびヴァーチャルな）に関する文献の中で，しばしば言及されている。[19]

しかしまた，私たちは Sandra の話から，彼女が急速にこれらの技術に没頭するようになることのうちに，——再び包み込みの問題に関連するのだが——自己を不安にさせるさまざまな病理を読み取れるだろう。これはとくに，家族の電子的な写真とビデオ——Apple の iMovie と Google の Picasa の両方で処理される——に彼女が夢中になることから明らかである。最近では，「家族の源」（そこでは家族の成員がこのヴァーチャルな記憶にアクセスできる）になると思われているものが影を投げかけており，気に病むことが Sandra に「つきまとって離れない」ようにしている。もちろん，多くの人が，写真やビデオの編集をするようなことに夢中になって，大量の余暇時間を費やしている。だが，

49

Sandra の場合では，そこに何かほかのものが作用しているように思われるのだ。彼女は，定期的に家族から離れていることに無視できない罪悪感を抱いていると告白している。また，なんとなくだが，気がかりな喪失のシナリオを自覚していたものと思われる。しかし，Sandra の再帰的な自己‐認識のレベルは，この文脈では揺らいでいるようにもみえる。彼女は，電子的な写真のライブラリーを整理し，家族のビデオを編集することに費やす膨大な時間を認識する段になると，自分が「確かな根拠」の上に立っていないと感じている。なぜなら，彼女が気に病んでいると感じるという，これらの行為を引き起こす感情的な誘因をまったく理解していないからである。

　私たちが主張したいのは，心理学においてポスト・フロイト派が展開した理論によって，Sandra が技術への飽くなき追求を続けていく中で到達した心の状態を容易に理解できるということである。精神分析は，想像による無意識の自己アイデンティティの形態を考察することにおいて，時折，反社会学的だと言われるのだが，それにもかかわらず，自己と文化的な意味や社会との関係を探究することにおいて，洗練された概念的な方法を概して提供している[20]。このことは，社会的な関係についてだけでなく，非人間的な対象（デジタルな技術のような）と自己との関係にも当てはまる[21]。モバイル・ライフの文脈の中における感情の包み込みというテーマについて，本章での強調点を示すとすれば，精神分析の伝統によって発展させられた不安の概念化ととくに関連があるということなのだが，それはクライン派並びにポスト・クライン派の理論として知られている。クライン派の精神分析は，原始的な不安——幼少期の生活だけでなく人生を通しての不安だが——の感情の論理に根本的に関与している。クライン主義は，幼児の初期的な不安の感覚が原始的な否定に，あるいは，嫉妬や羨望が愛情の対象——主に母親または最初に世話をした人——を傷つけることになるかもしれないという恐れに由来していると主張する。この見地による不安は，自己の核を「浸食する」のであり，結果的にクライン派の理論は，不安が改善され，包み込まれ，変換されるであろう個人間の状態に大きな注意を払うことになる。というのは，自己と他者への基礎的な信頼が発達させられ，助長

されるのは，不安の包み込み（containment）を通じてのみ可能だ，とクライン派は主張するからである。

　精神分析学者の Wilfred Bion によるポスト・クライン派への貢献は，とくに重要である。なぜなら，感情的なプロセスによって通常の不安が神経症の不安へと広がりうることに注意を払ったからだ。ここでも，包み込みのテーマが姿を現してくる。Bion は，個人が純粋に新しいものとして新しい体験を生み出すまでの複雑な感情的プロセスを強調する。Bion によれば，人間の体験は，総体的な感情のプロセス化との関係において理解されるべきものである。そのプロセス化は，普遍化された方法でのみ人びとに影響を及ぼす何かによってではなく，むしろ，個人が時間の経過の中で発展させるものなのである。Bion にとって，他者とともに生み出される体験は，あらかじめ知られていないし，考えられたことがなく，また，予期されてもいない感情的な生活の姿を開いて示すための力をもっている。他者との思慮深いかかわりは——無意識の不安の包み込みと変換を促進するのだが——，自律的な思考（thought）と同様に，世界を新たに体験することにおいて本質的なものである。これと対照的なのは，人びとが，決まりきったことや際限のない繰り返しを無意味だと感じることにとらわれ，執着するようになる場合だ，と Bion はいう。この観点からすれば，もし，個人の感情的な能力が損なわれ小さくなると，今度は新鮮な新しい体験の働きを弱めてしまうことになる。実際には，個人の最初の出会い——それは幼少から成熟するまでを通じて初期の家族関係に由来する——による感情的な影響は，たいていは限定的であるし，新鮮な体験から学び発展させることが必要になるのである。

　筆者の一人は，別のところで，社会理論に対する Bion の精神分析的なアプローチの重要性について，とくに，現代社会における近代のコミュニケーションの分析という視点から詳しく論じている。ここで私たちが明らかにいえることは，Bion の研究がモバイル・ライフの議論にとって洞察力に富んでいることだ。なぜなら彼の論文が，外側への主観の投出（projection）とその後に続く自己の取戻しを強調し，人間と非人間両方の周囲の対象に関する感情に言及し

ているからである．Bion によれば，世界の体験が，心に感情的に銘記されるようになるためには，個人の自己が，今‐ここでの日々の出来事にみずからを委ねなければならないという．要するにそれは，自己の意識の「解放」と純粋な体験の領域への没入を意味している．実際，自己が創造的で制限のない方法で後験的に「体験に意味を付与する」ことができるのは，対象世界への没入を通してのみである．個人が，記憶としての思考（thoughts）を蓄積することに加えて，Bion のいう「考えること（thinking）」という行為に携わるようになるのは，再帰的な自己の起源である体験の「プロセス化」によってのみである．かくして，体験と考えることの間に，そして，純粋な感情と再帰的な生活との間には本質的な相互作用が存在するが，それは，個人が，自己，他の人びと，より広い世界といったものと創造的な関係を結ぶうえで絶対に必要なものである．

　Bion の影響を受けた精神分析学者である Christopher Bollas は，自己における非人間的な対象（情報伝達技術のような）の感情的なインパクトを論証した多様な研究を行っている．『ビーイング・ア・キャラクター（Being a character）』の 1 節で，Bollas は，対象関係のプロセスについて基本的な点を指摘している．

　　「いかなる対象の決まりきった完全な姿も，――それは，関係する対象によって生活にもたらされる場合，どのような対象にも本来備わっているのであるが――『夢の仕事（dream work）』の法則に従って個人によって用いられる．私たちが対象を用いる時，あたかも，取決めという用語を知っているかのようだ．つまり，私たちは，媒介的な空間に『入っていく』べきだと知っているし，その入口の地点で，今や『夢の仕事』へと解き放たれるように認識の仕方を変えるのだ．そこでは，主観性は，対象世界に拡散されてしまうし，この事態との遭遇によって変換されるのだが，その後，この間の経験によって内側の内容へと弁証法的に変化することで，それ自身へと戻って行くのである．」

このような自己と対象との織り合わせを理解することは，意味の生産における感情の複雑性へと私たちの注意を向けさせる。Bollas にとって，他者や世界とのすべての精神的な関係は，対象そのものの痕跡の一種の「保存」を内包している。あたかも，対象自体の一部分が，自己に深く宿すようになるのだ。Bollas によれば，すべての個人は，高度に凝縮された対象世界の精神的な織地に定住するという。あるいは，少し異なった表現をするならば，あたかも，日々の対象の使用において人びとの間に生じる無意識のコミュニケーションが，自己 - 参照，自己 - 体験，自己 - 理解といった将来の状態のために，対象世界に保持される相互作用の構造の中に，どういうわけか深く銘記されるのである。Bollas は次のように記している。

　「私たちは対象世界に立ち向かう時，対象の構造によって本質的に変容させられる。つまり，対象が私たちの中にそれらの痕跡を残していくことによって，内面的に変換させられるのである。」

この文脈において「痕跡」という言葉で意味されるものは何か。そして，自己に対するある種の感情的な入れ物として対象が作用するように，自己は，いかにして的確に対象（人間と非人間の両方の）を用いることができるのか。Bollas によれば，自己に深く宿したどのような対象の痕跡も，感情，分裂，投影された同一視，部分的な対象の関係性，全能の思考といったものの織物に根差すのだという。このような精神的なプロセスは，感情の状態の「自己 - 保存」にとっての構造的な限界を示しているのだが，あたかもそれは，考えることと象徴的な精緻化という将来の状態のために保存されるかのようである。すべての対象の使用は，感情的に緊張していて，愛情と憎悪，興奮と罪悪感の間の無意識的な振幅を含んでいる。Bollas は次のように主張する。感情の包み込みという体験の重要性をとらえようとするならば，ある特定の対象は，特定の個人にとっての「精神的な鍵」のようなものであり，それは無意識の体験から自己の精緻化にとって象徴的な文脈を開くことができる，と。このように，Bollas

は，個人の主観性のエロティクスを解放し保存するものとして，対象の変換する様相を論じている。

　Bollas は，感情の状態の保存——すなわち，それらの貯蔵——が，保存力のある記憶痕跡の対象が持っている固有の属性に基礎づけられている，と挑発的に主張する。このことは，場所，出来事といったものの対象世界の中に感情を蓄えておくことと結びつく。現実と仮想の両対象への感情の投入は，個人が象徴的な精緻化の中で，および，それを通して自己‐決定の体験を取り返せる時まで，「蓄えられた」ままでいることができる。だとすれば，個人は「感情の貯蓄」という行為を約束されているのだといえるのかもしれない。つまり，感情や気分や気質といったものを対象世界に預け，象徴化と考えることという将来の状態のために，自己‐体験の様相が回収されるまで，それらを蓄えておくのである。たとえば，自己‐精神分析学者の Atwood と Stolorow は，ある人が屋外の治療で感じたことを残してモニターするためにテープレコーダーをいつも使用したケースについて論じている。彼らは次のような見解を示している。

　　「移行対象（transitional object）としての，このテープレコーダーの使用は，自己の傷ついた状態を具体化し，セラピストとの強い結びつきを再度もたらすのであり，それによって，患者に確固とした現実的な感覚を取り戻させることができる。」

これは，感情の貯蔵によって私たちが意味するものを示唆している。

　もちろん，異なる対象は，個人によって異なる水準の重要性を有している。Bollas によれば，個人は，日々の生活の無意識の中で，自己の複雑性を包み込み，精緻なものへと仕上げるために，さまざまな対象（人間と非人間の両方の）を使う。それゆえ，対象への感情の投入は，何か時間の制限のない出来事である。つまり，そのような投入は，自己の創造性を解放し，あるいは，封じ込めることを助ける。対象世界の中に自己を封じ込めることは，——この場合，思考と感覚は象徴的な精緻化としてではなく，それら自体に内在するものとして

体験される——感情の閉鎖の地点として Bollas によって理論化された。その地点では，心は，万能の考えること（thinking）と否定の防衛的な使用によって苦痛が取り除かれているし，自己は，世界が実際どのようなものなのかというイデオロギーの枠組み（家族の，地域の，国民の等々の）によって固定されている。しかし，対象世界への感情の貯蔵を通じて自己を解放することは，喜びや創造性や達成の中での変換と，体験の増加を許容する。私たちが音楽，文学，あるいはフットボールのどれに没頭している話をしようとも，変換するものとしての対象の使用は，自己を体験の多様性や不連続性へと開くことができる。同様に，モバイル・ライフの文脈において，Facebook や Second Life やスカイプのようなヴァーチャルな対象への感情の投入は，主観の取戻しと加工，そして考えることのために感情を貯蔵すること，すなわち感情を包み込む方式として機能することができる。

この精神分析的な見方からすれば，自己の創造性は，純粋に新しいものとしての新しい体験を保証する能力を意味するのであり，それは精神的な生活を開くことに強く結びつけられている。この文脈での開放性は，ある種の感情のプロセス化——考えをまとめること——を含んでいる。人の感情的な生活との創造的なかかわりは，他者の感情的な生活と同様に，人間の体験の複雑さ，そして実際の多様性への開放によって生じる。この意味で，他者も周辺の対象も，衝撃で変換する体験を促進するのを助けることができる。すなわち，他の人びとや移行対象によって提供される包み込みの環境は，考えたことのない感情のプロセス化を助けるのである。諸個人が創造的に生きられない状況では，腐食した過去の体験による感情的な痕跡に支配されているため，あるいは，感情のプロセス化に必要な彼らの能力が発達していないか損なわれているために，慢性の抑うつや関連した病理が現出することになろう。

包み込みへの，こうした精神分析的な理解は，「移行対象」を非常に一般的な意味で参照しているにすぎないのだが，しかし，この重要な理論が，日々の社会的な生活におけるデジタルな技術のインパクトに対して，有効に適用できないと仮定する理由はない。私たちが現代の精神分析的な理論が導くところの

範囲内にいるのであれば，デジタルな技術が，少なくとも一部は，自己の不安と感情的な矛盾を包み込むこととの関連で理解されるべきだということを主張しているのである。つまり，モバイルな技術は，それを通じて人びとが他者に対して自分たちの活動を調整する単なる適応の技術的な対象ではない。それらはまた，人びとが彼らのモバイル・ライフの生産と変形を遂行する仕方で成り立っている。不安，信用，そしてモバイルな相互作用の技術は，込み入った織物のようなものなので，小型化されたモビリティーズが，包み込みのメカニズムとして大いに機能するとしても驚くに値しない。というのは，私たちが主張するように，小型化されたモビリティーズは，それを使う個人の感情や不安や矛盾から決して自由ではないからだ。

　包み込みの困難さと複雑さは，デジタルな技術と感情的に関わる多くの必要に迫られた1人の女性，つまりSandraの話からたしかに明らかである。不安を減少させるメカニズムとしての，Sandraによるデジタルな技術の使い方は，ある意味で，いたって普通のことである。世界中の何百万という人びとのように，彼女は，自分の日常生活で大切な人びととの接触を保つために，携帯電話やインターネットや関連する電子的な情報伝達手段を使っている。一般的な見地からは，あまり注目されないのだが（結局，これは，今や人びとが進化したネットワーク社会を通じて，どのようにして生きているのかということであり），Sandraの生活における感情の織地に対するこうした技術の重要性を強調するだけの価値はある。この技術は，同僚（もまた「移動の途上」だが）とのモバイルな会議の開催から，家族の集まりや行楽の予定とその組み直しまで，Sandraの職業上の，そして私的な活動のすべての様相に深く織り込まれている。しかしながら，私たちがみたように，このモバイルな生活は，他者との一般的な連絡や親交といった関係を維持するためのデジタルな技術の使用を越えて，さらに影響を与えている。彼女の技術的な活動はまた，彼女が他者との関係を作ることによって，自己-体験の様相を置き換える（時々，かろうじて自覚され，認識されるにすぎないが）手段となる。こうした技術——この場合PicasaとiMovie——への没頭は，Sandraがロンドンで暮らす初期の段階では満足のいくものだっ

たが，彼女の夜が次第に，こうした活動で占められるのを感じるとともに，やがて彼女は自分自身の生活との接続を遮断されたかのようになっていった。おそらく，これが，彼女がこうした活動に「取りつかれた」状況について心配を示した理由である。

　ここでの関心は，Sandra の体験において，デジタルな技術が夢中になるものから恐れを抱くものへとその位置を転じることにあるのだ。彼女が，仲介的な相互作用を持つ強度にモバイル化された世界のことを，どのように語っているのかに耳を傾けるならば，それは，あたかも，彼女の私的な生活と技術的な生活との精神的な力の戦い——後者が前者を制限するようになるのだが——を述べているかのようだ。何が Sandra の内面的なリアリティを制約するようになったのかといえば，彼女が，これらの技術に没頭し，その使い方を固守しようと努めたために経験することになった孤独なのだと思われる。Sandra にとってモバイルな技術との遭遇は，みずからを進んで忙殺させる結果になり，自己を枯渇させて生気のないものにしてしまったかのようだ。これらの新しい技術の孤立化という罠にかかったならば，Sandra が他者——つまり，彼女の子どもたちと家族——と再構築することを探し求めた感情的な結びつきは，内側から浸食されるようになるのだ。そして，このことは，場所が離れている家族の関係が異なる国や大陸にまたがり，彼らが結びつきを機能させ，修復できるネットワークの資本をほとんど持たないような場合であれば，なおさら当てはまる。

　モバイルな技術が包み込みから没入へ転換しうることを見出したのは，Sandra だけではない。たとえば，心理学の調査は，問題のあるインターネットの使用と，抑うつや精神的孤独との間の強まりつつある関係を強調している。他の最近の調査は，モバイルな技術とインターネットの両方について，適切でない使用から生じる心理的な疲労と関連する病的な症状に注目している。ウェブによるコミュニケーションに関する日本の研究は，次のように指摘した。すなわち，インターネットの過度の使用が抑うつと攻撃性を増加させ，一方では，架空のコミュニケーションに対するさらなる欲求を強めているものの，（前述

の調査の知見とは対照的に）孤独には影響を与えないとしている[29]。モバイルなコミュニケーションの文脈において発生する，自己の病理に関する多くの研究には議論の余地があるし，小さな画面のうえで人の生活の多くを処理することが感情に与える影響については，社会科学における一般的な合意はほとんどできていない[30]。

　しかし，Norman H. Nie らが指摘しているように，社会的な論評は，モバイルな技術が良いか悪いかを判別することから離れて，いかにして特定の技術の展開が自己と個人間の関係に影響を及ぼすのかに焦点を合わせる必要がある[31]。これに関連して，私たちが体験の発生について詳しく述べた精神分析的なアプローチは，デジタルな技術を通じて試みられたのであり，無視できない重要性を有している。そこでは，新しい情報伝達技術の展開における自己の感情の複雑性が強調されている。このアプローチは，自己の水準において，しばしば創造的な夢や空想を内包する体験の型を生み出すものとして，新しい情報伝達技術のメリットを予見している。自己がデジタルな技術と関わることにおける不安の原因は，精神的な生活を閉ざしてしまうことから生じる。デジタルな諸作用が，体験にとっての感情の包み込みとしての機能をはたさない時，個人は，自己‐体験の放棄された様相——偏執病的な不安から罪の意識，絶望，抑うつにいたる——を示して，情報伝達の技術に押しつぶされかねない。複雑なモバイル・ライブズの条件下での感情の包み込みにおいて失敗を生じさせる原因に対しては，これまで社会科学が払ってきたものに比べ，より深く分析的な注意を必要とする。同様に，モバイルな連結のさまざまな形態——SMS での文字通信からオンラインの高速伝達手段によるビデオ会議まで——が，いかにして自己の自発性を促進，あるいは抑制するのかについても，一層の批判的な注意が必要である。

4　結　　論

　本章で，私たちは，モバイル・ライフの条件のもとでのデジタル技術の役割

を批判的に検証した。とくに，モバイルな生活を生きるための鍵は，私たちが小型化されたモビリティと名づけた，ソフトウェアによって運転される多様で交錯したデジタル技術にある。iPhone から Bluetooth の無線接続にわたる小型化されたモビリティーズは，身体と物質的に織り合わされていて，身体的な，コミュニケーションの，そして，ヴァーチャルな形態において，個人の主体のモバイルな許容能力を大きくすることに役立っている。私たちは，感情の不安とその包み込みというテーマにとくに力点を置いて，新しいデジタルな技術がモバイルな生活のパターン化と再構築へと関与していくさまざまな方法について概要を述べてきた。また，精神分析におけるポスト・フロイト派の説を援用しつつ，デジタルな生活が小型化されたモビリティの中で，そして，それを通じて，感情の寄託，貯蔵，取戻しとして，ますます組織化されていることを論じた。こうした視点から，私たちは，Facebook，Second Life，スカイプのようなヴァーチャルな対象が，部分的には不安の「保持」あるいは包み込みのために使われていることを指摘した。さらに，このような包み込みは，モバイルな生活と関連して考えること（thinking）を促進できるし，また反対に，モバイルな生活の多様な病理に陥った自己に背を向けうることも示した。全体を通して，私たちが強調したのは次の点である。すなわち，デジタルな生活を送ることが，小型化されたモビリティの増大を通じて，ますます現実のものとなってきたのであり，それは，複雑な連結のネットワークのより広範な状況の中に見出されるということだ。この点は，ネットワークついて論じる，次章へとつながっている。

第3章 ネットワークと不平等

やがて来たる家屋や都市の破壊は，自動車や航空機にとって偉大なる出会いの場へと道を拓く。[1]

1　ネットワークとネットワーキング

　前章の中心的な議論は，デジタル技術の到来は，新しい種類のモバイル・ライフや新しい種類の社会性，そして新しい種類の自己・他者関係を含んでいる，ということであった。本章では，モバイル・ライブズがネットワークや特定のかたちにネットワークされた関係を通していかにその姿をあらわすか，そして人びとが他者と切り結ぶつながりの形成や再形成をどのように促進するか，について検討する。本書はモバイル・ライブズに関心を抱くが，本章は移動自体がそれ自体ではさして有意味なものでないということを明らかにするだろう。その重要性は，人びとを互いに結びつけることをいかに可能にするか，時間や空間を越えて集い，そして再会するにいたるのか，という過程に求められる。移動は**つながり**を生む。これらのつながりは，パターンを形成し，あるいはネットワークとして知られるものを形成する。そしてそれは，多くの批評家が現代社会の決定的に重要な特徴とみなすものである。それゆえ多くの旅は新しいつながりの生成やネットワークの拡張，あるいは既存のネットワークの維持作用を有するのである。

　これはとくにグローバル・エリートや第4章で考察する「グローバルズ」のライフスタイルに明白に現れている。彼らは地球上を複数のキャリアをもって飛び回り，巨額の資本投資や超国家的な事業や制度的なダウンサイジングや

資料3-1 ソウル・インチョン国際空港のインターネット・ラウンジ（2007年）

リ・モデリングを監督する。そうしたネットワーク化されたパターンは経済，社会，そして人びとの生活にきわめて重大な帰結をもたらしえる。とくにこの章では，そうしたネットワークがいかにして他者の犠牲のもとにいくつかの社会集団を益することができる権力や影響力の一形式であるのかについて考察する。

　ネットワーキングはまた，人びとの生活に影響を及ぼす作用の一形式として見ることもできる。私たちは，旅行することや，コミュニケーションをとること，そしてネットワーキングがコスト不要なのではないということを考察するが，それらはすでに前章で記述し考察したことである。第1章で，私たちはネットワーク資本というアイデアに出会った。それは，ネットワーキングは，時間，物質，アクセス，感情など実質的な資源を必要とする存在である，ということである。本章では，こうした資本の形式がモビリティというフィールドを通して発展してきたことを考察し，現代社会における社会的不平等へのその

第 3 章　ネットワークと不平等

重要な影響について考察する。私たちはネットワーク資本の中で，富裕層が経済的・文化的資本の占有のうえに多くの利益を享受する様を考察する。これに続く章では，「グローバルズ」たちの生活のパターンを探求する。「グローバルズ」たちは，「ネットワーキング」の時間的・物的・アクセス・感情などのコストが，彼らの高いネットワーク資本によって有意に低くなっている集団である。私たちは本章で，まずネットワーキングが仕事の資源集約的な一形式であることを説明する。そのつぎに，モバイル・ライブズがきわめて多種多様な集まりを計画し，保持し，解釈することを含むということを明らかにする。集まりを重視する議論に立ち返る前にネットワーク資本の諸特徴について分析することから本章を始める。そうして私たちはネットワーク資本の性質と新しい種類のモビリティが生み出す不平等（mobility-generated inequality）について吟味する。

　Manuel Castells は『ネットワーク社会の到来（*The rise of the network society*）』の中で，明白な中心をもった「構造」や権力の集中，垂直的なヒエラルキー，制度などは現代の世界において重要ではなくなっていく，と述べた。彼によれば，むしろネットワークが，「私達の社会の新しい社会形態（morphology）を構成し，ネットワーキングの論理が広がることによって，生産，経験，権力そして文化の生産過程での働きと結果を実質的に変革する。……ネットワーク社会は，社会形態が社会的行為より優越していることに特徴づけられるのである」。

　彼は，ネットワーク企業，EU のようなネットワーク型国家，そして市民社会で機能する多くのネットワークを含む，ネットワーク化した社会現象が多く存在する，と述べている。これらはすべて，個人間のネットワークの作用——第 1 章で描いたような Simone が従事する類の——に依存している。

　より一般的には，Luc Boltanski と Eve Chiapello が「コネクショニスト（connexionist）」の世界の特徴を描いている。彼らが言うには，そうした世界では，「利益の認識は，ネットワークの中で経済運用を組織することを通して生じる」。そうしたネットワークは，新しい形の機会主義を生じさせる。彼らは，

63

ネットワーカーやネットワーク化されたプロジェクトの長を,「移動性が高く,合理化され,無数に多様で豊かなつながりをつくりだし維持する技術や,ネットワークを拡大できる技術を有している」人と描く。とくに重要なことは,Burt が「構造的空隙」と名づけた,他者が何らかの理由で見過ごしたり利点を活用できなかったりする部分を,搾取できる人物である。Boltanski と Chiapello はその際,「偉大な人びと」と「小人」との間に奇妙なほど際立つ差異をつける。前者は静止してはいない,後者は特定の場所に根をおろしてしまっている。彼らによれば,それは,動きまわること,その移動性によってとくに構造的空隙を搾取することにおいて,巨大な人びとは新しいリンクを創りネットワークを拡大する。まさに,この「コネクショニスト」の世界の中で,高い地位は転移,つまり「巨人たちが彼らの力の一部分を小人たちの非移動性から手に入れること」を前提とする。この累積的な過程は,ネットワーク化する世界において,多くの人びとが自分は場所から切り離されて忘れ去られているのではないかという「永続的な不安」の中に生きていることを意味するが,それは動き回っている人びとによって作り出されたものなのである。金融資本は,なにかに根差しているか,場所につながっているか,動かなくなっているか,ネットワークできなくなっているか,というこの恐れを付加してきた。過度なローカル主義者になり十分ネットワークされておらず,構造的空隙を搾取することができないという高次の不安がある。そうした移動能力についてのバリエーションは,ジェンダー,エスニシティ,(反)能力,社会階級などによって構造化されている。

経済生活におけるネットワークについて別の分析家は,そうした経済は階層的に組織だった経済に較べてより生産的な結果を生み出すと論じている。Yochai Benckler は,『ネットワークの豊かさ（*The wealth of networks*）』の中で,「ネットワーク化された情報経済」が生み出す特徴について記している。これは,非集中化ときわめて多数の人びととの間でのピア生産を内包しており,それはまさに,ウィキペディアのようなオープンソースのソフトウェアや大規模な協力の発達を含んだきわめて洗練されたネットワークによく現れている。この

Charlie Leadbetter が表現したような「we-think（私たちが考える）」は，ネットワーク上での蓄積では，何を知っているかより誰を知っているかがより重要になる，より一般的な過程を反映している。これが大量生産よりマス・イノベーションを示し得ていることは，彼の多くの事例が示す通りである。

　その最も明確な状態では，ある知識が暗黙である限りにおいてそれはインフォーマルで，かつ特定の経験を通して個人個人にとって具体的なものとなっており，組織的な成功は，人びとがどのように情報にアクセスし展開し用いることができるかということに左右される。フォーマルでそしてとりわけインフォーマルなネットワークがあればあるほど，暗黙の知識を創造・流布・共有し新しい資本を開発し作ることができる。このようなコンテクストでは，集いととくにインフォーマルで対面的なディスカッションがとくに重要となる。社会的ネットワークが，暗黙の知識を交換したり資源を配分したりすることができる重要な方法が存在する。これは「相互作用を通して学ぶ」という表現で述べられてきたものであり，それゆえ旅行や共在そしてモバイル・ライブズが必要だとされてきた。それは，暗黙の知識を生じさせたり交換したりするためには共有された社会的コンテクストが必要であるという文脈においてである。

　しかしながらそうしたネットワーキングは，とくに女性を，またそうしたネットワークのメンバーシップに入れなかったり維持できなかったりする他者を，しばしば社会的に差別する。私たちはネットワーク資本の検討を通してこれについて以下で議論しよう。

　最も発達したネットワーク研究の社会学的プログラムは，Barry Wellman とその共同研究者によるものである。彼は以下のように述べている。

> 「私たちはコミュニティを集団にではなくネットワークの中に見出す。……ネットワーク化された社会では，境界は透過性があり，相互作用が多様な他者と行われ，結節点は複数のネットワーク間で切り替わり，そうして階層はよりフラットで再帰的になりえる。」

そのようなネットワーク化したコミュニティは，ある特定の場所に縛りつけられているのではなく地理学的，社会学的に拡張している。Wellman はこれらが豊かな北半球社会の door-to-door から place-to-place そして person-to-person コミュニティへという歴史的な変容を含んでいる，と述べる。

　まず第 1 に，歩いて互いに訪問しあうような人びとは door-to-door コミュニティの典型例である。それは空間的にコンパクトで濃密に結ばれている[12]。いわば，地理的に近接であることにもとづいた「小さな箱」があるのである。有意義な他者は歩いたり自転車に乗ったりする範囲で互いに集い，家族生活と仕事と友人関係が大いに重なり合っていた。しかしそうした door-to-door のコミュニティは移動の速度が増大し長距離となったコミュニケーションによってさほど重要ではなくなり，とくに大黒柱の男性を車で近隣社会の外へと働きに出させるようになった。

　第 2 に，「place-to-place」コミュニティによって，相互作用は個人の家庭の内部へと移動した。娯楽や電話や email をするのは家の中である。「家庭はまさに訪問されたり電話がかかっていたり email が届いたりするところである[13]」。電話そしてそれに続いた email は，まったく異質な地理的ロケーションの中で家々をつなぎ，近くに住んでいる訳ではない人びと同士のつながりを生み出す。

　第 3 に，1990 年代以降，person-to-person コミュニティによって，人は「ポータルになった[14]」。person-to-person 関係への回帰と，Wellman がネットワーク化された個人主義と呼んだものは移動体通信とその関連技術から生まれる。各自がそれぞれの紐帯とネットワークのエンジニアとなり，行き先や居場所にかかわらずほぼつながっているのである。移動している一方で，つながりは維持され得る。Christian Licoppe が報告したように，「携帯電話は，所有者の拡張，つねにそこにある個人的な物体であるかぎりにおいてポータブルである。……人びとは各自のつながりのネットワーク——いつでも電話によって活性化され得る——を運んでいるように見える[15]」。ネットワークはこのように個人化し，第 2 章で論じた「再帰的近代社会」のより広い個人主義化の一部と

なっている。このネットワーク化した個人主義は，多くの遠距離間のつながり，あるいは一般に「弱い紐帯」と称されるものをもった多くの人を含んでおり，それらは人びとを外部世界とつないでいる。各個人は明白に個人主義化したパターンを保持している。Wellman らによれば，「つながりの個人主義化は以下のことを意味する。すなわち諸資源を得ることが，実質的に個人の技術，個人の動機，そして正しいつながりを維持することに依存しているということである。ネットワーク化された個人主義とともに，人びとは繁栄をめざして活発にネットワークしなければならない」。明らかにネットワーク資本には巨大なバリエーションがあり，それはすなわち，人びとを「ネットワーキング」実践が中心となる階層的秩序の中に位置づけることにおいて巨大なバリエーションがある，ということなのである。

　これは，いい換えれば，いわゆる「スモールワールド」命題についての研究につながる。物理学出身の社会学者 Duncan Watts は，経験的な発見，第 1 章で述べた，地球上のすべての人がその居場所にかかわらず 6 段階の分離だけによって隔てられているということを説明しようと試みてきた。これが文字通り正しいか否かということにかかわりなく，地球上の人びとを結びつけるには驚くほど少ないコネクションがあれば十分であるということはほぼ疑いがない。お互い知らない者同士だと思い込んでいた人が，少し会話すると何らかの知人のつながりによって，つながっていたことが分かる，というような話はよくあることである。一見別々にみえるネットワークが実際には重なっているのである。John Guare が最近改訂したブロードウェイの演劇「6 次のつながり」の中で，「この星のすべての人がたった 6 人の別人によってだけ隔たっている。6 段階。地球上の私達とすべての他人の間は」と記している。

　この説明は，Mark Granovetter の「弱い紐帯」の強さに関する分析によって示されている。彼の研究によれば，新しく仕事を得た人の84%という驚くべき数字が，もともとよく知る人からではなく，めったに会わず，よく知らない人から得ているという。この広範囲に及ぶ，知り合いと情報流の**弱い紐帯**は，仕事探しの成功にとって重要なものであり，それが含意するところは，たとえ

ば噂の広がりのような他の多くの社会過程にとっても重要なのである[19]。こうした弱い紐帯は外部世界の人びととをつなぎ，稠密に編まれた人びとである親しい友人や家族の「塊（clump）」からもたらされるもの以外のつながりを供給する。そうした塊の間の架橋は，強い紐帯よりむしろ弱いそれから形成される。もし人びとが親友や家族といった小さな集団にしかつながっていなければ，世界の人びととの間には巨大な分離が存在したであろう。しかし，もしいくつかの，長いレンジのランダムなリンクや弱いつながりが，これらの「塊」のそれぞれを連結しているとしたら，分離の度合いは大いに減少する。限定された数の，長期間かつランダムなネットワークリンクが，もし濃密に編まれてでき上がった塊と結びつけば，各人を世界の他の人から分離することにおいて，驚くほどに小さな程度のそれが生み出される。個々人の通常レベルの分散というものがある。それは多くの人びとが相対的に弱く結びついており，数個の比較的強力な結節点しか存在しないということである。

　しかし対照的に，ウェブサイトが正常に分散しているということはない。少数の結節点が莫大な数のリンクを所有し，それらのリンクはインターネットのネットワークやアーキテクチャを完全に支配している。このパターンは，時折「貴族的システム」と呼ばれ，そこでは，その彼らのネットワークを通して，豊かな者はさらに豊かになり，非対称的な影響としては，貧しい者はさらに貧しくなる[20]。世界の資金の流れは，ロンドン，ニューヨーク，そして東京という３つの主要なハブを通して流れているが，これなどは貴族的パターンの良い例である。これは部分的に，なぜ財政的価値が暴力的に変動し得るのかを説明している。安全な投資とみえたものが，突然，逆の存在となり，まさに財政破綻の噂が，中心的な少数の財政的結節点を駆け巡った，2008年後半の事例のようにである。

　最後に本節では，第２章で論じたコミュニケーションの発達が，とても弱い紐帯の大規模な広がりを通して，人びとを「知る（knowing）」ことの性質を再定式化しているのかという点について考える。すなわち，人びとはemailや携帯電話のアドレス帳，インターネットのチャットルームの会員，または

SNSにおける「友だち」といったものを通して，多くの人を「知る」ということがいえるだろう。それを通して一つの限られた観点で他者に知られるというような非常に弱い紐帯が大規模に増加しているように思われる。Kay Axhausenが論じたように，ヨーロッパの主要国の人びとは，これまでよりずっと多くの他者を知るようになっているが，そうした弱いあるいは非常に弱い紐帯を「維持」するための努力はどんどん少なくなってきているのである[21]。Barry Wellmanが述べるように，人びとの「パーソナル・コミュニティ・ネットワーク」の中央値は23であり，200から1,500の非常に弱い紐帯を伴っているのである[22]。

同時に，遠距離間の接触を維持するためには多くの時間を費やさなければならず，それは，個別的でローカル化した社会的ネットワークが重なり合っている時に生起するようなすばやくて日常的な集まりを生み出すことは期待しづらい。私たちがここまでみてきたように，かくして人びとは多くの時間を「既知の」かなり小規模な人びととの集まりを計画したり維持したりすることに費やし，特別に調整するためにコミュニケーションをとり，「接触する」ためにある程度の距離を旅する。これは「モバイルネットワーク社会における対面的な集いを調整する」ための重要な作業であると別のところで述べられている[23]。

集いの調整はGeorg Simmelによってとくに吟味されたが，彼は20世紀初頭の都市生活がいかに時計や規則正しさに依存していたかを語っている。彼は，もしベルリンのすべての掛け時計や腕時計が狂ってバラバラな時を示すようになったら，それがたとえ1時間でも，都市のすべての経済生活やコミュニケーションは長期間破綻するだろうと述べている。つまり大都市生活の技術は，すべての活動や相互関係を，安定的で非人格的なタイムスケジュールへと最も規則正しく統合することなしには想像できない[24]。置き時計や腕時計が，100年ほど前に，都市生活の移動や集いを可能にしたのである。今日の都市生活やそこでの集いは，私たちが今まさに吟味しているものである。

2 集　い

　私たちは，共在する集いというスモールワールドに関する文献における重要な過程の存在しないネットワークやネットワーキングについて論じてきた。Goffman は何十年も前に次のように述べた。

> 「対面的相互作用によって生み出され，共に交わることについての規範によって組織される活動の領域，すなわち，結婚式や家族での食事，司会者のいる会合，強行軍，接遇，行列，群衆，そしてカップルなどは決してそれ自体が研究の主題として十全に取り上げられてはこなかった。」

　私たちはここで，そうした軽視を是正することをめざす。その理由は，とくにそうした「対面的相互作用」，焦点の定まった集いが参加者の一人または数人あるいは，全員の＜動き＞を前提とするという点にある。結婚式，家族の食事，議長のあるような会合，強行軍，接遇，行列，群衆，カップルなどである。これらの集まりそれぞれがより複雑な家族やビジネスネットワーク，社会運動，サービス産業，スポーツの群衆，諸関係など社会‐物質的システムの中にある。集まりは，そうしたネットワーク化された初関係の一部でありそれを支えているのである。私たちが記述するかもしれないネットワーク化された個人主義は，個人主義的では決してないのだ！

　そうした物理的移動や組織化された集いの重要性は，多くのネットワークについての文献に関する Watts の批評を解釈するのに役立つ。すなわち「ネットワークの紐帯は……コストのかからないものとして扱われる，したがって人は持てる限り多くのそれを持つことができる，それをつくったり維持したりする難しさなど考えることもなく」。Watts はこれを用いて私たちがすでに論じた貴族的モデルの経験的な意義について問う。なぜならば，検索マシンはコストのかからない「トラベリング」を何十億枚という頁にわたって行うからであ

第3章　ネットワークと不平等

る（エネルギーの必要性という観点からみてもコストレスであり，そのことは私たちも徐々に気づきはじめている）。しかし多くの社会的グルーピングのために複数の紐帯を形成したり維持したりすることは，旅の重要性や複雑性のゆえに決してコストフリーではない。トラベル（travel）とは travail，すなわち仕事というフランス語に起源が求められるのだ。私たちは第2章でこの「仕事」について論じた。ネットワーキングの関係が実質的になればなるほど，貴族主義的ネットワークパターンが現出しやすくなる。しかし，他の条件が等しく，与えられたネットワークの中の「会合」が多ければ多いほど，ネットワーク内の不平等は小さくなり，分散が一般的になる。

　ネットワーク紐帯をつくりあげたり維持したりする仕事は David Lodge の社会学的な知見に富んだ小説，『小さな世界（*Small world*）』によく示されている[28]。それはどのように専門家たちのネットワークが集いに時間を費やすかを描いており，そこではネットワークは定期的な集いを通してのみその弱い紐帯を固め再生産される。その小説はとくに「会議（conferences）」に焦点を当てており，出席者間で最も日常的に繰り返される言葉はもちろん「世界は狭い（イッツ・ア・スモール・ワールド）」である。さまざまなネットワークが重なっていることが分かった時，その言葉は繰り返される。Lodge はその複雑で複層化しゴシップにあふれるこうした集いの性質やその他の「（偶然によって？）引き起こされる集い」について記述している。スモール・ワールドは，濃密でダイナミックな会話のやりとりを通して交換されるもの——友情，権力，プロジェクト，市場，情報，噂，仕事の協定，性的関係，ゴシップなど——が豊かな社会的資産であることを浮き彫りにする。ネットワークにとって中心的なものはしたがって，「集い（meetings）」であり，それゆえ時間－空間を使った移動は，少なくとも次の集まりまでの期間の弱い紐帯を「固める」ためにあるのであり，その際会話の多くは前の集まりについてのそれで，誰が出席したとか誰がいなかったとかいったものなのである！

　このように，人びとは他者を人から人への短い連鎖のつながりを介して「知っている」のであり，そのことが「世界は狭いねえ」という経験を生み出

しているのであるが，これは人びとが断続的に会う場合ほどは愛着を生み出さない。実際ある意味では，人びとは断続的に会うからこそ互いに「知っている」と言えるのかもしれず，それは，以下で十分なネットワーク資本として言及するものを彼らがもっていることを前提としている。しかし，一定の期間に密に会うことは，——たとえば生徒として——多くの頻繁な会合としてではなく，とくに距離の隔たりや収入の欠如，または幼い子どもの存在が頻繁に旅行することを阻むような関係を内包し得る。しかし結局，ネットワークは断続的な集いを前提とするのである。これらはコストの問題から逃れているのではなく，人びとが限られた数の他者とだけしかネットワークを維持できないということなのである（第2章で論じたように）。

私たちはすでに社会的ネットワークは今やさほどまとまりがなくなり，重なりや複数の所属といった状況も少なくなってきていると述べた。これは人びとの居住地や活動，家族や友だちが，以前より地理的に明らかに拡散してきたからである。豊かな北半球の人びとの中において，この拡散はさまざまな相互に関連する理由によって起こったといえる。すなわち，

- 世界的に家庭の実数が増加し，その平均人数が減少していること。
- 世界人口の「高齢化」と現役引退に伴って居住地を移す傾向があること。
- 人口密度の低い郊外居住の一般的な拡大に伴う自家用車の増加。
- 航空機の規制撤廃と格安航空会社モデルの広がり。
- 高速鉄道網のしばしば大陸を横断した広がり。
- 多くの仕事や専門職の国際化。
- 大規模で超国家的なコミュニティの発達や，そうしたコミュニティ内での娯楽／家族旅行の増加。
- 海外に住む国民人口が無視できない割合になってきていること。
- 友だちや親戚を訪問するというカテゴリーの旅行が一般的に増加している（VFR tourism）。
- 高等教育の国際化，部分的なその理由としての「国際的に保証された」

第3章　ネットワークと不平等

地位の重要性。
- 新しい様式のコミュニケーションや情報資源によって生まれた弱い紐帯が増加していること。

　そしてさらにネットワークは，そのメンバーの部分または全員が断続的に共在することによって「活性化」されるという場合にのみ機能する。「ネットワークの活性化」と私たちが呼べるものは，定期的なイベントが毎週や毎月，毎年存在し，それは多少なりとも参加を強制されるものであるような場合にのみ起こるのである。こうした強制的な「会合があること」には，10代の集団にみられるような毎日の集まりや拡大家族の週末ごとの集まり，企業の月例の戦略会議，遠く離れて暮らすアメリカ人家族の毎年恒例の感謝祭の集まり，さらには国際的な専門職組織の隔年の会議などが含まれる。また非常にしばしば，そこにおいて交換されるものは，暗黙の知識や理解である。人が仕事や家族生活，友人関係などのために実際に顔をあわせる時は，そこに含まれる人のための遠距離移動が含まれるのが一般的である。この豊かな北半球の人びとがネットワークを維持するために移動しなければならない平均距離は明らかに増えてきている[30]。これは翻って，さまざまな理由でネットワークをつくったり維持したりするためにそれほど効率的に遠距離移動できない人をつくり出す（幼い子どもや助けを必要とする人を抱えた女性のように）。

　私たちは，さらに，現代世界における「ツーリズム」の再考を一旦停止し，それがカテゴリーとして「脱エキゾチズム化される（de-exoticized）[31]」ことがどれほど必要かについて考えるべきである。社会的ネットワークが地理的に「拡張していく」ことは，ツーリスト型の旅行がしばしば望ましく必要であるとするものをつくり出す。電話での会話やテキストメッセージのやりとりや email は，遠くにいる友だちや親族と「連絡をとりあう」という重要な日常的実践であるが，それらは「非身体化」し「非物質化」したような類の社交性しか提供してくれない。電話やスカイプ，email やビデオ会議では，人数分の酒を買うこともできないし，孫を抱き寄せたり花嫁にキスしたりはできない。共在する

73

資料3-2　ソウル・インチョン国際空港のインターネット接続ゾーン（2007年）

会話の場では，食事，飲み物，音楽を共にし，物理的な場所を共有し，その場所は一時的に「生命に満ち溢れる」。いくつかの場所は，対面的社交の条件を提供する際，とくに周囲を取り巻いて環境を形成する。旅行はしたがって，重要な顔と共在するという点において，またゲストでありホスピタリティを受けるという点において，またおそらくそのローカル文化についての知識を楽しむという点において，まさにそのようなものである。スウェーデンでは，すべての旅行の半分は友だちや家族に会うことから成っていると考えられている。[32]

　時折，旅行者は自由にたゆたう個人であって自分の欲望充足を最大化することを求めているとみられる。しかしこの視点はツーリズムの現実逃避を演出する多くの義務を見逃している。それは多少なりとも束縛的でまた喜ばしいものであり，まだ断続的な対面的共在を必要とする。とくに家族や友だちへの義務はとても強い出席や関心についての規範的期待を含む。イギリスで調査された人びとの有意70％が，「共有できるものがたとえ多くなくても，人は近親者

第3章　ネットワークと不平等

と連絡を取り続けるべきだ」という意見に同意している(33)。イギリスの人口の大半が人生の中で最も必要な事項であるとみなす社会的慣習，義務や活動がある。それらのイベントには，クリスマス（83%），冠婚葬祭への出席（80%），友人家族の訪問とくにお見舞いなど（84%）が含まれる(34)。

WardeとMartensは家族での食事について以下のように述べている。

「もし可能であれば，出席することが重要である。なぜなら晩餐は社交的に重要な一時的な特別の状況であることを象徴するからだ。その前日や翌日同じ食事を食べたとしてもそれは十分な代替物にはならない，たとえ同じメンバーの多くがそこに居あわせていた，としても。」(35)

このように，社会的義務を実現することはしばしば，共在，儀礼，持続的で充実した時間を必要とする。また，しばしばきわめて特別な瞬間や特別の環境をもった場所を必要とする。

だからこそ，離れて住む友だちや家族の成員が会う時には，そのそれぞれの訪問は長く続くのかもしれない。1日や週末を一緒に過ごすことによって，しばしば互いの家に滞在することによって，人びとは時折しか会えないということや移動のコスト（時間，お金，疲労）を埋め合わせようとするのかもしれない。より安くより早い観光旅行が「拡散した」ネットワークを圧縮するにつれて，観光旅行や訪問やホスピタリティを示す義務は，観光旅行の，そして距離感をもった社会生活の核心となる。モビリティが社会生活を統合するということであれば，私たちはもはや親しさ，つながり，コミュニオンの強さを，地理的な近さや毎日毎週のやりとりで測ることはできない。2005年の調査である回答者はこれらの義務について以下のように記した。

「（旅行は）必要不可欠です。私は，emailを送ったり電話だけでやっていけるとは思いません。友だちや家族のところに出かけて行って会うことはとても必要なことです。もしそうしなければそれはとても情緒的に悪い

75

ことになると思います。私たちは出かける必要があります。」(フィットネスと健康倶楽部の男性の販売相談員,20代後半)

さらにこの調査はまた交渉ごとや承認ごと,罪悪感に起因する旅行という社会的なドラマにどのように人びとが巻き込まれているか,またそれがどのような社会的感情的結末を招くかを明らかにした。多くの場合「罪悪感(guilt trip)」は身体の移動を伴う旅にはめ込まれる。また別の回答者が記したように,「私は(イタリアの家族のところに)行きたくないと認めないといけない。私は出かけることが,それほど楽しいというわけではないのです。しかし私は行きました。……母は私が行くことを望みました……そう,罪悪感を抱いて,行かなければと感じるからなのです」(男性のドアマン,20代前半)。

実際,もし人びとが義務的な家族の集まりを欠席したら,次のように,彼らの社会的メンツはダメージを受けかねない。すなわち,「(私のパートナーの)家族は実際とても厳格で,イースターやボクシングデー(訳注:クリスマスの翌日,郵便配達人や使用人など日頃サービスをしてくれている人に箱に入れた贈り物を送る日)のように,決まった家族の集まりの日があります。だからそれに行くための努力をしなければなりません。欠席したら,誰々がいないねと必ず言われるでしょう」(男性の建築士,30代前半)。

観光者タイプの旅行はこうして,友だちや家族と離れて住み,そうした機会がなければ「移動しない」人びとを含む多くの人びとの生活に入り込んでいる。ツーリズムは少数の豊かな人たちの特権ではなく,そうでなければ「移動しない」人びとが時に離れて住む親戚を訪問したり招くかもしれない,あるいは離れたままでいることに心を痛めるかもしれないほど,多くの人を含んだり影響を与えたりする何物かになっているのである。旅行者はもはやホテルや観光バス,博物館やビーチにだけいるのではなく,インナーシティのアパート,郊外の家,スーパーマーケットや地元のバーにも見出される。

ここまで私たちは,主にビジネスや家族や友人ネットワークの中にある特定の他者との集いについて吟味してきた。しかし弱い紐帯のネットワークはしば

しばある社会的カテゴリーの人びとが出会う特別の場所での集いにも依存している。そうした場所は，個別の状況で実際誰がそこに居るのか正確には分からないけれども，そこがネットワーキングに適した場所だということは知られている。この「一般化された共在」は，しばしば「顔を出す」という行為を含んでおり，その顔は他者に伝えられる。旅行と遠距離の弱い紐帯はある種の「存在主義（presentism）」を生じるが，翻ってそれはさらに弱い紐帯を拡張する。都市やキャンパス，カフェやバー，パブ，会議，クラブ，街角などのある部分はこうした共在や顔を出すのにきわめて適しているのである。

こうしたネットワーキングパターンは，セントラルロンドンのニューメディアワーカーのように，シティ・センターにおける比較的裕福な若い専門職の人たちの間にみられる。

調査によれば，「ネットワーク的社交性」は，刹那的だが濃密で，焦点化され，早くて重畳される社会的紐帯のまわりに組織化されることが分かっている。固定的な紐帯の塊はほぼ消え失せ，多くのつながりは長距離で，しかも断続的な「集い性（meetingness）」を非常に重要視している。これらのつながりが広がるにつれて，優勢な弱い紐帯のネットワークはさらに遠くへと拡張する。ある若いメディア関係者が述べたように「だから，これらの集いや会合は私にとっては，人にみられたり他人に再び会ったりすることであり，内心で挨拶をしながら2分程度の会話をするようなことなのだ」。社交性はますます歴史や物語の共有にもとづかなくなっている。むしろインフォメーションが鍵なのだ。つまり特定のものの迅速性，人びとが迅速に交換できるようなものを提供することがそれなのだ。さらにいえば，仕事と遊びは徐々に融合されてきており，職場は遊び場のようにデザインされ，レジャーの場所は仕事場のようになってきている。遊びの時間と仕事の時間は徐々に境界が曖昧になってきており，とくに「パーティ」や「ネットワーキングイベント」が仕事に変容してくるにつれてその状況は高まっている。友だちと仕事仲間のカテゴリーは相互浸透している。ネットワーキングの実践は，彼ら1990年代のメディア関係者にとっては，「車，電車，バス，地下鉄，飛行機，タクシー，ホテル」を含み，それは，電

話やファックス,留守番電話,ボイスメール,ビデオ会議,モバイル機器,email,チャットルーム,ディスカッション・フォーラム,メーリングリスト,そしてウェブサイトにもとづいているのである。[41]

3　ネットワーク資本の領域

　ネットワーキングの実践は,21世紀のモバイル生活によって再びテーマとして持ち出されえる。Kay Axhausen は,今日の豊かな北半球における「ネットワーキング」成功のために必要な一連のツールについて述べている。[42]それには,車,タクシーの予算,遠距離旅行の予算やそれへのアクセス,ロケーションフリーのコンタクトポイント（留守番電話,email,ウェブサイト）,十分な時間それらのものをマネージするアシスタント,——とくに誰かが「しくじった(fails)」場合の——が含まれる。ここで私たちが強調しているのは,モビリティーズ自体がネットワーキングの社会関係が重要であるのと同じほど重要である,ということではない。これらは,多重的なモビリティーズが状況に応じて可能にする「本当の関係」なのである。

　第1章で述べたように,私たちはネットワーク資本を Pierre Bourdieu が分析した他の形態の資本とよく似た資本の一形式として取り扱っている。[43]彼のアプローチにはさまざまな鍵になる特徴がある。第1に,階級構造における「地位空間」は,曖昧ではない関心や結果を生み出す構造ではなく「フィールド」としてとらえられる。階級やその他の社会的諸力は,したがって所与の「利益」を単純に実現するものとして理解されるのではなく,むしろ闘争の領域から発するものととらえられる。第2に,これら闘争は多くの多様なサイトや領域を含んでおり,そこにはとくに「文化」の諸相をめぐる領域が含まれている。嗜好は決して「純粋な」ものではなく,それを通して人びとはみずからを他者と区別させるために象徴闘争を行う。さらに,多重な形式の資本が存在し,それらの間には必ずしも必然的な対応性はなく,とくに経済資本と文化資本の間には必然的な対応はない。最後に,そうした闘争の中心には,それぞれの社会

第3章 ネットワークと不平等

的諸力についてのハビトゥスが存在する。ハビトゥスとは「分類可能な初実践や仕事を生み出す能力であり，それらの実践や生産物（嗜好）を差別化させ評価させる能力であり，それは表象された社会的世界，すなわちライフスタイルの空間が構成される」。そうしたハビトゥスは，嗜好の身体的表現から生じ，またそれを生み出す。階級やその他の闘争は本書（とくに第2章）を通して私たちが強調してきたポイントを具現化する。

ネットワーク資本というものがあるという主張のために，私たちはモビリティーズの「領域」の特徴を明らかにしなければならない。そしてもちろん私たちは，旅やコミュニケーションが20世紀後半になってはじめて成立したとは主張していない。しかしながら，この世紀を通して，多くの変容がモビリティーズの主要なフィールドの創造を助け，現代世界の主要な資源つまりネットワーク資本が分離し，新たなものとして生み出されることを助けてきた。これらの変容は以下のものを含んでいる。

- 世界中で起こった莫大な規模の国内／国際的移動。
- 一連の異なる移動システム，徒歩，バイク，車，大型車，運河，電車，市電，船，ヘリコプター，飛行機など。
- 国際的移動の様式が規模的にも影響力的にも大きくなっていること，収容所や避難所への旅，ビジネスや専門的な旅，探検旅行，医療旅行，軍事的な移動，退職後の旅行，自然散策，ディアスポラへの旅，サービス事業者の旅行，観光旅行，友だちや親戚訪問，仕事に関係した旅行（第1章参照）。
- 自動車による移動の重要性，それは今日の経済や文化の核心であり，安くて豊富な原油探しを通した国際的な政治状況の核心でもある。
- 身体的移動とコミュニケーションの網の目，それによってこれらが高度に互いに結びつきあたかも現代の双子のようになっている。
- 船や航空機移動，高速列車による移動，インターネットや携帯電話などによって，国ごとの社会をバイパスするモビリティ領域の発展。

- 多様な種類の移動が今日の社会のガバナンスにとってもつ意義，とくに 9.11 以降高められた移動者たちの「安全主義化（security-ization）」。
- 人びとの（本書で詳述したような）社会的感情的生活にとっての移動の中心性。

　このようにモビリティーズは特徴的な闘争，嗜好そしてハビトゥスを有する一つの顕著な領域へと発展している。それは多重化し交錯する論争の場である。このフィールドは経済的，政治的，文化的過程から分化して生じてきたのであり，今は自己増殖し，新しい開始期の資本，ネットワーク資本を生み出したが，それは豊かな北半球の現代資本主義の多くの生活にとって必要不可欠な前提である。そして人びとがあちこちを移動し，個人化された人生計画をこれらの構造からの個人の自由の環境を整えることを通して創り出さなければならない。だから彼らは社会的ネットワークを拡張し，念入りにつくり上げる。そうしてそれらはより個人化され，彼らにとってより特定的でかつ共有される部分の少ないものとなる。ネットワーク化された個人主義の帰結として，嗜好の多様な差異が，移動のモード・旅行者の階級・移動される場所・移動の具体化された経験・一緒に移動している人の特性などの間で生まれている。

　私たちは「ネットワーク資本」という概念を，私たちが強調しているモビリティーズがそれ自体では何も成し得ないということを明らかにするために用いる。鍵となるのは，そうしたモビリティーズの社会的帰結，すなわちネットワークを形成したり維持したりするために物理的にほとんど近接していない人びととの社会関係を生み出し維持する（そして特定の場所を訪問する）ことができるということである。したがってネットワークはモビリティーズが提供する現実的で潜在的な社会関係を示している。この形式化は『資本論』におけるMarx のそれと類似しており，そこで彼は，資本生産における社会的関係に焦点を当てているが，それは生産それ自体の諸力だけに焦点を当てたのではない。私たちの議論はモビリティの手段が提供する社会関係を吟味することが必要であるということであり，モビリティの諸力によって引き起こされる変化形式だ

第3章　ネットワークと不平等

けを吟味すればよいということではない。ネットワーク資本は，必ずしも地理的に近接していない人びととの社会関係を生み出し維持する能力であり，それは（これがいつもさまざまな物質や技術またはネットワーキングの手段を伴うのだが）感情的・財政的・実質的な利益を発生させる。私たちが第1章でみたように，それは以下の8つの要素からなっている。それは，一連の適切な文書，ビザ，お金，安全な移動を可能にする資格証明書，遠距離にあってホスピタリティを提供してくれる他者，移動能力，位置に束縛されない情報とコンタクトポイント，コミュニケーションデバイス，適切で安全な集いの場所，複合的なシステムへのアクセス，そしてシステムがうまく作動しない時に対処する時間と資源，である。それらネットワーク資本の高い社会集団は，彼らの社会的つながり，感情的，財政的，そして人びとが経済的文化的資本から得る利益を超え，さらにそれらには還元できない実際的な利益を創造したり再創造したりするにおいて大きなアドバンテージを享受する。

　私たちはすでに，Wellmanが人と人のつながりにある変化が起こっていると論じているその内容について検討した。各個人——それぞれが特別のネットワークをもった——が鍵であり，一方，場所，家，そしてコンテクストは，ネットワークを構造化する際さほど重要ではなくなってきている。この個人化されたネットワークへの変化は，ますます「急がされる」ようになってきた余暇時間と結びついており，したがって「集い性 (meetingness)」は，ハイレベルのネットワーク資本をもった人びとを除いて実現することが難しいかもしれない。[47] この原因は，労働時間の増加，労働時間の断片化，その結果としての人びとの余暇時間の減少，余暇活動のバラエティや複雑性の増大，そして遠く離れた友人との関係の維持のための余暇時間のマルチタスク化へのニーズの増大である。これらの諸過程は増大する「スケジュールの社会」に帰結するが，それは人びとの日常の時間-空間パターンが仕事，コミュニティ，場所と，そしてそれゆえ互いにいくらか調和しなくなっているからである。[48] 集いを組織するということは集合的な調整の減少とともにとくに厳しいものになり得る。ネットワーク資本の低い人たちはしばしば努力して十分な程度の「集い性」を維持

81

し，それゆえ，強力に「社会的に阻害される状況」になり得る(49)。

　これもまた，「(Simmel が記したような) 時計時間の厳格性」からモバイルコミュニケーションによって可能となった「フレキシブルな厳格性」への変化のゆえである(50)。第2章で述べたように，今日の移動電話は，1世紀前の時計と同じぐらい偏在している。それを所有していることは収入や階級と無関係である。Ling は移動体が，「毎日の活動をコーディネートする一つの方法として機械的なタイムキープに挑む。自動車がフレキシブルな移動を可能にする。移動体通信の登場まではリアルタイムでさまざまな移動を調整する能力が改善されることはなかった。かつてあなたが旅行中であれば，あなたは連絡のとれない状況であった。携帯電話がこのサークルを完成させた」と述べている(51)。

　したがって，集いは重要であるが，そのタイミングや場所どりは移動中に交渉可能になった。移動体は人びとを空間的固定性から自由にし，旅行中に用いられる最も一般的なアイテムの一つとなっている。Simmel がかつて書いたように，鉄道，バス，車は，もはや「孤立」によって特徴づけられない。今やそれはつながりや「コミュニケーティブな旅行」によって特徴づけられる(52)。移動中の電話とメッセージはネットワークをつくり，拡張し，再確認するための重要な実践である。Ling は以下のように論じた。

　　「ミクロな調整は，社会的相互作用の微妙な操作である。ミクロな調整は，すでに出発した旅の行き先変更にみられ，また，いつどこで友だちと会うかについての反復的合意にみられる。また約束に遅れそうな時に前もって連絡をする能力においてみられる(53)。」

　モビリティと，進行中のフレキシブルな調整の間のつながりは，「ランデブー（rendezvous）」の概念でうまくとらえられる。Castells らによれば，「ランデブーイング（-ing）の実践の中で，人びとは目的地に向かって歩いたり旅行したりする。その際，どちらの目的地かを決めることは，その過程で彼らが行うインスタントなコミュニケーションにもとづいている(54)」。時間に厳格な

（punctual）モードからより流動的で広汎な調整のモードへのシフトがあり，時間・空間そして参与者としての「ランデブーイング」は移動中に再交渉される。

　それは，そうしたネットワーク資本の必要性を強調する。「携帯電話を持っていないことは，目が見えない状態で歩くのと同じであり，時間と空間の社会ネットワークの中で今自分がいる場所とその時間にぴったりあった情報とつながっていないということである(55)」。Rettie は携帯電話のネットワーク資本的側面を以下のように要約している。すなわち，それは社会的支援の増大と持続を可能にする。それは人びとの間のコミュニケーション時間を拡張する。それは対面的な集い，すなわち予期した通りの喜びを引き起こす。それは他者のスケジュールに対する知識を発達させるが，それ自体は親密性の一形式である。それは情報論的な満足を伴わない交感的または社会的コミュニケーションを可能にする。それは関係というものをより一般的に育む(56)。

　たとえそうであっても，あらゆるネットワークにおいて，最大数の弱い紐帯を伴った「ノード」が助長される。それらのための集いはより多くの弱い紐帯を生み出し，それゆえ未来のネットワーキング能力を拡張するだろう。この高潔な社交の範囲は，ネットワーク資本に依存しつつ，しばしば「マタイ効果」として知られる(57)。ネットワークは豊者をさらに豊者にし，貧者をより貧者し，社会的不平等を再生産する積極的なフィードバックのメカニズムである。

　これ以上に理解しやすいことはありえない。高いネットワーク資本は，集いの中で重要な参加を許す。「グローバルなヴァーチャルチーム」の研究は，時折の集いや，そうした集いの効果的で信頼できるコミュニケーションの重要性を示す。Maznevski と Chudoba のメタ分析と彼ら自身による長期的な調査は，ネットワーク資本が物理的集いとコミュニケーションの間の適切で一時的なリズムを確保する際のネットワーク資本の必要性について明らかにした。このリズムは「規則的で濃密な対面的集いの決定的なビートによって構成されており，その後には，さほど濃密でなく，さまざまなメディアを使った短い相互作用の出来事が続いている(58)」。それらはそうしたパターンを確実にできない組織は，部分的に暗黙の知識を生み出し動員することに失敗するということによって効

果的でなくなるということを示す。

　この社会的紐帯のネットワーク化された次元は，とくにアイロニックである。ネットワーク資本の規模が大きくなればなるほど，それゆえ可能となるネットワーキングもより大きくなり，ますますそうした資本へのアクセスが「ネットワーク化社会」に参加するために必要となる。たとえ信頼と暗黙が大変重要なままであるとしても，フィードバックのメカニズムは，ネットワーク資本が人びとのネットワークの範囲や規模，異質性を拡大し高めるにつれて旅行やコミュニケーションの必要性を拡張する。

　私たちは今ネットワーク資本における重要な不平等が幅広い社会学的重要性を持ちつづけてきたいくつかの事例を簡単に考察する。ネットワーク資本の重要性とその不公平な拡散は，ハリケーン・カトリーナによってなまなましく明らかにされた。カトリーナは，2005年8〜9月にニュー・オーリンズにきわめて劇的な衝撃を与えた。このハリケーンは災害の中で，不平等なレベルにあるネットワーク資本がきわめて拡散していたことの帰結を示した。圧倒的に富裕な白人たちは彼らが所有している車や連絡，コミュニケーションによって前もって逃れることができた。ネットワーク資本の貧者——黒人，女性，子ども，高齢者——はハリケーンの衝撃とその圧倒的な規模の洪水，そしてネットワーク資本（連邦や州や市の有力者の弱い資源）の影響をもろに受けた。低空飛行するヘリコプターから撮影されたテレビの画像だけが，ある主要都市の大きなエリアに住んでいる人びとがネットワーク資本を多少なりともゼロまで「沈め」た時まさに起こったことを，注視する世界の人びとに伝えた。

　同様の不平等は1995年のシカゴの熱波の際，はっきりと可視化された。それは将来の気候変化の問題にとても関連のある主題であり，私たちはそれを第7章で取り上げる。人びとに外出や徘徊，店やローカルサービスを訪ねる機会を与えたシカゴ地域では，Eric Klinenberg が示したように，熱波での死者は比較的少なかった。住宅と住むのに適した街区，訪れやすい公園，店，カフェ，近隣社会などがつながっていたことによって，自然に人びとは歩いたり，人に会ったり，とくに他の人びとと語ったりすることが日常的となった。アフォー

ダンスが豊かで多様なところでは、人びとはとても高い気温の際でも外出したり歩きまわったりし、その結果、彼らはより生き延びやすくなる。いい換えれば彼らは良いネットワーク資本を持っているのであり、彼らは、その生活水準が、死亡率のもっと高い地域のそれとほぼ同じ程度であっても、熱波によって死にいたる可能性は低くなった。

　Robert Putnam はより一般的に、日常生活における共在の「会話」の社会的因果関係を論じている。彼は、アメリカにおいて対面的な会話の割合が減少していることを嘆いている。Putnam にとって、共在の量は所与ではなく1960年代から減少してきたものである。アメリカ人の会話はますます対面的ではなくなってきている。これもまた Richard Layard によって報告された同様の調査で実証された。それは幸福の要因についての調査と、いかにテレビの発展が「集い性 (meetingness)」を減じさせることで幸福感を全体的に減衰させているか、というものである。Putnam によれば、顔を突き合わせて「語ることは良いこと」であって、なぜならば、このことが、互いに支えあうようなかたちで、個人主義化を最小化させ、社会関係資本を拡大させ、人びとを長生きさせ、経済的活動を促進するからである。「画面の上で (on a screen)」生活を送ることは、良い会話の満足のいく代替物にはならない。もしますます多くの関係がモニターの画面上で行われるようになれば、Putnam がいうように、会話は少なくなり、社会的相互作用は貧しくなり社会関係資本は弱くなる。Miller は、『会話——ある芸術の衰退の歴史 (Conversation : a history of a declining art)』の中で、さまざまな「会話を避ける手段」について記述している。それは人びとの会話スキルに良くない影響を与えるものである。彼はこうした長期間の対面的な集いや会話の減少による良くない影響を支持する多くの資料を提供しており、またそれらについては第２章でも言及した。

　ネットワーク資本の不平等についてのもう一つの現れは、世界中で毎日3,000人の人が交通事故において亡くなり、3万人が怪我をしているということからもみることができる。

　2020年までに、交通事故は怪我の原因で世界ランキング３番目になるだろう

85

といわれる。しかしながら交通事故の犠牲者の大半は車を所有していない。すなわち車へのアクセスの無い人びととはネットワーク資本が弱いということである。車の所有者／使用者（通常男性はネットワーク資本が高い）と自転車利用者，歩行者，そしてとくに子どもたち（ネットワーク資本がきわめて低い）の間には巨大な不平等が存在する。車を基本とした移動システムは膨大な規模の死者や怪我人を生み出し，歩行者と自転車利用者の傷つきやすい身体に影響をもたらす。この大虐殺は，毎年の死者数が，第2次世界大戦以後の戦争で殺された人数を上回る増加に帰結する。

4 結 論

本章では，人びとが楽しみのために十分な物理的移動を経験する必要性や，集いや会話が維持され発展することの生産性を明らかにしてきた。グローバルな世界では，信頼と暗黙の知識の両方が，しばしば遠くはなれている人との間欠的な共在を依然前提としているようにみえる。

この共在は Sheller が「市民の自由度と移動性」として注目する他の諸効果を生み出す。すなわち，もし他のすべてが等しければ，「良い社会」は旅行や良い集い，素晴らしい会話を制限しないだろう。そうした社会はすべての社会集団に対しそうした共在を拡大し，これに抵触するような行為は望ましくないものとみなすだろう。航空会社の BA（ブリティッシュ航空）が記したように「対面的な接触に代わるものはありません」。ネットワーク資本は拡大されるべきであり，社会的排除は，そうした資本ができるかぎり平等に広がることによって少なくなるだろう。社会的に包括的な社会はすべての成員に共在の能力を備えさせ，拡張させるだろう。それは「強いられた移動の停止」を最小化し，精神的健康を改善し平等性を高めるだろう。移動や計画，コミュニケーションの自発性は，ネットワーキングと「集い性（meetingness）」（そして「不在性」の程度を限定すること）をすべての社会集団に対して促進すべきである。この市民権についてのダイナミックな考え方は，遠くの人と集い，語り，相互作用し，

第3章 ネットワークと不平等

コミュニケートし，ネットワークし，関係をもつ「自由」を重要な価値と位置づける。たとえば，『ジェンダー化されたモビリティーズ（*Gendered mobilities*）』で明らかになったネットワーク資本に関する多くのジェンダー的不平等は，より壮大なスケールで再考し再組織化されるだろう。

しかしこの議論には3つの問題があり，それは以降の章で検討していくことになる。第1に，私たちが第4章と第6章で検討したように，「グローバルズ」の生活の変化やライフスタイルについての調査を考慮する時，そしてその結果生まれて独占することになった，行き過ぎた消費の場所についての調査を考慮する時，ネットワーク資本ははげしく歪曲され典型的に怒りを誘発する。第2に，遠距離にある仕事や個人的な関係は実現されえる，しかし私たちが第4章と第5章で吟味するような実質的な個人的・関係的コストがある。第3に，モバイル生活のそうした諸形式は，多くの資源とくに石油の巨大で増大する供給量を前提とする。そしてそれらの消費は，たとえば地球温暖化のような主要な外部不経済をもつとは証明されない。これは翻って，さまざまな形式の今日のモバイル・ライフが，外的・内的移動をそのようなものとして誇大妄想的過大評価するという問題を提起する。可能な近未来に，モバイル生活が有意味的に減少する可能性は第7章で吟味される。そこでは石油が枯渇し気候変動の影響が出てきた際に起こるであろうことを検討する。スクリーン上での精神的に貧しい生活が2050年までには結局のところ私たちに振りかかるのであろうか。

第4章　グローバルズとモビリティーズ

　グローバルズは，オートクチュールのような安全産業に金を出す余裕を持っている。それ以外の人びとは，たいていわずかな資産しか持っておらず，最新スタイルのアートを模倣した粗悪な大量生産品に甘んじなければならない。彼らも同様に，世界が耐えられないほど流動的であるという痛烈な感覚に悩まされているが，波に乗るほどの流動性が自身にないのである。こうした人びとが，彼らが存在する世界に特有の不確実性や危険性をやわらげるためにできることはわずかしかない。もっとはっきりといえば，ほとんど何もできないのだ（Zygmunt Bauman）[1]。

1　超えていく──グローバルズ

　流動的な経済というものが，新たなグローバル・エリートを生み出しているのだろうか。過去にあっては，世界一裕福なエリートになるためのパスポートは，莫大な土地の保有，工業施設や大規模工場の所有，そして膨大な従業員に対する支配であった。一方，今日におけるグローバル・エリートの構成員は，情報経済という重量なきものの「新しい柔軟性」と，（おそらく中でも）モビリティーズの速度，という2つの点で再構成されている。

　私たちがBaumanを参照して「グローバルズ」[2]と呼んでいるウルトラ・リッチないしはグローバル・エリートたちは，莫大な富を手にしている。それは，市場における金融規制緩和の普及と，広範囲にわたる「社会的なもの」の民営化という，特定の経済的コンテクストによってもたらされたものである[3]。分析者たちは，こうしたニューエコノミーの社会的経済的な姿をとらえようとして，「ターボ資本主義」「後期資本主義」「新自由主義」「非組織的資本主義」「リキッド・モダニティ」[4]の時代について語ってきた（新自由主義については，

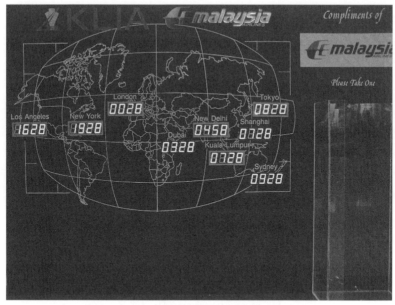

資料4-1 クアラルンプール国際空港の世界時間掲示板（2007年）

第6章と第7章で詳述する）。非組織的資本主義という新しいモバイル時代は，多くの経済的・金融的な発達によって生み出された。これらの発達は複雑であるため，ここでは簡略化して，かかる経済的変化にとりわけ直接的に影響を与えたいくつかの出来事，すなわち，ブレトン・ウッズ体制の崩壊，1970年代のNixon大統領による金ドル交換の停止，1973年のオイルショック，1987年のウォール街株式市場の大暴落，ドットコム・バブルとその後の崩壊，9.11アメリカ同時多発テロ，そして2008年の世界金融危機，を記すにとどめておく。

　今日のグローバルズに関して，とくに既存のグローバル・エリートと彼らを峻別するにあたっては，こうした社会・経済的状況を背景に，まずいくつかの要因が注目される。第1に，今日のグローバルズは，テンポの早いネットワーク化やモバイル・ライフという組織化されたコンテクストで仕事をしており，概して，国家，国民社会，コミュニティの制約をあまり受けていないということがある。この点については，本章の後半で再考することとし，今のところは

第4章　グローバルズとモビリティーズ

とりあえず、21世紀のモバイル領域であるインターナショナルなものが、**グローバル人**という社会・経済的エリートを生み出す発端である、ということを記すにとどめておきたい。

　2つ目に、グローバルズの資産や株式保有が莫大であるばかりでなく、彼らが年間総収入を生み出し増大させるスピードとダイナミズムが劇的な規模で増加していることがある。[5] グローバルズは、大西洋を横断するプライベート・ジェットで世界中に点在する高級マンションへと旅行しながら、ウォール街での外貨取引からシリコンバレーでのソフトウェア・イノベーションにいたるまで、膨大な個人資産の集積を自己の裁量で使っている。プライベート・ジェットは、グローバルズが、大富豪であるばかりでなく、彼ら自身とその財がきわめてモバイルな性質を有していることの決定的な指標である。グローバルズは、領域的に固定した社会に生きる「ローカルズ」の最高の水準でさえもかなり上回った、人並み外れた贅沢なライフスタイルで生活しつつ、さまざまな国と地域の間、多様な税制と法制の間を移動しているのである（モバイル・ライブズに関係した課税と税制についてのさらなる議論は第6章参照）。

　グローバル経済によって解き放たれた新しいモビリティ・システムズに関連して、今日のグローバル・エリートをいかに研究すべきであろうか。新しいスーパー・エリートによる社会的不平等への影響はいかなるものであろうか。本章では、国家の経済、アイデンティティ、そして文化を広範囲に変化させた幅広いコンテクストにある、グローバルズのモバイル・ライブズについて詳細に考察する。次節では、グローバルズは新しい社会階級として近年生じたという主張を例証する、さまざまな証拠について論じる。私たちが主張するのは、スーパークラスとしての新しいグローバル・エリートの台頭を示す証拠があるにもかかわらず、近年の議論においては、グローバルズ・ライブズについての「経験的特性」についても、そうした生活とともにある十分にネットワーク化された個人主義についても、持続的考察が少しもなされていないということである。こうした多くの社会学的研究の限界を乗り越えるために、本章の第2節では、ネットワーク資本におけるかかるグローバルな高水準の一事例の概要を

91

説明する。そして本章の第3節では，この事例から，分析のためのいくつかのより一般的な方針を導き出す。その際に，グローバルズのアイデンティティが構成され，再生産され，変容させられる，中心的な社会的形態に焦点をあてる。

2　グローバルズ——新しいスーパー・エリートの出現

　莫大な富というものが，新しいグローバル経済の主たるシニフィアンとなった。そして，かかる過程において，モビリティ，場所，そしてアイデンティティの新種がたくさん生み出された。今日における莫大な富への文化的魅惑は，SUV（スポーツ・ユーティリティ・ビークル）やダイヤモンドがちりばめられた携帯電話から，パーソナル・ジェットや500フィートのヨットにいたるまでの，ますます顕著で気前の良い消費の多様な姿に見られるようになっている。グローバルな電子経済が，莫大な富と同時に，既存の階級対立や社会的不平等を変容させる，新しいエリートにとっての権力や特権の形態を生み出したのである。

　勝者総取り方式のグローバル資本主義は，新しく極端なタイプの不平等を生み出す。富と財力についての現代社会学やスーパー・リッチについての研究は，新自由主義経済においてとりわけ拡大する社会的不平等に関して，さまざまな指標を提起している[6]。これらの指標には，以下のようなものがある。

- 「国連世界労働レポート2008」では，高賃金労働者と低賃金労働者の格差が，1990年代はじめから劇的に増大していることを強調している。また，2008年の世界経済危機と並行して，70カ国にまたがる不平等が強く残存すると予期している[7]。
- 「アメリカ議会予算局報告2008」では，アメリカの家庭における下半分の収入が1979年以来6％うしなわれる一方で，上位1％の収入が228％に急騰していることを報じている[8]。
- 北アメリカとヨーロッパでは，CEO（最高経営責任者）の給与が急上昇

第4章　グローバルズとモビリティーズ

した。ヨーロッパにおける CEO の給与は，平均的従業員の40倍から300倍になった。またアメリカにおける上位15社の CEO は，2003年において平均的労働者よりも360倍稼いでおり，さらに2007年においては520倍となった。
- アメリカにおける上位１％の裕福な家庭が，下位95％の家庭における総純資産を超える純資産を持っていた。
- 「フォーブス2008年長者番付」では，1,125人のグローバルな億万長者を特定している（同番付の初回では４人であった）。これらの個人による自己資本の総計は4.4兆ドルで，それは2007年から9,000億ドル増加していた。[9]

　2008年の世界金融危機までの2000年代においては，グローバルズは主に，ヘッジ・ファンド，証券化，そしてその他の投機的融資でみずからの富を創っていた。そうして，富裕層だけでなく超富裕層も驚異的に富を増大させたのである。たとえば Robert Frank は，1980年以来，アメリカだけでも，百万長者の数が50万人から1,000万人へと増加し，億万長者は13人から500人以上へと急増したと見積もっている。[10] 下層就業者（とくに移民）における周縁的な富の増大も存在したが，アメリカの全従業員における中位60％の収入は，実質ベースで減少し始めた。これに関連したものとして，Coley Dolgon による，ロングアイランドにおける大富豪の贅沢なライフスタイルについての刮目すべき研究がある。そこでは，グローバルズのライフスタイルが，低賃金労働階級や停滞している下位中産階級といかに複雑に絡み合っているのかを，うまく描き出している。[11]

　増大する社会的不平等についてのこれらさまざまな指標の分析には，社会調査者やジャーナリストらによる，人びとの生活や仕事の諸相についての考察がある。それは，物的な差異ばかりでなく，象徴的で文化的な差異も射程に入れたものである。たとえば Karen Ho によるウォール・ストリートの民族学的調査は，業績の良い投資家たちが，中‐低収入労働者の仕事を含むすべてのものを，「流動」ないしは取引可能にしようと努めることで，取引についての自

身の日々の経験を，いかに広範な経済に投影するのかを明らかにしている。[12] Gillian Tett は，富の不平等の増大が，投資者と銀行家による激しく短期的な取引から生じており，とくに2008年の世界金融危機にいたるまでのクレジット・デリバティブが影響していたことを突き止めている。[13] しかしながら，不平等の激増が，今日最も識別可能になっているのは，複雑なモビリディーズの結果としての場所であろう。Stephen Haseler は，『スーパー・リッチ——グローバル資本主義の不公平な新世界（*The super-rich: the unjust new world of global capitalism*）』において，モビリティの重要性を以下のように強調している。

　「スーパー・リッチの億万長者たちは，世界における本物のグローバル市民である。彼らは，コミュニティや領地境界よりも，自分自身，家族，そしてみずからの金に忠実である……彼らの金はきわめてモバイルで，同様に本人も，ロンドンやパリ，そしてニューヨークにある，いろいろな世界中の自宅の間を動いている。すなわち，アメリカのハンプトンや，イギリスやフランスの田園地方，そしてアメリカのサンベルト地帯（とくにフロリダ，南カリフォルニア，アリゾナ）のゲーテッドコミュニティにある邸宅の間を移動しているのである。そして，グローバルなスーパー・リッチは，現地の貧困によって傷つけられていない南国の楽園において，ヨットでまさにモビリティを実現してもいるのだ。」[14]

このように，携帯電話やコンピュータ・データベースからヨットやプライベート・ジェットに及ぶ，新しく，複雑で，デジタル化されたモビリティ・システムズへのアクセスは，莫大な富，権力，そして名声に関する現代のグローバルな経験の核である。けれども，近年におけるグローバルズの富の急速な増大は，これまでにない水準の貧困という代償を払って生み出されたものである。Edward Luttwak は，「イギリスからアルジェンテーラ（訳注：イタリアにある人口100人程度の基礎自治体）にいたるまで，そしてフィンランドからニュージーランドにいたるまで，ターボ資本主義の変化を経験してきたすべての国には，

現在，新しい億万長者たち，ないしは少なくとも数億円を有する人びとがおり，また新しい貧困層が存在している」と指摘している。付言すると，Luttwak が注目した新しい貧困を定義づける一つの中心的特徴として，それが複雑な非モビリティ・システムズに埋め込まれていることがある。契約の清掃スタッフが，グローバルズが日常的に通過するビジネスやファーストクラスの空港ラウンジで働いているように。

　新しいスーパー・エリートの出現は，社会学的用語では，組織されて固形化したモダニティから非組織的なリキッド・モダニティへの組織的変化という背景において説明されるだろう。ここではこの考えを，国家的に組織された経済と社会の「刷新」であるとする。これは，仕事の再構築，職業，社会的区分，地位の過程のすみずみに浸透したグローバリゼーションの転移過程によるものである。John Scott はこれについて，「国家資本主義者たち自身が，彼らが巻き込まれている資本と投資のグローバル化された回路に従って，ますますバラバラにされている」と述べている。富変容の論理に関する Scott の評価は，方法論的国家主義の観点から生み出されている。この見方は，「ローカルなもの」を書き換える外部の力として表象される「グローバルなもの」を伴ったものである。しかしながらもし，視点を切り替え，よりグローバルな視座からその問いについて考えるなら，これらの変化がさらに一層広範囲に及んでいることを理解するようになる。とくに，国際金融，新しい科学技術，そして多国籍企業が，ニューエコノミーの変形である，職業上や管理職上の経験に関する高度に流動的で超然とした形式から生み出されているのである。

3　数百万ドルとモバイルな駆け引き

「秘書はカプチーノを出したかい？」。Wim Eisner は，きらりと光る自身のヴァシュロン・コンスタンタンの腕時計を一瞥しながら声高に言った。彼は，ロンドン株価指数をモニタリングしている，豪華なロンドンのオフィスに座っていた。世界市場で生じている動向を表示するいくつものスクリーンが，私た

ちのインタビューの間中いつも目の前にあった。Eisner は，大手銀行，投資企業，保険会社についてのさまざまな評価につねに目を配りながら，思慮深く，そして注意深く，すべての質問に答える。

　ヨーロッパ有数の投資銀行家の一人である Eisner との議論は，数カ月前にあらかじめ計画されていた。しかしながら，2008年の世界経済崩壊がために，彼がアメリカに行かなければならなくなり，最初に予定されていたインタビューは急遽キャンセルされた。その後，即席のインタビューが（またしてもきわめて急に）用意された。インタビューの翌日には，アジア，中東，そしてオーストラリアにおける10日間のさらなる旅行のため，Eisner はイギリスを出発した。このような，概して直前になされる日程計画や日程変更は，明らかに，Eisner にとっての日常の職業生活に不可欠な側面である。また，Eisner とのインタビューから，いくらかの連続という感覚をつかみ取ろうとすることは，骨の折れることであった。それは主として，邪魔になる顧客からの電話の呼び出しがたくさんあったり，同僚による割り込みが頻繁にあったりしたせいである。多くのグローバルズと同様に，Eisner は混沌と複雑性を糧にして成功しているのである。

　Eisner は，他なる人々の金を，短期の金融市場，先物取引，そしてヘッジ・ファンドに投資して裕福になった。彼はその後，中国とインドの急速な工業化や，アジア先進諸国における割安銘柄の買収への投資によって，より一層金持ちになった。シカゴ大学から授与された経済学の学位を有していた彼は，2007年後半のアメリカにおけるサブプライム住宅危機の問題に感づき，世界中の株式市場にまたがるみずからの投資をすべて売り払うための計画的な行動をなした数少ない一人であった。そして Eisner は，他の場所で商売を始め，途中で，仕事を変える良い機会だと確信した。完璧に近い取引のタイミングへのご褒美として，彼は3カ月仕事を休んだ。その間，Eisner と自力で成功した女性実業家である妻は，近年発展しているさまざまな高級リゾート（第6章参照）で休暇をとった。残りの時間は，4つの自宅を飛び回ったり，ブルターニュで最近買ったマンションの改装を始めたりした。

第4章　グローバルズとモビリティーズ

インタビュー当時，Eisner はロンドンのある民間投資銀行のトップを3カ月にわたって務めていた。彼は，2008年の世界的な危機はとても大きな職業上の挑戦を意味していたと説明するが，仕事のスケジュールはそれまで自身がなしてきたことと大して変わらなかったと述べている。

「たいてい，私は朝5時頃に起き，6時半までにオフィスに着く。終日にわたって顧客たちと会っており，顧客と昼食をとっている時以外は，頻繁に電子メールや電話の呼び出しがある。だいたい夜7時に帰宅し，夕食を食べ，私立の全寮制学校にいる10代の娘と電話するための時間を確保しようとする。それから，事務処理や深夜の電話会議に戻るんだ。」

深夜に電話があるのはいつものことである。Eisner は，みずからの銀行のグローバル・リーダーシップ・プログラムの一員であり，ニューヨーク事務所への対処を週に数回行っている。これらすべてが「日常的」だとされるのだが，Eisner は仕事でしばしば外国にいるとさり気なく言うのだ。2007年の彼は，なんと268日も家を離れて仕事をしていたのである（この数は，最初のインタビューのおわりに彼の秘書が計算したものである）。

投資銀行業務における激しい競争に晒される人生は，近年大幅に変化した。それは主として，コミュニケーションと旅行の諸革命によってもたらされたものである。投資銀行家たちは，熱血漢の実業家というよりは，羽振りの良い観光客のようである（高価なスーツ，襟の開いたブランドもののシャツ，そして数々のビジネス／ファーストクラスの旅行）。Eisner は，いつでも全世界を旅行することができる。なぜなら，彼を雇用する個人や会社がこうした身体的存在を求めており，また新しい情報技術がロンドンにいる彼の従業員の動きや活動を追跡することを容易にしたからである。Eisner は，グローバルズのエリート・ネットワークで活動している。そのネットワークは，概して，短期のプロジェクト，動きまわる仕事，そして継続的なモビリティと関連して機能している。しかしながら，そのようなグローバルズの流動する仕事世界を支えているのは，大部

分は本社を本拠とする動かない従業員である。これまでの章で述べたように，すべてのモバイル・ライブズに関係しているものは，さまざまな非モビリティの領域なのである。

　いつも複雑に非モビリティと結びついているそうしたモビリティは，明らかに Eisner の職業と個人の状況に適用される。たとえば，Eisner 夫妻は，住み込みで働く家政婦と個人秘書を雇っている。この個人秘書が，Eisner の職業生活と社会生活を「編成する」のである。それは，大抵が両親の一人が仕事のために滞在している遠方の都市でなされる，週末における娘との会合の「スケジューリング」にまで及んでいる。仕事それ自体に関しては，Eisner の広範囲に及ぶモビリティーズは，主として，彼が離れたところから会社の経営に用いる経営戦略に依っている。「従業員のマネジメントについて長い時間をかけて私が学んだことの一つは，従業員の取り組みと生産にまかせると同時に，とにかく職務をはたさねばならないことを自覚するように，その生産性とパフォーマンスに目を光らせることで，彼らを最大限に活用することである」と，Eisner はコメントしている。彼はこうした計画的で超然とした視座によって，会社の日々の詳細にあまり悩まされずに経営管理を実行し続けることができている。Eisner は，その結果として，経営ないしは管理上の職務にいつも費やされているのは，自身の時間のうちのたった15％程度であると見積もっている。

　グローバルな電子経済によって促進される「柔軟性」という新しいエートスに順応できない人びとに広く染みついている悪習は，愛着である。そのようにはっきりいわずとも，Eisner が，彼の職業生活において同僚ないしは場所にほとんど愛着を持っていないことを明らかにしている。短期プロジェクト，一時的なつながり，そして迅速に集められ／バラバラにされるチームといった新しい領域は，Eisner の日常生活の流れに，連続性ないしは決まり切った仕事という感覚がほとんどないことを意味している。すなわち，おそらくより正確には，Eisner の労働生活のためにある構造は，絶えず再定義され，再構築されているのである。Eisner は，職業上の役割と責任についての自分なりの表現において，これをうまくかたちにしている。投資銀行家として演じるのか，

第4章　グローバルズとモビリティーズ

それとも経営者か，ヘッジ・ファンドの専門家か，ネットワーカーか，不動産の権威者か，というこれらの役割の間のいかなる矛盾も乗り越えることが，Eisner の才能の一つなのである。実際に，Eisner が詳しく話したことによれば，彼の労働生活における最も注目に値する側面の一つは，広範な経済における異なった部門間を継続的に移り変わるための必要条件である。グローバル市場とその目もくらむばかりのデジタル技術のほとんどすべての側面は，Eisner によって彼の労働生活——継続的なモビリティ，超然とした協調性，短期のつながり，そしてネットワーク化された関係を含む——をかたちづくり再構築するために利用されている。

　総合的にみれば，莫大な収入，高級住宅，グローバルな旅行，上流の社会的コネクション，そして「おしゃれな」ライフスタイルといった，激しいモビリティと次々と迫り来る出来事という Eisner の職業生活には，魅力ある，いやそれどころか誘惑されるようなものが沢山ある。Eisner は，自身と妻が，友達や知人の羨望の的であると確信している。興味深いことに，Eisner の仕事が必要とする終わりなき旅行とネットワーク化は，強いられたものとは感じられていない。Eisner が，ありふれた「暇なし」の上級幹部として自己を表現することは決してない。いつも新しいプロジェクトや課業，ないしはネットワーク化された可能性に，いかに自身が知らぬ間に「飛び込んでいる」のかを述べるのだ。実際，（会社，同僚，家庭といった）「日常の煩わしさから逃れる」ことを Eisner に許容するグローバルなライフスタイルは，彼をいつも先立って走る人物にする。Eisner は，計算高く，絶えず未来を計画し続けている。彼の職業上のネットワークが，みずからに課した駆け引きや強制的な自己改変に存在している，金融や仕事についての持続的な可能性を増大させているように見える。企業の参入と撤退という Eisner の世界によって，個人の自由が増大するのであれば，その理由の一端として，彼が自称「グローバル人」で，ネットワーク資本が間違いなくとても豊かであることがある。Eisner がグローバル経済の複雑なシステムズ（電子マネーのフロー，金融データベース，投資銀行のスプレッドシート文化）を易々と舵取りするように，彼の言語は，筋金入

りの会社「関係者」のものである。

　ただし，ここにはまたいくつかの重大な限界もある。第1に，グローバルなものとローカルなものの間のおなじみのコンフリクトがある。それは，Eisnerの世界の経験に関して，乗り越え難いジレンマを引き起こしているように見える。彼は，「すっかり元気を無くす時もある」などと，出張から家に帰った時にいつも感じる困惑した気持ちについて話す。Eisnerは，家族に時間を割くことを求められるという。彼の娘は近年，（摂食障害を含む）さまざまな病気に苦しんでいる。そこで，離れていた娘に会うための時間をつくった時に，互いの関係を「整え」て「繕う」ための時間を過ごす羽目になる。つぎに，結婚生活がある。「電話や携帯メールの数週間から，台所で膝を突き合わせるようになることに違和感があるんだ」。そして最後に，従業員の要求がある。家に帰って，家庭内で求められていることに「対応」しようとしたまさにその時に，たびたび従業員が緊急の問題を伝えてくることを腹立たしく思っている。

　第2に，出張旅行の時間から通常業務の時間になることは，Eisnerにとって気が滅入るということがある。空港のチェックイン，ファーストクラスのラウンジ，リムジンでの移動，ホテルのビジネススイートルームといった，グローバルに歩き回る中での「空白の時間」において，彼は心なしか冷ややかで超然とした楽しみを間違いなく見出している。これらは他者への義務が最小限の場であるため，Eisnerはそこで脱文脈化された生活に浸ることができる。それと比較すると，彼がロンドンで経験するより固定化された社会関係はさえないものである。

4　グローバルな激しい競争におけるモビリティーズ——エリートの逃避術

　つねに変化し，ネットワーク化が著しい，新しく組織化されたモバイルな領域は，グローバル・エリートやその卵たちの間に，共有された文化的生活はもちろんのこと，自己や他の人びととの新しい結びつきを促進している。WimEisnerの経験から探り出せたように，この新しい組織的体制は，迅速性，速

第4章　グローバルズとモビリティーズ

資料4-2　ソウル・インチョン国際空港の出発ロビー（2007年）

度，無重力，巧妙性，そして柔軟性をとくに重視する[19]。これらは，発達した資本主義において切望されるイデオロギー的価値である。しかし，留意すべき点としては，それらが自己を強く圧迫することがある。これらの組織化された変化にさらされて，このイデオロギーを最も早く受け入れてきたのはグローバルズであった。そして，私たちが論じたように，現在のグローバル・エリートたちのライフスタイルや生活戦略の（再）創造は，6つの重要な形式の中や，それを通じて行われている。これらの社会的形式は，超然とした関与，浮動，速度，ネットワーク化された可能性，地域性からの距離，避難経路の地図化，から成る。ここでは，かかる社会的形式が，グローバルズのアイデンティティ形成にいかなる影響を与えているかを簡単に検討する。

　第1に，グローバルズには，他のグローバルズとの競争の激しい生活によって，超然とした関与の感覚が求められているということがある。これは，Wim による価値の再評価にみられるものである。こうした離れた状態からの

101

関与は，外国で働いている時に組織の議論へ電子メールを通じて「ちょっと立ち寄る」ことから，張り巡らされたネットワークによる業務連絡の監視に及んでいる。また，個人化された諸アクターによる超然とした関与があるという見通しがために，彼らがより組織や会社の中にいるようになることは明らかである。極点においては，危機は常態化し，変化は絶えずつきまとう。そのため，あるネットワークから他のネットワークへの速度と敏捷性を伴った移動が，職業的・個人的な成功のための中心となる。ネットワーク化された世界における移動の方法を知ることは，それ自体が特別な技術的スキルの獲得であることもさることながら，Luc Boltanski と Eve Chiapello が「資本主義の新たな精神」と呼ぶものの根本であろう。Boltanski と Chiapello によるかかるエートスの要約に従えば，グローバルなビジネス・エリートは，「多価，雇用の柔軟性，技術保有や取得資格よりも新しい職務について学びそれに適応する能力，信用を得るための，理解し合うための，そして『関係する』ための力，といったものを強調しているのである[20]」。

　私たちの観点からすると，「関係する」を囲む引用符が，仕事や職業上のネットワーク化に費やされる感情的エネルギーが欠如していることを意味するわけではない，ということに留意すべきであろう。それどころか，Eisner の物語が示唆するように，多くのグローバルズは，同僚との日々のコミュニケーションや人間関係に対して，最大限の気を使っていると感じている。しかし重要なのは，ネットワーク化されたコミュニケーションの成長速度が，多くのグローバルズを他者と「打ち解ける」ようにすることが，今日のテンポの早いモバイル世界においてますます少なくなっていることである。ある観点からは，これは驚くに値しない。ネットワーク化された時間に生きることは，身体的にも感情的にも，動き続ける存在であることを意味するからである。

　第2に，金融自由化を含むさまざまな経済的力の影響で，グローバルズが，会社における組織的な責任についても，そこでの部下に対するコントロールについても，浮動に向かっていることがある。私たちは，長期の「専門職」という考え方ばかりでなく，経営的手法で構築された運営様式についても，浮動に

第4章 グローバルズとモビリティーズ

よって崩壊していることを強く主張する。モビリティによって駆り立てられた組織はこの浮動志向を強める，ということは，すべての廃れかかったパラダイムのように，役員の常駐や従業員の継続的監視といった20世紀後半の先進社会を支配していた経営のための「科学的」アプローチは，21世紀初頭における進歩のためのきわめて大きな障害になった，ということと同じである。反対に，そして驚くべきことに，経営のための新しいアプローチは，ある種の非‐経営を含んでいる。フランス人経済学者の Daniel Cohen は，今日のグローバルなビジネス・エリートに関して，「ブルーカラーに命令するホワイトカラーはもういない。存在するのは，解決せねばならない職務に立ち向かうミックスカラーだけである」，といっている。そして，解決せねばならない職務とは，大抵が一時的なプロジェクトであるということも，付け加えられるであろう。そこでの各々の出来事が，他の場所での雇用やさらなる昇給というチャンスの増大ばかりでなく，ネットワークづくりのためのさらなる機会を生み出すのである。そういう訳で，浮動とは，ネットワークに駆動される（第3章参照）とともに，自己本位なのである。Eisner の労働時間の多くが，短期的で変化が早いプロジェクトに使われているため，新しい役職が始まるや否や，彼は他社と仕事の協議を始めることができる。こうした他の上級職とのネットワークづくりをする議論に携わる機会が存在するばかりでなく，そうした人びとにこれを要求しているように思われるモバイルな組織によって促進される，ネットワーク化されたアイデンティティが存在するのである。

　第3に，グローバルズは，ネットワークづくりをするモビリティーズ，とくにその速度の強烈性と空間性を通じて，彼らのアイデンティティを規定するようになっている。たとえば Eisner は，いつでも移動の途上にある速度の専門家であり，すぐに旅行ができ，速度についての企業感覚や移動についてのグローバルな変化とうまくやっていくことに熟達しているという点で，新種のグローバル人であろう。時空をまたがるマルチタスキングはこの一部であるが，電子メール・携帯メール・ファックスで次なる会社の指示が来るがための，即応モードでの思考と行動という部分もある。Eisner の才能の一部とは，グ

ローバルな電子経済の激しい競争を通じて，特定の企業，そしてありそうな合併や金融取引に「襲いかかる」ことだったり，どんなふうに型どおりのやり方に嵌まっているのかを企業にみえるようにすることだったりするかのようである。けれども特筆すべきは，Eisner が活動する金融世界に影響を及ぼすモビリティ・システムズへの，彼の命令の速度である。Eisner は，ロンドンでなされる国際金融の中心であり，いつも携帯電話やテレビ会議を通じた「ネットワーク上でのコンサルタント業務」に備えており，取引を「確定させる」ために（シンガポールや香港やドバイに）到着するや否や迅速に立ち去ってしまう。「移動の速度」が，Zygmunt Bauman によれば，「今日においておそらく主要な，社会的成層の最高の要因と，支配のヒエラルキーになっているのである」[23]。Eisner の移動の速度は，ネットワークづくり，取引の決定，そして現代における市場原理の渦に，「遅れずについていく」ために必要なものである。Bauman が説明するように，この「資本は，ブリーフケース，ノート PC，携帯電話という搭乗荷物だけを伴って軽々と世界を旅行する。こうした移動性の新たな特質は，関与することを不必要なものにすると同時に，ばかげたものにしている。もし関与すれば，移動を拘束することになって，競争に対する束縛となり，生産性を増大させる機会を制限するからである。……やっかいな紐帯，そして重荷となる約束や依存といった，移動を制するものから自由であることは，昔から好まれる効果的な支配のため武器であった。しかし，そうした武器の供給とそれを使用する能力は，近年において，近代史上これまでにないほど不平等に配分されているのである」[24]。

　第 4 に，グローバルズは，公私にわたる生活の大部分を，ネットワーク化された可能性において，そしてそれを通じて組み立てていることがある。このネットワーク化された可能性は，グローバルズのネットワーク資本の高さが，ネットワークやコネクター，そしてハブを通じて，他のグローバルズとのより高い接続性の形式を達成するための基盤となっている。ここには，一般的な現象としての自己とは対照的な，自己の「ネットワーク化された」側面が，情報結合の再帰的構造を前提としているということがある。先の第 3 章において論

第4章 グローバルズとモビリティーズ

じたように，どこまで特定の個人がネットワーク化された可能性を利用することができるかは，かなりの部分まで，彼らの情報接続性の豊かさ如何なのである。

第5に，グローバルズがグローバル資本主義の文化に複雑に織り込まれているとすれば，それは彼らがコスモポリタリズムの言語を身につけているがためである，ということがある。一つの政治思想として，とりわけコスモポリタニズムは，共有する人間性の結果として，人間として互いに助け合っているということに関係している。しかしながらここで私たちが考えるのは，エリートの生きられた経験の要素としての，グローバルズのコスモポリタニズムである。かかるコスモポリタニズムは，政治理論学者や政治哲学者によって広く知られるようになった，高級文化のより魅力的な性質を保持しているが，それを，おしゃれなブランドや裕福な生活という消費者保護運動家の空間イメージが創り出した「人間性」の理解と結びつけている。すなわちこれは，多国籍企業，ないしは（少し疑いの余地はあるが）ある種の脱政治化されたポストモダン文化と分かちがたく結びついた，コスモポリタリニズムの特定のバージョンなのである。これは，「凡庸なグローバリゼーション」とも呼ばれているものである。かかる世界観は，仕事，経済，メディア，情報，そして科学技術が関係するものについてはおそらく間違いなく，ポストナショナルなものないしはトランスナショナルなものに投げ込まれている。それがために，伝統的なアイデンティティやコミュニティへの嫌悪として表現される地域性からの距離は，モバイル・ライフの状態にあるそうしたグローバルズのアイデンティティ形成に影響を与える重要な社会形態なのである。

最後に，グローバルズのモバイル・ライフは，もっぱら他所においてなされている，ということがある。たとえば，Eisner の公私にわたる生活の多くは，詳細になされた逃避可能経路の地図化としてみることができる。私たちが本質的に論じているのは，一連の退出として経験される生活である。この観点からすると，各々の退出に続いて，順次，新しい入場があることになる。そして，こうした入場は，さらなる退出を必然的に伴っている。もちろん，この逃避主

義の概念は，グローバルズが厳密には何から逃げているのか，という悩ましい問いを引き起こす。逃避主義に心奪われている人びとはえてして，人が逃げていく先の魅力を，逃げているものとはまったく異なるものとして想像する。しかしながら，これは滅多にないケースである。Adam Phillipsは，逃避主義に関する近年の研究において，以下のように記している。

「Michael Balint というハンガリー人の精神分析学者はかつて，何かから逃げている人は，他の何かに向かって走ってもいる，と言った。逃げようとしているものに，逃げていく先にあるものよりも，現実である，ないしは何らかの方法でより価値がある，として（精神分析学者たちや他の人びとがするように）私たちが特権を与えるのであれば，それは望んでいると思われるものよりも恐れているものを選んでいるということである。何か（ないしは誰か）への恐れ，そしてそこから逃げることへの希望は，著しい現実性をそこに与える（逃げたいと思った誰かが，自身にとってとても重要になるのだ）。事物は恐ろしいものではない。なぜなら，事物は現実であり，それが恐ろしいがために現実だからである。恐怖はいつも，その客体に力を与える。」[28]

この文脈において恐怖とは，罠にかかることや，動けなくなること，そして囲い込まれることに関連する不安に打ちのめされるという見通しである。激しいモバイルの諸過程から成る社会において非モバイルであることはある種の死の象徴であることもあって，非モビリティの恐怖はまさに精神の根幹にまで及んでいる。一方，「移動の途上」の存在であることは，日常生活の水準においては，感情的な安全の気持ちだけでなく自立性の感覚も提供する，順応のための方法を備えている。それゆえ，グローバルズの過激なモビリティーズは，落ち着かず危険な他の世界を「征服」しようとする試みとみなせるだろう。いつでも他の場所に存在できる能力とは，ローカルな文脈において生じるいかなる衰弱させるような環境にも抗しうる能力なのである。

5　グローバルズの自己様式化

　グローバル人の生活は，ある種の美的行為として考えることができる。すなわち，グローバル・エリートたちの権力と名声は，先在する社会的ないしは構造的区分というよりは，他者に対して演じられ，遂行され，表象されねばならないアイデンティティの一種なのである。別の言い方をすると，グローバル・エリートたちの組み立てというものが，単なる客観的で非主観的な過程によって生じているわけではないということである。エリート意識を伝えるということが，個人の主観性や気持ちと，グローバリズムを通じて伝達される象徴権力ないしは社会関係資本をつなぐ，経路ないしは関連性を見つけることを意味しているのだ。Wim Eisner は，絶え間なく続く出張，ひっきりなしのネットワーク上のコミュニケーション，そして贅沢なライフスタイルを通じ，他者に対してグローバルなエリート意識を遂行する。まったく同じように，世界中のグローバルズも，かかる新しいエリート主義の無意識の実施でありかつ主観的な表象でもある，現在進行中の日々の仕事に取りかかるのである。

　この10年から15年の間，社会学者たちは，高級性や優位性，そして地位や富といった感覚を立証する社会的実践について，理解を深めようとしてきた。Pierre Bourdieu の用語を援用すれば，こうした「ディスタンクシオン」の社会的実践が，グローバル・エリートたちと他の諸グループの間の分離を増大させることを正当化するに際して，豪華さ，高級であること，そして散財の象徴的意味をますます活性化するのである。関連して，多くの社会学者たちは，工業生産から離れて色々な種類のサービス——もちろん「金融サービス」を含む——へ向かう徹底的な変容とともにあったことと密接に結びつける中で，インダストリアルな経済から脱インダストリアルな経済への社会的変化の重要性を強調してきたのである。

　そうした経済の大規模な変化によって与えられる，現代における富や地位の不平等への影響に関する手がかりを探すにあたって，社会理論家たちは消費主

義や消費資本主義（第6章においてさらに探究する）に由来する社会的価値に専心してきた。先行研究において，筆者の一人は，とりわけ経済的生活の記号化の増大に焦点を当て，脱組織化された資本主義と組織化された資本主義との違いに関する議論を進展させた。金融，観光や旅行，情報技術，そして他の多くのサービスといったニューエコノミーにおける記号的側面の強まりに注目することが，多くの近年の社会科学研究にとっても重要だったのである。

　絶え間なく続き，休むことなく，手間を要する移動というものは，現代社会の零度となっている。それはまた，（強制移住から豪華な国際観光にわたる）社会的地位の指標であり，社会関係が組織される媒体でもある。多くの人びとが，これまでのいかなる時代よりも，より速く，より遠くへ旅行しているばかりでなく，それは間違いなくそうした移動の事例である。むしろ，ますます多くの人びとが，際限なく，そして最終目的地に一度も到着することなく，自発的に旅行しているのであり，しかもそのような旅行それ自体が，名声，権力，そして象徴的地位を与えるのである。モバイルな世界は，経済や政治的なものに関する新しい計算に開放されており，その過程において，際限なく拡大する多数の新しい，可能性，楽しみ，そして危険をもたらす。ネットワーク化された生活社会において，私信と業務連絡の猛烈な速さは，想像上におけるみずからの囲いの一種として，そしてまた欲望の魅力的な対象として機能する。望ましい生活とは，単なる金や財産についてばかりではない。それは，なかでもある種の特徴的で雰囲気をもった場所への移動，そうした場所へ逃避できる能力，そしてそのどこかに存在できる能力，というものに関係している。今日におけるモビリティの地位は，権力と楽しみへの熱中を象徴しているのである。

　今日，様式や様式化を通じて，「グローバル人」は，ますますはっきりとそれと分かる社会的名士になってきている。豪華さ，上品，高級さ，真正性，魅力，見識，といったものの追求をめざした一連の様式化が，スーパー・エリートたちやグローバルズに受容されているのである。富裕者による消費や投資の戦略は，かかる人びと向けの特有の経済を増大させており，それは前代未聞の水準にまで達している。ブルガリの豪華なファッショングッズからベントレー

第4章　グローバルズとモビリティーズ

のオープンカーにいたるまで，そしてルイヴィトンの旅行鞄からプラダのデザイナー・ブランド服にいたるまで，富裕と極度な富裕の間のギャップは，高価な商品・製品・サービスの，入手・消費・誇示を通じてより明確化されている。

　筆者の一人が，2000年代中頃からグローバル・エリートたちにインタビューを始めた時，その大部分の人びとが，共通する重要なライフスタイルを持っていた。それは絶え間なく続く旅行である。傑出した投資銀行家であろうとも，新しい経済起業家であろうとも，世界各国を駆け巡る事業計画立案者であろうとも，運転手付きのリムジン，空港のビジネスクラスのラウンジ，そして五つ星ホテルによって，彼らのライフスタイルは結びついているのである。「移動の途上」にいる生活は，個人的に心弾むものであると同時に職業上苦労の多いものであるが，すべての人が大きな文化的変化のまっただ中にいることを感じた点に言及した。老年で（経歴，家柄，社会的習慣の点において）上流の社会的同格者たちで，腰が重い人たちはほとんどいなかった。これらのインタビュー対象者に関する限りにおいては，トップクラスの人びとの生活は移動しており，これが少なくともモバイルし，重さがなく，複数からなり，自由である，といったようにみえるライフスタイルを生み出しているように思われた。それはまるで，かかるグローバルズにとって，誰かが言った「両親と同じ生活をする必要はない」ということのようである。これらのインタビュー対象者の大部分は，かなり裕福な生まれだったため，幼少期に旅行や冒険をたくさん経験していた。しかしながら幼少期のそれは，心の奥に「家」という固定された参照点があるモビリティーズである。対照的に，今日，グローバルズによってなされるモビリティーズは，より根無し草であるように思われる。家が世界中に点在していて，終わりなき出張と家庭生活が，偶発的な会合を中心として再構築されるので，老年で上流の社会的同格者たちで，家と仕事とをはっきりと分離している人はほとんどいなくなってしまったように思われる。

　コミュニケーション分析家の Adam Joworski と Crispin Thurlow は，彼らが「スーパー・エリート主義」と呼ぶものの記号の状態と影響を，とくにマイレージ・プログラムにおけるエリートたちの様式化を参照して突き止めようと

した。マイレージ・プログラムは，地位についての社会的不安を生み出すと同時に，そのメンバーに象徴的な名声と権力を与えている，と彼らは論じている。この観点に従えば，豪華さの規範的な生産は，「賞金」「賞」「特典」「資格」を，「エリート」として示されるアイデンティティに生じさせる，個人化された枠組みに複雑に編み込まれている。かかる枠組みは，客室のより広い足下の空間ないしは空港での優先搭乗といった物質的な利益から，高級ブランドのシャンパンないしはビジネスやファーストクラスのラウンジにおける洗練された優雅さといったより記号的な楽しみにまで及んでいる。Thurlow と Joworski が記すところによれば，「マイレージ・プログラムは，内容のデザインをよくするためにはどんな苦労も惜しまない。そのデザインが，諸事物についての表現豊かな有用性で旅客を魅了し，『上品』というあいまいな性質に訴えかけるのである。相対的に非物質的ではあるが，これらすべての資産に関する記号的効果が付与された結果，マイレージ・プログラムは，特色があり優れていると乗客を様式化する，向上心のあるライフスタイルを組み上げることができるのである」。[32]

　ディスタンクシオンに関する幅広く象徴的なマーカーを適切に刻むためばかりでなく，これらすべての新しい欲望，情動，熱望，渇望を十分に生み出すために，グローバリゼーションにおける強烈なモバイル領域は，独自性や優越といった態度に頼ってばかりはいられないのである。複合的で強烈なモビリティーズ社会において，動き続けている人たちと，（まったく動かない人びとはいうまでもなく）動きが少ない人たちとのギャップは，現代における自己と他者の境界の根幹になっている。Robert Louis Stevenson の有名な物言いに，「旅行することは到着することよりも良いことである」，というものがある。これは，モビリティに関する相互依存的でデジタル化されたシステムにおける自由時間において，急激に生じてきたことである。それがために私たちは，モビリティーズという差異化された領域やその周辺における，不安が表現されるようになる象徴的な言語使用域を扱ったのだ。「移動の途上にあり続けること」は，欲望，差異，他性，異国風のもの，豊かさ，といったものの新しい可能性を開

くモビリティと結びつく中で，魅惑的でスタイリッシュな人生戦略として，ますます魅力を持つのである。また同時に，違う見方をすれば，それにより「動けなくなること」の恐怖が弱められるのである。

6　グローバルズ・モビリティーズ・空間

　本章で私たちは，グローバル・エリートたちの生活，ライフスタイル，そして様式化に関する「厚手の織り地」を解きほぐそうと試みた。実質的には，グローバルズの生活，とくに，ネットワーク化された個人主義と，複雑な諸ネットワークにおける彼らの纏綿状態について，明らかにしようとした。グローバルズが，日常業務，家庭参加，コミュニティの義務といったものに縛られた伝統的な上流の社会的同格者たちからは概して距離があるといったように，彼らの生活における経験的な性質――いわば，グローバリティの振動と溢流――が，とくに明らかとなった。これらの公私の複雑性を舵取りするために，グローバルズは，自身のアイデンティティ，他者の生活，そして広範なネットワーク社会といったものとの新種のつながりを創り出すための，たくさんのモバイル・ライフの戦略を用いている。そこで本章を通じて私たちは，超然とした関与，速度，ネットワーク化された可能性，地域性からの距離，そして避難経路の地図化から構成される，グローバルズによって用いられるアイデンティティの諸形式を確認したのである。

　グローバルズの社会的実践は，モビリティーズやモバイルなライフスタイルに関する新しい定式化を提起している。もちろん，グローバルズによって示された極端にモバイルな生き方は，（世界人口の割合からすれば）依然としてごく一部のエリートだけが行う生活形式にとどまっていることが認められるに違いない。それでもなお，大衆文化やメディアに規範的な理想として掲げられ，多くの他の人びとに模倣され続けているのは，グローバルズのモバイルなライフスタイルなのである。

　残された一つの問題として，グローバルズが空間に感じる魅力，すなわち，

私的で，高級で，豪華な空間に感じる魅力に関することがある。五つ星ホテルのスイートルームからプライベート・ジェットにいたるまで，プライベート・アイランドの遊び場からペントハウスないしはタウンハウスの満ち足りたアメニティにいたるまで，グローバルズは空間における度を超した過剰を消費する。[33] これを理解しようと試みることは，モバイル・ライブズの分析のための差し迫った課題である。多くの時空間的障壁が取り除かれた世界において，グローバルズが空間消費という活動の中に帰属意識を再主張しようとしている，ということが一つの考え方かもしれない。この観点からすると，グローバルズに占有される豪華で高級な空間の生産とは，伝統的な上流の社会的同格者たち，安全な場所，そして確立されたアイデンティティといったものの融解が他なる外観として現れたものである。第6章においてより詳細に議論するように，この「私事化された帰属のグローバリゼーション」は，グローバルズがどこにあってもいつの間にか「家にいる」ようにくつろごうとするモバイル・ライフの戦略として，理解できるかもしれない。

第5章 モバイルな関係
——遠距離の親密性

私たち，親しくなるためには離れなければならないの？（Sarah Jessica Parker）

1 モバイルな親密性をやりくりする

　この10年にも満たない間に，豊かな社会のいたるところで，複合的なモビリティに依存した親密な関係性の出現への関心が急速に高まりつつある。「通勤婚」から「遠距離恋愛」，「週末カップル」まで，親密性やセクシュアリティ，エロティシズムにおける個人化や，脱伝統的な世界へのシフトが進みつつある。これらは，21世紀における親密な関係の規範的なモデルの一種として，距離を越えて発生し，交渉，再交渉されている。携帯電話やインターネット，自動車や安価な空の旅が利用できるようになったことで，驚くべきほどに，多くの人びとは遠距離であっても日々の個人的生活や親密な関係を築くための新たな方法を探ることに夢中になっている。本章でも検討するように，少なくとも現代の社会理論の潮流の一つは，モバイルな親密性の核となる特徴である個人化や純粋な楽しみ，欲望と差異を文化的に強調しているとみなされる。しかしながら同時に，現代における「遠距離の親密性」カルトは，より暗い感情的な基調も帯びている。では，人びとはいかにして遠距離の親密性を経験しているのだろうか？　それが本章のテーマであり，ここでは私たちが「モバイルな親密性」と呼ぶものを検討することにしたい。

　結婚して15年ほど，今や4人の子どもを育てているイギリスのカップル，RobertとGemmaの関係について考えてみよう。彼らは，さまざまな点で現代の「遠距離関係」の好例である。彼らは，互いに遠く離れて暮らす生活に

資料5-1 ドバイ国際空港の動く歩道（2007年）

よって恩恵を受けたり，危機を伴ったりしながら，それをうまくやりくりしようとしている。世界的なキャリアも見込まれている研究者である Robert は，2年前からブライトン近くで「恵まれた研究ポスト」に就いている。彼が語るに，そのポジションへの応募は，偶然のめぐりあわせだったという（というのも彼は，それとは別の大学へ移ることを真剣に考えていたのだ）。だが，この仕事のオファーが来た時 Robert は，その好条件ゆえに断ることはできなかった。けれども，彼にとって最も困難であったのは，Gemma が，家族が暮らす（そして今でも暮らしている）イングランド南西部エクセターからの引越しを望まなかったことである。彼女は，週に3日，ブリストルの近くで医療関係の仕事に従事していただけでなく，子どものことも考えていた。上の2人は学校に通っており，そこで友人関係を築いていた。また，彼らには1歳半になる乳児もいた。そのような問題が2人を，Robert がブライトンへと通勤し，週4日は離れて生活するという暮らしを決断させた。Gemma の言葉によれば，彼らは「別々に暮らす家族」になってしまったのである。

　距離を隔てて毎週行き来を繰り返す Robert と Gemma の関係は，興味深い。

原則として，Robert は，家族が暮らすエクセターの家を日曜日の夕刻に出発し，列車で 4 時間ほどかけてブライトンへと赴く。月曜日から木曜日，Robert と Gemma は，「別居状態」でうまく過ごしていかなければならない。彼は大学と研究の業務に集中し，彼女は基本的に子どもたちの世話を責任もって引き受ける。木曜日の朝，Robert は列車に乗ってエクセターへと戻り，Gemma に代わって育児の仕事を引き受ける。そうすることで，Gemma は，土曜日までみずからの仕事につくことができるのである。結果として，残された日曜日だけが，唯一終日「充実した家族の時間」を過ごすことができる日となる。それですら，イングランドの反対側へと出発する Robert の列車の時間を考慮して，家族の食事は早々に切り上げられるのだが。

　たとえ 1 週間の内の一部であったとしても，2 つのキャリアと世帯を維持しようとすることから生じる，個人的かつ関係性的な挑戦は，重要な意味を持っている。Robert と Gemma は，2 つのキャリア，そして遠く離れた距離を横断しながら送っている彼らの関係と家族生活の利益と費用について，率直にざっくばらんな評価をしている。つねに緊張を伴うものの，満足いく高い職位は，彼らの仕事からもたらされる。だが彼らには，親密な関係を維持しながら，仕事生活を送らねばならないという非常に重要な不安と困難もまた存在する。Gemma は，お互いがあらゆる種類の「コミュニケーション上の余計な混線状態」に巻き込まれることによって時間を浪費していることを認めている。結果として，週末の大切な時間の多くが，まれにその他の場ですら，親密さや「ロマンス」の感覚などを取り戻そうとすることに費やされているのである。Gemma はとりわけ，彼らの時間の中で大部分を占めている合理的に計画され予定された時間から，埋没してしまった夫婦としての感情を掘り起こそうとする感情労働者となる時が，最も過酷だと感じている。対照的に Robert は，より楽天的である。彼の現在の職場は終身的なものではなく，いつか家族生活も「普通のもの」に戻るだろうという。このような語りは，ベルリンでの職のオファーといった，Robert にこの数カ月で生じた別の場所での仕事の可能性という文脈にはしっくりくるものではないのだが。確かなのは，Gemma にとっ

て，家族が暮らす家はエクセターにあり続け，Robert が大陸で受けるあらゆる仕事は，彼らが近年確立してきた遠距離の関係をより拡げる——そして先鋭化させる——ものであるということである。

「移動の途上」にあってコミュニケーションを行うことは，Robert と Gemma がこれらの関係の複雑さをやりくりする方法においてとりわけ重要なものである。Robert は，週のうち業務時間の多くを公共交通機関で使っているが，移動に費やす時間は，感情的な切断のようなものではない。彼の iPhone のおかげで，Robert はいつも Gemma や年長の 2 人の息子に email で連絡することができる。email を通じて，彼は長男の学校生活を傍らに置き続け，しばしば「車中で宿題を手伝う」こともある。Robert はまた，iTunes を使って移動中に音楽を聴き，彼と Gemma が初めて会ったときにお気に入りだった曲を繰り返し聴きながら感傷に浸ることもできる。このような音楽がもたらす空想を通じて Robert は，物理的に不在であっても，みずからのパートナーとの感情的なつながりを求めているのである。インターネットからビデオ会議にいたるまで，複合的な技術は Robert に，いくらかは日常的に Gemma や子どもたちと仮想的につながり，子どもたちとパートナー双方と「オンラインで愛しあう」場を提供している。[(4)]

2 親密な関係性——地域的な限定から個人化されたモビリティへ

Robert と Gemma が現在経験している「遠距離関係」は，かつてのより伝統的な親密性とは何が異なっているのであろうか？ 厳密には，遠距離における親密性の増加を促進するような何が変化したのであろうか？ 私たちは，急速に変化する大まかに 3 つの領域が存在すると考えている。それらは，地域的に限定されたものから，より個人的でモバイルな関係のパターンへと，伝統的な関係の構造と親密さの形態を変質させている。これらの領域は，グローバリゼーション，親密性の変容，そして個人生活の再創造と関わっている。以下では，このような社会的変化の主要な形態についていくつか素描することにしよ

第5章　モバイルな関係

う。

　第1の領域は，日常の個人的，社会的，経済的生活の網の目をまさに変化させている，グローバリゼーションに関わるものである。グローバリゼーションは，少なくとも人間関係の変化の水準では，人間と場所，組織と制度，国家と文化の間の時間と空間などの諸次元における変質に関連する。この変化は，規模の拡大，速度の上昇，社会的な相互作用のパターンに関わる人やモノ，情報，メッセージ，そしてイメージの国境を越えた流動の重要性が増大し，影響が深まっていることを参照すれば明らかになるだろう。これらグローバルな変化の重要な帰結の一つは，「距離の死滅」ということである。複数のプロセスを伴いながら，グローバリゼーションは，異なる文化，国や地域の人びとを結びつける。さらに重要なのは，伝統的な社会的相互作用の制約から「ホックが外れ」「脱埋め込み化された」人びと，さらにはその制約を支持する人びととの相互関係を増加させているということである。セクシュアリティやジェンダー，親密性の領域において，この再組織化や再構築，そして人びとと場所の間の距離の圧縮は，劇的な含意を有している。その帰結の一つが，親密さと家族生活の伝統的構造を急激に消滅させる役割をはたしてきた，遠距離の関係と通勤するライフスタイルの増加である。

　グローバリゼーションをめぐる多くの議論は，増殖する「相互接続する世界」が生み出す共通のグローバルなパターンの広がりにある程度関係している。ある者は，グローバリゼーションと社会秩序の関係を画一化や均質化に関するものととらえる。また他の者は，そのような社会統合に対して警鐘を鳴らし，グローバリゼーションは共通の経験や価値，ないし世界観を生み出さないと議論している。とはいえ，グローバリゼーションには，一定の同意を得た議論も存在している。それは，グローバリゼーションを遠く距離を隔てながらも行われる旅とコミュニケーションの現代的な様式を支える，時間と空間の圧縮を促進する制度的なプロセスとしてとらえることである。ここまで私たちがみてきたように，この制度的なプロセスには以下のものが含まれる。

- 新たな情報技術と結びついたグローバルなコミュニケーションのデジタル基盤。
- 旧来的な固定電話以上に現在世界の隅々に普及している携帯電話がもたらした「移動の途上」のコミュニケーション。
- 今や年間で10億人近くの人びとが国境を越えて旅をすることを可能とした,格安の旅行や安価な航空運賃を提供する新たなグローバル・ビジネスモデルの登場。
- グローバル経済に遍在する人口の増加や変化と関連した,労働や雇用,家族や友人関係のための人びとの移動。
- 私たちが第1章で素描したようなモバイルな社会実践の複雑性と関係する,広範で越境的なつながりとトランスナショナルな過程を含むグローバルなネットワークの登場。
- 個人の自治と自己実現に関わる「生の政治」の新たな型と形態の広がり。

　当然のことながら,グローバル時代に関連したこれらの制度的なプロセスを考察し分類する方法は多数存在している。また,人びとがそのようなグローバルな変化に適応,調整することをめざしたり,あるいは対抗,抵抗しようとしたりするさまざまな方法も存在するだろう。

　第2の領域は,現代社会における親密性の変容である。これは多くの起源に由来しさまざまな出来事——とくに1960年代後半から1970年代初頭の性の革命,同様にフェミニズムや女性の権利拡大運動——から確認される。ただし,その中心的な焦点は,核家族と結婚の「危機」と想定されていた。このような変化の中で,社会学者は家族生活の質的な変化こそが,大きな問題であることを議論してきた。現代ではあまねく,富める北側のネットワーク化された社会では,半数近くの人びとが最初の結婚を離婚で終え,離婚率および別居率は,2度目の結婚,再婚よりも高いというような状況へと移行している。

　保守的な人びとの間では,このような数値の低下はしばしば,社会における道徳の崩壊の徴という役回りになる。その嘆息は,性への寛大さからフェミニ

ズム，新たな子育てのあり方から同性愛者の権利拡大まで，さまざまな要因に帰することになる。保守的な人びとが論じるところによれば，この新たな時代は，家族をつなぐ絆の終焉を意味している。保守的な批評家は，「ブルジョア的家族の擁護」を声高に叫ぶことから，「危機の世代」に警鐘を鳴らすことにいたるまで，結局のところ伝統的な家族的価値観を守ることを求めている。(8)

この10年ほどの間に起こった「家族をめぐる闘争」は，親密性や人間関係のあり方，セクシュアリティの変化を評価するために重要なものである。たしかに，ステップ・ファミリー（離婚・再婚によって生じる血縁関係のない家族）や片親の家庭の劇的な増加は，婚外子の急速な伸びとともに，現代において日常生活の重要な変化が段階的に進行中であることを示している。伝統的な家族関係において，内面的にも，外面的にも根本的な変化が生じていることは否定しがたいものの，とはいえ「家族の終わり」について宣言することは，明らかに無理がある。保守的な批評家は，人びとがきわめて頻繁に再婚しているという事実を快く認めはしない。このことの含意は幅広いものであり，一部の社会学者が現在提唱しているように，家族が崩壊したというよりもむしろ，家庭生活の再構築が進行中なのである。「ポスト家族的な家族」と呼ばれているようなものの登場は，社会形態の多様性を包含し，伝統的な家族の明白で固定化された構造を横断した容貌を呈するといわれている。(9) 非婚者の同棲からゲイやレズビアンのカップル，複数世帯の同居からオープン・マリッジにいたるまで，家族生活はますます多様化され，再構成され，複数化されたものとなってきている。Jeffrey Weeks は，この点について以下のようにとらえている。

> 「『家族』の語それ自体の幅広い範囲の中には，階級や宗教，人種，民族，政治的信条や実践などの違いから生じる内部的な差異が存在する……今日においては，家族とはあたかも固定化された一つの形態としてあるのではなく，それはきわめて多様なもの，複数形の家族として，言及することが賢明である。(10)」

このような家族生活の変容は，モバイルな親密性という語によって適切に把握されるような生活様式の創造を促している。モビリティが徹底する状況において親密性は，柔軟で可変的，そして交渉可能なものになっている。モバイルな親密性は，感情的および対人関係的な側面双方において流動的なものである。『リキッド・ラブ（*Liquid love*）』において Bauman は，現代社会における親密な関係の「ルーズさ」と「エピソード性」を強調している。たとえば彼は，必要な時にすぐに出し入れできるような「ポケット上部の関係」が生じていると語る。それは同様に，準独立的なカップル（SDCs）の非常に細分化された世界，住居と生活をそれぞれ独立したままでいる空想家（私たちにいわせれば，高炭素なリキッド・ラブ！）でもある。モバイルな親密性は，遠く離れた距離と空間を横断し，多くの社会関係に広がる関係性を含むものである。これらは，「互いに別々に暮らす」カップル（LATs）から「売春宿でのビジネス的関係」「通勤婚」から「遠距離関係」，「オンライン恋愛」から「週末カップル」など，あらゆる範囲に広がっている。

　第3の領域は，個人生活の再創造である。伝統の衰退は，親密な関係性のモバイルで複合的な性格に影響を与えている。伝統，あるいは確立された慣習の中でモダニティの産業的，固定的ないし規範的な形態は，流動性が比較的緩やかな形態に基礎をおく近親者の範囲において，個人のアイデンティティをかたちづくっていた。それに対し，今日のネットワーク化され，液状的でモバイルな領域における生活は，人びとに見通しが効かない中で複雑な一連の選択をすることを迫っている。一般的に，世界中の多くの人びとは，みずからが自己と世界を語る語彙を，よりモバイルにそしてより可変的なものにしている。Gilles Lipovetsky が述べているように，「決してオリジナルでも創造的でも思慮深いわけでもない，以前に比べてより多数のより柔軟な個人的な特異性」に「偉大なるイデオロギー的な確実性は，道を譲りつつある」のである[11]。この個人生活の再創造は，価値観や生活様式，実践の多様な変化と関わっている。みずからで選択する生活，do-it-yourself の生活は，物事のやり方と同様に，慣れ親しんできた文化との根本的な決別と関係している。そして，産児制限や中

第5章　モバイルな関係

絶，離婚や婚前交渉，事実婚，そしてオープン・マリッジといった「実験的な関係」が増加し，広く受け入れられつつあることを反映しているのである（もちろん，すべての社会においてこれらすべてが離れていても可能というわけではないが！）。

　これらの変化は，個人生活やセクシュアリティ，そして親密性の側面に関して特定の社会における実験的な関係の可能性を著しく増大させてきた。Giddens は，このようなポスト伝統的な生活様式は，「自己アイデンティティのモバイルな性質」の展開と関わっていると論じている。ここで Giddens は，生活様式や人生設計を複数の選択肢の中から格段に選べるようになったことを強調している。選択をめぐる言説の急激な増加は，新たな文化的傾向の一部であり，実際のところ強制であり，今まで以上に創意に富んだ方法で人生設計や関係をめぐる物語を展開させることであり，精神療法や自己救済のための文学から，視聴者参加のテレビ相談番組や美容整形にいたるまで，Foucault が「自己のケア」と呼んだものを劇的に高める結果となっている。そのようなライフスタイルの実験は，現代における消費の領域への特定の適応ともいえる。現代社会では，新たな社会実践の実行と上演を促進しているライフスタイル消費に関わるセクターが絶えざる成長をつづけ，つねに複数の選択肢が提示されているのである。これは，「スーパーマーケット」で選ばれるような関係性の思考と同種のようなものかもしれない。Aaron BenZe'ev が論じるように，私たちは「柔軟な関係性」の発生を目撃している。「オンラインで恋愛」できるということは，「家で食事をしながらも外から食欲を刺激する」ことを可能にするということを意味している。彼が言うには，断続的な「サイバーラブ」を通じて，長期間のかかわりと短期間の恋愛を結合させることは容易になりつつある。

　個人的，そして職業的生活の側面において人びとが直面している今日の選択肢の複数性の度合いは，実験的なものであるが，十分に議論されつくされた感もある。「自己アイデンティティのモバイルな性質」の増大は，単に選択肢の複雑性についてだけでなく，どうであれポスト伝統社会の秩序においても重要なものでもあるだろう。それはまた，異なる時間で異なる近親者とともに行わ

121

れる，距離を隔てた新しい労働や余暇，友人関係，ないし家族のあり方を可能とするライフスタイルの開始に関するものでもある。「海外経験」を得るために若者は地球の反対側にある国へと出かけるべきか？ [14] 他国へ仕事を探しに行くべきか？ パートナーや家族との時間を犠牲にしてまで，さらなる教育や訓練を受けるべきなのか？ 遠く離れた他者との束の間のエロティックな関係を追い求めるべきか？ 確立された労働や生活，家族のパターンから離れリタイアしてどこか新しいより良い場所へと移るべきか否か？[15]

これらはすべて，個人の生活に関するモバイル性の増大と再創造の諸側面である。そしてその生活は，他の人びとから，とりわけなじみの地理的に近接した範囲で暮らしていた人びとから，相対的に非‐同期化されたものなのである。

3 親密性・空間・モビリティ——再検討

近年の社会理論は，親密性や親密な関係性，セクシュアリティに影響を与える社会変化のプロセスに関する多くの主要な議論や主張の舞台となってきた。ここでとくに関係するのは，GiddensやBeckのような社会理論家が論じている，「伝統的な」社会生活の様式の溶解と関連する，グローバル時代におけるアイデンティティである。彼らは，グローバリゼーションの密度の増加が，人びとの生活において伝統的な構造が持つ力を断片化し，同様にアイデンティティを，より暫定的で個人化され，再帰的に自己や他者，より広い世界を構築する方法へと展開させてきたと論じている。他の社会理論，とりわけフェミニズムは，モビリティの加速を好ましいものとしてみていない。私たちはこれらの社会理論を詳細に検討することはしないが，現代の親密性の変容に関連する特定の社会的‐理論的主張に焦点を絞って論じることにしたい。

『近代とはいかなる時代か？——モダニティの帰結（*The consequences of modernity*）』においてGiddensは，現代社会においてアイデンティティの自己実現的な特性が増しつつあることについて，説得力のある議論を展開している。彼の議論は，個人的・社会的生活の再帰性の増大に焦点を当てている。Giddens

は「近代の社会生活の再帰性」について，「社会的な実践は，まさにその実践について新しく得られた情報によってつねに吟味され，改変されており，それゆえその特性を根本的に変えていくという事実に本質がある」と述べている。近年では，私たちは生活のさまざまな領域において再帰的な過程が進行しつつあることをみることができる。たとえば，新たな情報技術が個人や個人と他の人びととの関係に影響を与えているというような場面は，その例証であろう。私たちがみてきたように，デジタル技術，そしてとりわけ携帯電話における近年の変化は，今や人びとが会議や約束，催事を変更したり再設定したりすることが可能となったことを意味している。このようなことは，十分に計画された直接の対面行為ではなく，互いに偶然「落ち合う」時にもしばしば起こることである。人びとは他の人びと（友人や家族，あるいは同僚）に，携帯電話を通じて遅刻していることや約束の会議を短縮する必要があることなどを知らせることができる。これは，Giddens が現代社会において作動していると考えている，そして彼の視点では，とくに今日において個人的生活と親密な関係を送っていくうえで重要なものである「再帰的近代化」と呼ばれるプロセスの一例である。

『親密性の変容（*The transformation of intimacy*）』において，Giddens は再帰性の概念を，セクシュアリティ，ジェンダーや親密な関係と明確に関連づけている。彼によれば，再帰的近代化と「伝統」の衰退に伴い，アイデンティティは，人工授精や（妊娠を経ずに人間を創り出す）体外発生の実験，エイズ，セクシャルハラスメントなどのような，新たな機会と多大なリスクを背景にして管理され，そして定義づけられねばならない一つの「プロジェクト」となった。かつて存在した伝統が衰えていくにつれ，人びとは彼らがなすべき選択について自分自身，そして他者との対話や議論へと引き込まれていく。この関係においてセクシュアリティと親密性は，より無制限なものとなり，あらかじめ与えられ，地域の共同体によって強化された規則や役割ではなく，再帰的に構築された関係によって苦心してつくりあげたものとなる。今日の個人は，心理療法の増加が示しているように，セクシュアリティに関して重大なジレンマに直面

している。「私は誰なのか？」「私は何を望んでいるのか？」「私は性的関係を求めることから何を満たすことができるのか？」――これらは，Giddensによれば個人にとってきわめて重要な問題であるという。

　結婚と離婚をめぐる社会的情景の変化に関するGiddensの分析を検討してみよう。地球上のあらゆる場所で，現在離婚率と再婚率が高まっている。彼による再帰性の増大という主張は，そのような統計が今日の結婚にただ偶発的に起こったものではなく，人びとが実際の結婚として理解しているものに影響を与え，変化させていくものであるということを強調する。2000年代初頭では，カップルが結婚式の花道を歩いて行く時，彼らは一生涯結婚したままでいる見込みが少なくなっていることを，（半ば意識的に，さもなければ実際に意識しているというような意味で）「知っている」のである。死ぬまで添い遂げる結婚から，期限付きの結婚への移行は，人びとのアイデンティティや親密性，結婚と離婚の決定をめぐる文化的実践の変化を反映した結果である。

　Giddensによれば，人びとは，自己アイデンティティ，セクシュアリティ，そして親密性に影響する劇的な変化の結果生じる新たな機会と危険に積極的に関わっている。離婚は，否定しがたい個人的な危機であり，大きな痛みと喪失感，そして深い悲しみが伴うものである（そして，莫大な経済的損失――女性と子どもが配偶者へ経済的に依存した状態においてはとくに――を加えることもできるだろう）。だが多くの人びとは，結婚の破たんによって生まれた感情的なジレンマを通じて，仕事へより前向きに歩みを進めるとも論じている。経済的な問題やいかにして子どもを育てていくのかという問題に加えて，別居や離婚は，個人に対し再帰的に感情的な没入を要求する。過去（たとえば，どこで間違ってしまったのかについて，あるいは機会の損失その他）から，未来（たとえば，新たなる別の可能性や自己実現の機会）へとあらゆる範囲について計画を立てることは，新たな自己の感覚を伴う挑戦に携わらせる。ここから，精神的な成長や新たな自己の理解，そして親密性の強化が導かれることもありうるだろう。

　結婚の破たんについての保守的な批判に対して，Giddensは，それを建設的な再生へと自己が開かれるものとみなしている。再婚と家族生活の本質の変化は，

この点できわめて重要なものである。彼はこの点について次のように指摘する。

「大人にせよ子どもにせよ，今や多くの人びとが，——かつてのように配偶者が死んだことによってではなく，離婚後に結びなおされた婚姻関係によってもたらされた——ステップ・ファミリーで暮らしている。継親のいる家庭の子どもは，両親が複数回の結婚をした結果，2組の母親と父親，2組の兄弟姉妹，その他複雑な親族関係を持つこととなる。子どもは，継母を『お母さん』と呼ぶべきか，あるいは彼女の名前で呼ぶべきか。家族をどのように呼んでいいのかですら困難が伴う。そのような問題をうまくやりくりしようとすることは，関係する人びとすべてにとって困難で，心理的にも負荷がかかるものであるだろう。だが，新たな社会関係を実現する機会もまた，明らかに存在している。私たちにとって確かなのは，ここで関係する変化とは，単に個人にとって外的なものではないということである。これら拡張された家族の絆の新たな形態は，まさに自分自身が最も直接的にそれに巻き込まれている人びとによって確立されなければならない。」[17]

Giddensが述べるには，離婚は個人を未解決のプロジェクトに関わらせることになる。過去を振り返りつつ，未来を想像し，複雑な家族の問題に対処しながら新たな一体感をつくりあげようとする。さらには，結婚と親密な関係性への試みは，不安とリスク，そして機会に影響していくだろう。しかし，Giddensが強調するように，自己と社会との間の関係は，交渉と変化，そして成長の一つである。

Giddens同様，Beckも，現代を生きる女性や男性にとって，伝統的な構造の影響力が瓦解していることを強調している。彼の議論は，伝統や伝統的な物事のやり方が個人的選択や公的な議論へ持つ影響力がうしなわれていくにつれ，社会生活は独特なかたちで個別化されてきた，すなわち「個人化」されてきたというものである。そのような，伝統の重要性の変容は，人びとがみずからの

生活やキャリア，家族，人間関係についての決定をより自発的に行うよう強いられていることを意味している。自己や身体，人間関係や結婚，ジェンダーの規範やセクシュアリティ，仕事やキャリアへの自発的な関与，これらは「再帰的近代化」の個人化された装いである。Beck と Elisabeth Beck-Gernsheim は次のように説明する。

　「標準的な人生経歴は，それゆえ『選択的な経歴』『再帰的な経歴』『自分で作る経歴』になっている。これは必ずしも自由な選択によって発生するものではなく，必ずしも成功するものでもない。自分でつくる経歴は，つねに『リスクの経歴』であり，実際のところ『綱渡りの経歴』，(半ば公然，半ば秘密の) 永続的に危険な状態である。表面的な成功や消費，きらびやかさは，しばしば迫りくる危機を覆い隠してくれる。だがキャリアの誤った選択，あるいは対応の失敗が，個人的な不幸や離婚，病気，自宅差し押さえ，これらすべてのただ不運と呼ばれているものの負の連鎖によって構成される。そのような場合，それまで隠されていた可能性が明らかになってしまう。自分でつくる経歴は，すぐさま崩壊した経歴になってしまうのである。」[18]

それゆえ彼らは，伝統的な世界観の消滅は，Beck がいうところの人びとが「運命づけられた」社会的プロセスである個人化を呼び起こすという。そしてそれは，再帰的近代化の到来をともにする生のあり方へと導くのである。新たな機会でもあり，新たな重荷でもあるのは，私たちが「ネットワーク化された個人主義」と称してきたものの結末である。

　このような考察には，十分な説得力がある。だが現在進行している親密性の変容についてはこのほか，ジェンダー関係の再配置の徹底についてやや批判的な議論も存在している。Luce Irigaray は，現代社会における空間の男性中心主義的な組織や管理は，女性による自律的な時間と空間の創造を疎外していると論じている。フランスのフェミニストの多くと同様に，Irigaray は，時間や

第5章　モバイルな関係

空間が歴史的に構成されてきた方法は，女性を封じ込め抑圧し，暗黙のうちに男性の女性に対する優位を築き上げる役割を果たしてきたと主張している。このジェンダー関係の状態についての懐疑的な読解は，歴史的な種としての男性や女性とは関係なく，女性と女性らしさの補助的，生産的で，母性的な貢献を否定し，置き換え，打ち切ろうとする欧米における社会的歴史的な傾向と関わるものである。彼女の『性的差異のエチカ（An ethics of sexual difference）』における先鋭的な議論によれば，時間と空間の表象には，アイデンティティそのものとフェミニスト的思考が不可欠であるという。「新しい時代への移行」は，「私たちの空間－時間の認知と概念化のありかたの変化，そしてアイデンティティが宿る場所とそれを包みこむ容器の変化を要求する」とIrigarayは述べる。[19]

Irigarayの空間－時間，場所と容器に関する説明，同様に包み込むものとしてのアイデンティティという概念は，モバイル・ライブズについて，とりわけ親密性に関連して，新たな問いをもたらす。彼女は，思考の男性的な様式は，空間－物質的な身体の最も根源的な抑圧を構成すると論じる。男根支配の追求において，Irigarayがいうには，男性は母性的な空間への心理的な関係を断ち切ろうとする。この母性性の断ち切りないし拘束によって意味しようとしているものをより明確にするために，Irigarayは，どのようにしてこの空間が，男性のとりわけ女性の身体への，より一般的には女性らしさに対する空想と偏執的な投射を通じて抑圧されているのかについて検討している。彼女は男女間の関係についてややドラマチックに次のように記している。

　「他者である女性から生を与えられる生活の中にみずからがあり続けるために，彼は家父長的な権力へと加わっていく。しかし，そのような形式に閉じ込めることで，彼女は死んでしまう。」[20]

この問題含みの性差関係は，空間的で一時性の概念を伴うIrigarayの理論において複雑に絡み合っており，それゆえ私たちのここでの分析と関わってく

127

る。Irigaray と同様の立場から Elizabeth Grosz は，「(男性的) 世界」の「生産」，すなわち「『人工的なもの』，あるいは文化的環境，形而上的な世界の生産，宗教，哲学，真なる知識の創造，そしてこの宇宙における正当な実践の構築は，女性と女性らしさ，母性性の体系的で暴力的な消去と深く関わっている」と論じている。[21]

　Irigaray が前提とする，私たちが住まっている空間（空間と空間の間の移動も含め）の男性的な様式と女性らしさや母性の抹消との間の関係は，私たちが男性と女性全体に可能な，とりわけ特定のグループに可能なネットワーク資本と呼んできたものに関してきわめて重要な問いを生じさせる。ただし，Irigaray が母性を女性と同一視しており，後者を（生物学的な意味での）再生産的な役割に限定し，女性が重要な役割をはたしているその他の社会的実践や社会的関係の多くを無視しているという点については注意すべきであろう。[22]

　さらにいえば，Giddens と Beck にせよ，Irigaray にせよ，私たちがここで強調しているもの，すなわちモビリティの心理的な影響，とりわけモバイルな親密性が増加しつつあるという点について検討していない。ではモビリティとネットワークは，厳密には，自己の変容や空間と時間の変容においてどのような役割をはたしてしているのであろうか？　私たちは，モビリティ（物理的な，コミュニケーションの，ヴァーチャルな）の急激な拡大が自己や人間関係，親密性やセクシュアリティの構築と再生産をいかにして変容させているのかを問うことなしに，「モバイル・ライブズ」を「モダニティ」や「グローバリゼーション」のような幅広い範疇によってのみで，適切に理解できるのだろうか？　私たちが議論してきたのは，「遠距離の」生活と感情をめぐる要請や差異化，多様性への傾向が増加することによって自己を再配置しているモビリティとネットワーク，社会性についてである。

　以上で私たちが論じてきたのは，ネットワーク資本を発展させ高めていく動きである。私たちが取り組んできたモバイルな世界は，とりわけ空間的な女性と男性の関係に関してそうであったように，自己の構成プロセスにおいて新たな形態をつくりあげてきた。たしかに，モバイルなシステムと生活が，場所や

時間，空間の経験をより複雑なものとしているという点において，女性と男性の感情的な活動力をさらに減退させるかどうか，少なくとも現代の男性にとっては，疑問に思う者もいるだろう。たとえば，Robert のモバイル・ライブズは，他の空間や異なるセクシュアリティ，代替的な親密性に位置しているといえるだろうか？ 一つの見方では，条件付きで「イエス」と答えるのが適切である。Robert のモバイル・ライブズは，以前の「固定化された」家族的な役割よりも，実験的でフレキシブルなものにうつるだろう。とはいえ，Irigaray の社会理論からみれば，Robert の激しいモバイル・ライブズは，人間のはかなさと同様に，本来的により一層の空間の植民地化に関連する男性化されたものとしてもとらえられるだろう。

ここで論じてきた特定の理論家たちがモビリティの役割をより体系的に評価しているのであれば，彼らがアイデンティティを個人化され，再帰的で，ジェンダー化されたものとするだけでなく，自己の概念や他者，社会的世界と関連していかにモバイルなものになっているかととらえたであろう。

もちろん，21世紀のグローバリゼーションのプロセスによって，複合的なモビリティがはじめて見出されたわけではない。前述のように，人とモノ，情報の往来の増大は，疑いなく1840年代から近代世界の中核的な特徴である。しかしながら，今日の複雑なモビリティ・システムは，新たな特徴を発現しつつあり，個人的・社会的生活の再組織化を可能としつつある。これらグローバルな変容は，社会制度や組織的な生活に関わるだけでなく，自己にも深く刻印されるものである。つまり，現在進行しているモビリティの変容は，家庭と仕事や社会的生活の間の，そして実際に生きられた経験の構造と人間性によって意味されるものである範疇化の間の関係に影響しているのである。モバイル化された新たなアイデンティティは，心理的にも社会的にも拡張された自己に関わるものである。これは，親密性，性差やジェンダーの再想像と同様に，適応性や可塑性を有し携帯可能で，偶発的，コミュニケーション的な序列化，情動の蓄積に基礎を置くアイデンティティに関係している。ここまで，Giddens や Beck，Irigaray らの議論を概観してきたが，次節ではこれらの点についてよ

り詳細に考察することにしよう。

4　モバイルな親密性

　Robert と Gemma の関係性は，彼らの家族生活と同様に一筋縄ではいかない独特のものである。2人の望みは，互いが「自分の人生」を生きることである。そのため，いつ／どのように2人の関係性や家族の行事をやりくりするのかについて，2人は絶えず考え，調整する必要があった。それは，彼らの私生活における，矛盾をはらんだ大いなる挑戦であった。Robert と Gemma にとって矛盾しているように思えるのは，彼らの「モバイルな関係性」が，遠距離生活を始めた頃に比べて，多くの自由を含みつつも，より不確かで不安定な面を含んでいることである。Robert は彼のキャリアが導く方向へと歩みを進め，Gemma は重要な仕事をこなし，より高い教育に触れることができる。これらの機会は，自律性や自信，他者による承認といった感覚を強く実感させる。しかし，職業的な自立と「離れ離れの共同生活」の困難さとの間の溝は，しばしば危うげで，時には埋めがたいものである。

　モバイルな親密性という未知の航路を進む時，彼らの前に立ちはだかるのはたしかに目の前の，そして将来のリスクであるが，同時にそれ以上のものでもある。その意味において，彼らの遠距離の関係は，いくつかの興味深い疑問を提起する。遠く隔たれた2人は，一体どのような情事を営んでいるのだろうか。頻繁に移動しながら，どのような斬新な恋愛をしているのだろう。彼らにとって「モバイルな親密性」というのはいかなる種類の関係性なのだろう。それはたとえば，積極的に調整する必要があるものなのか，それとも自然とうまくいくものなのか。モバイルな親密性においては，関係がうまくいくように絶えず努力をする必要があるのだとすれば，成り行きに任せることでどのようなリスクが起こりうるだろうか。モバイルな親密性は「選択」の問題にすぎないのだろうか，それとも不規則，偶発性，偶然を伴うものなのだろうか。

　イギリス北西部における Mason の研究がここでは有益である。彼女は Gid-

第5章　モバイルな関係

dens や Beck の議論に対抗して,「自立した,再帰的な著者」の実体とは,「血縁関係やその他の人間関係に煩わされることのない,中流階級の白人男性という非常に特権的な少数者[24]」にすぎないと論じた。Robert と Gemma の事例を検討した際に述べたように,子どもがいる時にはとくにそうなのだが,献身や責務がどれほど家族において求められ,それらが家族をどのように「つなぎあわせているのか」といった点を,「個人化」仮説は見落としている。北西イングランドにおける居住史についての個人的な語りに関する研究において,Mason は社会的アイデンティティや行為（agency）は個人化されているというよりもむしろ関係的なものであることを明らかにした。

　「私たちの調査において,どこに／なぜ暮らしてきたかについて人びとが語る時,彼らは他の人びと,とくに家族や親戚,あるいは友人や隣人,時には同僚や仕事仲間たちとの関係について語っていたのだ。実際のところ,文脈や偶発性,制約,機会をめぐる彼らの語りは,それ自体,きわめて関係的なものであった。というのも,彼らは戦略的な個人主義や動機づけといった類よりは,むしろ関係性や結びつきの変幻自在な網の目に依存しており,またそれらのことを示唆していた[25]。」

　遠距離の関係性をいかに維持する必要があるかについての同様の語りを,戦後にイギリスからカナダやオーストラリアに移住した労働者階級が,自身の移住と家族の物語を構築するさまにみてとることができる[26]。彼らによって語られる物語は,故国に誰かを置き去りにしてきたことや,家族を離散させてしまったことに対する痛みや罪悪感を回想したものとみなすこともできる。一握りの金しか持たず,高額な費用を払った末に長距離移動し,当時は通信も遅くて高価であったことからして,移民たちは故国に残した家族や友人たちとの連絡を失いがちであった。彼らには弱いネットワーク資本しかなかった。多くの移民が経済的にも職業的にも比較的成功を収めたとはいえ,「故郷喪失感」は彼らの成功をほとんど台無しにした。

131

資料5-2 ジョージ・ブッシュ・インターコンチネンタル・ヒューストン空港のスリープ・イン（2007年）

　今日，移民は様変わりした。実際，世界各地の近代家族はしばしば移民や混淆的な人種から構成されている。世界における国際移民の数は1960年から2000年までに2倍に増加した。[27]移民の文学が示す通り，移住というのは，個人的な要因に迫られた特異な決断であることはまれで，むしろ家族や親戚，もしくはその他の縁故と関連する集団的な行為なのである。King は「愛の移住（love migrations）」の重要性を示しながら，この点について言及している。[28]移民たちは，すでに定住者たちによって確立されている集団に仲間入りをするために移住する。受入国では，定住者が移住者に国境を越えて協力を申し出る。今や移住者は，故国との重要な結びつきだけでなく，他の移住者とのつながりをも保つことができるのだ。

　移住によって家族や友人は広範囲に離散しており，そのためケアや援助や愛情の親密なネットワークもまた長距離に広がっている。親族と移住に関する研究者たちの間では長らく知られてきたことだが，現前と不在は必ずしも矛盾しない。つまり，「地理的に近接しているのか／隔てられているのかは，身内どうしがどのくらい感情的に身近に感じるか，あるいは遠く離れた身内がいかに

第5章　モバイルな関係

互いを支え合いケアするかということと，単純に相関するわけではない」[29]。実際，手紙や小包，写真，email，金銭のやり取り，電話，時折の訪問などを通して，親密性やケアは距離を隔てても生じうるものなのだ。ケアや責務，そして現前すらも，必ずしも物理的な移動や対面的な近接性を含意するとは限らない。物理的には大きな距離があったとしても，人びとはそばにいたり，かかわったり，共にいたりすることができるのだ。これらの研究は，たいていの人びとの来歴やモビリティーズは，個人化されているというよりはむしろ関係的で，つながれ，埋め込まれていることを明らかにしてきた。

　しかし，人びとのネットワークや関係性が，個々に特有のものであるという意味において，彼らは個人化されている。行為が交渉や賛同や感覚に依拠し，社会的かつ感情的な帰結を伴うという点において，人びとは社会的なドラマに巻き込まれている。ネットワークは，起こりうる「個人的な」行為を可能にもし，制限もする。アーバントライブ（Urban tribes）についての Watters の説明によれば，このような事態は，親戚や家族のいる人びとだけでなく，「一人者たち」にもあてはまる。彼らは，友人たちと強い絆で結ばれた集団を形成する傾向にあり，そこではケアや援助が頻繁に行われている。概して豊かな北側諸国の，とくに子どもを持たない人びとにとって，友情はきわめて重要になってきており，友情によって多様なモビリティーズが構造化され組織化されようとしているのである[30]。

　続いて，国内の／国境を越えた移動の新しい様態が，自己の体験，関係性，セクシュアリティをいかに再編するのかに焦点をあてることで，モバイルな親密性のさまざまな構成要素について探求しよう。距離を隔てた親密な関係性を構成し再編するプロセスは少なくとも6つに峻別できる。それらは，遠距離の複雑な関係性をうまくつないでいる「ドバイのイギリス人移民における愛の言説」についての Katie Walsh の詳細な分析によって明らかにされた論点でもあるのだが[31]。

　第1に，モバイルな親密性は多様な偶発性や偶然の一致を伴って展開される。つまり，近接性から高度にモバイルな親密性へと変化したことによって，親密

133

な関係性が次々と偶発性を帯び,近接性を越え出ていくとともに,出来事や経過や事件が個人の能力を超えたところで起こるのを私たちは目撃するようになっている。心理学の観点から,偶発性や偶然や意図せざるものが自己アイデンティティと人間関係に及ぼす効果について,最も力強く描き出したのはFreud である。『日常生活の心理学（The phychopathology of every life）』において,それは顕著である。いわゆる「偶然の出来事」は見せかけの姿とははるかに異なることを明らかにするため,Freud は日々の社会的相互行為の中に無数にある何気ない偶然の出来事を徹底的に調べ上げ,放棄された自己が,偶然の出来事や,手違いや過ちや失敗を通して表現されることを示した。「忘却,言いまちがい,しくじり,迷信,過ち」という副題を用いて,Freud は,主観性における（放棄された自己とは異なる）もう一つの自己や欲望が,日々の生活に多くみられる偶然の出来事を経ながら,いかに満たされているのかを明らかにした。

　多様なモビリティを伴うという新しい意味における親密な関係性の主要な特徴として,未来をかたちづくる際に偶然の出来事がはたす役割への明確な認識,潜在的なリスクについての不安,それが引き起こす感情的な喪失感などが挙げられる。このような観点からすると,Robert と Gemma のモバイルな関係性——それは偶発性に満ち,相反する欲求どうしの絶えざる調停やさまざまな歩み寄りによって成り立っている——の新しい側面がみえてくる。2人は,職業生活と親密な生活という2つの要求を調停する際にさまざまな「過ち」が起こると強調するのだが,彼らの関係性を理解するもう1つの観点からすれば,二者択一の人生の探求に力点が置かれることになるだろう。大学を異動するという「偶然の出来事」から,予期せざる恩恵や「別々の家族生活」という損失まで,Robert と Gemma にとってのモバイルな親密性という経験は,そうでなければ知りえなかった自己,興味関心,喜び,願望,そして潜在的な恋人への入口であり続けてきた。Freud 派の Adam Phillips が述べているように,「偶然の一致」は「それを用いることができる人のものなのである」[32]。モバイルな親密性は,他者との物理的な対面においても,オンライン上の対面において

も，関係性における偶発性，偶然の一致，偶然の出来事を抜きにしてはありえなくなっているといえるだろう。

　第2に，モバイルな親密性は，人間関係や家族生活におけるお決まりで，進行中で，ありふれた，絶え間ないコミュニケーションのあり方と関わっている。（旅や運送，観光などの）物理的なモビリティーズが「伝統的な」家族生活からの脱出であるとすると，ヴァーチャルなモビリティーズは，離婚した家族や継親のいる家族，遠距離家族，別居婚などの，再編された家族との再結合へと道をひらく。その意味において，デジタル技術は遠距離カップルをつなぎあわせ，家族たちを家庭の行事や計画，スケジュールへと「差し込む」のだ（第2章参照）。RobertとGemmaの事例でみたように，コンピュータやインターネット，email，電話といったテクノロジーが家庭に装備されていることは，「家族の日誌」を書き込む際に必要不可欠である。Bachenはこの点について以下のように述べている。

　　「家庭とはもはや，外の世界による侵入から家族を適度に保護する聖域なのではなく，多様でますますグローバルな起源をもつメッセージが充満する，コミュニケーションの拠点なのである。」

　ここでのポイントは，新しいコミュニケーション技術は人間関係の外側にあるわけではないということである。モバイル機器は，親，子，祖父母，孫，叔母，叔父たちの間のモバイルな親密性という織物に深く刻み込まれている。インターネットや携帯電話は家族関係をさらにネットワーク化しているのである。

　第3として，モバイルな親密性においては，自己と他者の経験や探求にモバイル端末が用いられる。第2章で小型化されたモビリティーズについて議論した際に詳述したように，人びとが「移動中」に使用するコミュニケーション技術の典型として，携帯電話やMP3プレイヤー，ミニDVD，ビデオデッキ，そしてノートPCなどが挙げられる。自己およびその関係性という点において，そのような技術を用いることが精神力学的に重要なのは，それらの技術が，移

動によってもたらされる異種混交さや断片化から抜け出す道を指し示してくれることである。つまり、それらの技術は、「想起される生活」や「自己語りの関係性」における重要な感情的要素を回復し、再保存し、再構成する手助けとなる。というのも、それらの技術が、遠距離の関係性を維持するのに役立ち、そして新しいやり方で記憶を構築するからである。

　このような見方からすると、コミュニケーション技術は部分的に、情動の蓄積および検索の装置として機能している（第3章参照）。たとえば、Robert は、彼の平日の時間や、家族との結びつきや親密な生活が断片的であることを、抑圧的で威圧的なものと感じていた。Robert には、Gemma や子どもたちと頻繁に離れることは、彼の言葉ではしばしば「重荷」であった。お決まりの旅を繰り返す必要があり、そのことが彼の人生や家族関係についての物語り方を制約するようになっていたが、コミュニケーション技術は、彼の自己語りに別の可能性をもたらし、彼にはそれが有益であるように感じられた。旅行中、iTunes でお気に入りの歌を聞くと、Gemma の強烈な記憶や、2人の生き生きとした性的関係の記憶が蘇ってきた。そのことで、Robert はパートナーとの親密性という「感触」を再保存することができた。ある種の感情的な逃避としてというよりは、自己語りや関係性の物語化の新しい方法を促すものとしてとらえるならば、Robert がコミュニケーション技術を通じて情愛の保存装置を用いるさまに、自己語りや関係性の語りにおける今日的でモバイルな形態が垣間みえるのである。

　第4に、モバイルな親密性は、人びととの間を規則的にあちこち移動する。そこには、ポータブルな人格といった感覚が伴う。モバイルな関係性には、激しい流動性に身を委ねつつも、持続的な満足欲求を生み出すという逆説がある。自己が成熟した心理学的形態のうちに存在している時に限り、この逆説は立ち現われ、そして乗り越えられるのである。その心理学的形態は、一時的に持ちこたえ、自己物語を通して構築され、記憶の捏造や社会的ネットワークへの埋め込みを伴う。もし仮にモバイルな関係性が個人の試みに対してまったく新しい語彙を与えるのだとすれば、親密性や関係性、セクシュアリティのこの新た

第5章　モバイルな関係

な道筋は，自己が持ち運びでき，再帰的で，個人化されている程度においてのみ可能なものとなる。RobertとGemmaは，共働きや2つの世帯からなる他の夫婦と同様に，社会的のみならず空間的にも断片化された人生を送っている。仕事や家やレジャーを行ったり来たりしながら関係性や家族生活を維持する際，感情的な操作や情愛の複雑性が付き物である。RobertとGemmaは，（たとえヴァーチャルや空想であったしても）2人の関係性を強めるためにつねにお互いのところに戻っては来るのだが，いついかなる時でも，持ち運び可能な人格という感覚に知らず知らずのうちに依拠し，仕事と友情と家族という難題を乗り越えようとする。長距離の関係性を維持するという複雑さは，将来そうなるかもしれない自己や精神状態に注意を傾けることによって育まれる。そのような意味において，持ち運び可能な人格というのは，空間的な断片化のみならず，現在／過去／未来の経験をも架橋する役割を果たしている。持ち運び可能な人格には，晩年のCornelius Castoriadisが「ラディカルな想像力」と名づけたものの残影が表れている。そこでは，移動中であっても，いかなる超主観的かつ基礎的な参照点を参照することもなく，表象やシンボル，情動が「無から（ex nihilo）」創造される。

　同時に，このモバイルな自己は，一生を通して一個の人格には固定されないようになってきている。Annette Lawsonは，個人化された「私」という考え方によって，また価値の体系として誇りではなく誠実さを重んじることで，ロマンティックな「夫婦」以外の関係性の割合が決定的に増していると論じる。女性は，伝統的な制約から解き放たれて，男性化された性の形態になじんでいる。他方，男性は，開放的なコミュニケーションという報奨に心を奪われて，性的関係を発展させる際に親密性や情動への欲求に応じるのである。したがってAnnette Lawsonは，近隣住民の目線や圧力から離れて，多様なモビリティーズが機会を生み出す際に，「男性化する性」と「女性化する愛」によって，不貞が頻繁に起こり，それがポータブルな人格の一部となりつつあると論じた。

　第5に，モバイルな関係性は，ジェンダーと性的関係の領域を決定的に再編

137

する。長距離の親密性についての研究，とくに子どものいない夫婦や，親権を持つ夫婦についての研究は，従来の同居家族よりも遠距離関係の方が女性は自律的であることを明らかにしている。というのも，多くの面においてこれは，伝統的には男性が行ってきたやり方でキャリアを積む一部の女性が，それなりの自由を手にしているからであり，また世界中で平均的には男性よりも今や女性の方が教育上の資格が高いからでもある。しかし，現在のジェンダーシステムにおいて，どれほど女性が男性と同等に扱われるかどうか，その程度についてはきわめて議論が多い。それは，ある面においては，女性が職場での生活よりも親密な関係性や家事を優先させなければならないという，規範や実践や力の相違ゆえである。Holmes は，距離の離れた関係性におけるこのようなジェンダーの不均衡について，以下のように述べている。

「関係性を維持する責任は多くの場合，女性に帰せられる。感情，身体，ケアは，計画的な訪問や不在が引き起こす問題に必ずしも適合するように方向づけられているわけではない。したがって，合理的な予定表が，遠く離れた女性たちの責任を難しいものにしている。」

第6に，高収入とネットワーク資本をもつ夫婦間のモバイルな親密性は，家庭内ケアという仕事を生む。そして，その仕事はある種の連鎖（chain）となって世界中に広がっていく。「グローバルなケアチェーン」という用語は，Arlie Hochschild が「ケアに関わる賃金労働や不払い労働にたずさわるために地球規模で移動する人びととの個人的なつながり」に言及した際，はじめて用いたものである。グローバルなケアチェーンは，世界のより豊かな国々の家庭内ケアサービスが急激に国際取引されていることを示している。多くの貧しい南の国々は，家父長制はもちろん，極度の貧困，いや増す不平等ゆえに，家事労働者を大量に供給している。タイやフィリピンを含む東南アジアはとくにその傾向が顕著である。このようなグローバルなケアチェーンにおいて，感情的／身体的なケア労働は，連鎖の下層から上層へと移行する。恵まれた国で雇用され，

「2倍の」労働をこなさない限り育児や清掃などの「家庭内の義務」をすべてはたすことなどできない Gemma のような人によって，このような連鎖が生み出されている。彼女のパートナー，つまり Robert が，たいていの時間を別の場所で働いているからである。2倍の労働から逃れるため，彼女は自分より貧しく，国外からやって来たであろう別の女性の労働を購入する。別の場所からやって来る女性たちは，たいてい結婚しており，子どもは独立し，家事労働で賃金を得るために移住してきた人びとである。かといって彼女は彼女自身の「家庭内の義務」から解放されるわけではなく，別の「女性」に自分の代わりの仕事をさせる。このもう一人の女性は，たいてい移民送り出し国においてより貧しい家庭から来ているか，それとも移民女性の家族の一員が家事労働のために移住して来る。この連鎖の「下方」に行くにつれて，労働から得られる報酬は少なくなり，しばしば不払いである。そして，連鎖の最終場面では，年長の娘がしばしば母親に代わって年少の兄弟の面倒を無償でみることになる。

　グローバルなケアチェーンにおいては女性労働者が中心となる。女性たちは地球規模でケアに関わる他の女性の賃金労働や不払い労働を購入することで，自身のケア労働を埋め合わせている。Hochschild は，そのような連鎖は「感情の剰余価値」を生み出すメカニズムであると論じている。これらの動きがグローバルな規模でどのように展開されているのかは，ほとんど計測不能である。なぜなら，このような労働者たちは家に住み，ごくたまにしか家を離れないからである。移民女性は自分の雇主の家に「家族の一員」として住む。つまり，主人の家に居を定め，依存している。家庭内で働く多くの労働者たちは，少なくとも同じ社会の中で自分の友人や恋人を持つことが難しい。Nayla Moukarbel によれば，彼女たちは「愛することを禁じられている」[43]のだ。「ケアビジネス」に従事するこのような女性たちは，虐待や搾取の犠牲にもなりがちである。それについては，次節で扱うことにしよう。

　多くの共働き夫婦と同じように，Robert と Gemma は，仕事と親密な生活とを両立させるため，さまざまなジェンダー的歩み寄りに到達したように見受けられる。多くの場面において，Robert は現在の妥協がうまくいっていると

考えている。対照的にGemmaは，家庭におけるケアの義務が「つりあう」ことはめったにないと述べている。ジェンダー間の力関係がどれほど不均衡であろうと，RobertとGemmaは，互いを支え合い，片方が留守の時はもう片方が子どもの世話をするという約束のもと，（旅や会議，調査，研究，行楽などのために）「どこか別の場所にいる」ことを日常的にこなしてきた。この「サポートという賜物」は，離れていながら「一緒に」居続けるためには不可欠であった。このような観点から，モバイルな関係性は定型化されたジェンダー役割をいよいよ問いただしているとする議論が展開されている[44]。それはたしかに事実に違いないのだが，同時に，モバイルな関係性は，無限に開かれたプロセスにおいて，親密性が持つ創発性を明確にする。仮に伝統的なジェンダー役割が，（たとえば両親の同居にもとづくような）従来の関係性をせいぜい複雑に反復するだけだとすると，対照的に，モバイルな関係性は個人間の対話ややり取りが潜在的に有する果てしない創造性を解き放つものととらえることができる。モバイルな関係性とは，人生やありうべき未来を，距離を隔てながら共有するという実験なのである。

5　性をモバイル化する

　広範囲に及ぶモビリティーズの時代において，ジェンダー・アイデンティティと性的な親密性は多様な可能性の中から選択され，交渉され，構成されるものだと主張するのは，陳腐な物言いになりつつある。多くの性的関係は，グローバルなケアチェーンについての説明において先ほど明らかにした通り，戦略的に選択されたり，モバイルであったりするものではない。セックス・ツーリズムや強制売春，グローバルな性産業は，強いられたモビリティーズおよび広範な非モビリティーズがいかに今日のジェンダー関係にとって中心的であるかを示している。国境を越えた性の商業化は，新自由主義的なグローバル化における重要な構成要素となっている。このことは，ある人びとにとってモバイルなセクシュアリティが急速に増加しているとすれば，それは他の誰かの非モ

ビリティの急激な進展と引き換えであることを示している（この非モビリティは不法で，かつ男性による多様な犯罪ネットワークを通して組織化されたものである）。

バーのホステスやラップ「ダンサー」から，売春や家庭内奴隷，ひいては多様な犯罪ネットワークによる女性の不法取引まで，家父長制的な権力の領域が広範に広がっている。不法取引を行う一味には，イタリアやロシアのマフィア，中国の犯罪集団，日本のやくざなどがいるが，彼らの活動によって女性は合法的な状況から非合法の状況へと，モビリティから非モビリティの状態へと追いやられる。Sietske Altink が『略奪された生（*Stolen lives*）』の中で分類したように，性産業における女性の不法取引の組織的な手法には，休暇やビザの約束から，より公然の誘拐やレイプなどがある。不法取引される女性の多くは，彼女たちの旅が始まる以前から定期的に性暴力を強いられている。そしてその旅は，第6章で検討することになる過剰な消費の舞台のどこかで終わることになる。東南アジアからラテンアメリカそしてヨーロッパまで，不法取引の犠牲者たちは，旅の目的地に到着した途端，非モバイルな状態にさらされる。彼女たちは不法取引の主犯者たちによって故国から運ばれ，監視下に置かれ，収容され，お金もパスポートも許可証もない状態に追いやられる。近所づきあいとは無縁の生活を送っており近隣住民による規制が働かないため，女性たちは組織化された男性の権力に圧倒的に屈してしまう。

性産業に閉じ込められた女性の非モバイルな生活は，「高度な」ネットワーク資本を持つ人びとのライフスタイルと比べると，示唆的である。両者が空間的に重なり合い，互いに利害関与している点を考えると，とくにそういえよう。第4章で論じたようなグローバルなものによって企てられる「ビジネス」の現場では，不法取引された女性が陳列され，その取引を「円滑」にするためのサービスの一部となっている。Wim Eisner が関わっていた種類の主要な金融取引は，売春宿やバーやラップダンサークラブでしばしば完結する。そこで簡単に手に入る陳列中の女性たちは，どこか他の場所から不法取引され強制された移民なのである。

一般的にいえば，セックス・ツーリズムは，離れて暮らす夫婦が家族の時間

を過ごすために移動する行き先における，今や日常的な文化の一部なのである。Jeremy Seabrook は述べている。

> 「セックス・ツーリズムがグローバル化，つまり世界全体を単一の経済に『統合』する傾向の一つの徴候であるというのは，いかんともしがたいアイロニーである。性産業の従事者と，外国からの顧客はともに，ローカルな共同体の崩壊，根源と所属の解体，旧式の労働と伝統的な一生の破壊の産物なのである。それは，大いなる変動に巻き込まれた無数の人びとの精神的な崩壊であり，彼ら自身そのことをほとんど理解しておらず，コントロールもできないでいる。」(47)

一部のフェミニストは，性を売る女性（とくに移民女性）を受動的な犠牲者であり，行為（agency）を持たない者たちとして描いている。他方，（一部のフェミニストや多くのポスト・フェミニストたちなどの）社会分析家によれば，「犠牲者」というレッテルは，生活のために性を売り，人生における特定の問題に関わるために不名誉な仕事についている多くの女性たちの複雑な経験を無視している。彼女たちだって，若い男性や他の女性たちと同様に旅をしたいという欲求があるのだ。実際，周縁化された女性たちと，移住と，性産業との結びつきは複雑で矛盾した現象なのである。

性のグローバルな商業化におけるモビリティーズと非モビリティーズという観点から人々の生活を再検討することが，ここでの分析の焦点となる。つまり，モビリティーズと非モビリティーズが多様な社会的文脈において，異なる社会階層の中でいかに進展しているのかを認識する必要がある。Laura Maria Agustin の『周縁における性 (*Sex at the margins*)』はモビリティーズに周到な注意を払っている。また彼女は Castells にならって，移動する性労働従事者と性的サービスを購入する旅行者の「フローの空間」について言及している。Agustin にとっては，労働／余暇，労働者／旅行者，見る人／対象，合法／不法，そして故郷／外国という対立は分析的には有益とはいえず，そのような分

第5章　モバイルな関係

かりやすい対立などほとんどみられない。彼女はいう。

> 「男も女も，あらゆる者は日和見主義者となる。住む場所や仕事，夫といった個人的な利益につながる糸口を探している。ノートPCのようなハイテク機器や高価な物品を持っている必要はない。というのも，移民たちは他の人と同じようにサイバーカフェや電話ショップや携帯電話を使いこなすのだから。いたるところで，ネットワーク化した社会関係がみられるのだ。」(48)

　性の商業化の進展において顕著なのは，それが広範で安価な移動と複雑に組み合わさっており，多くの社会を資本主義的な関係性へと開いていることである。それは，すべてのものが無限に商品化されるようにみえる新自由主義の時代の一部分でもある。人のグローバルなフローとモビリティーズは，性の商業化の進展と結びついて，ネットワーク資本が潤沢な者と乏しい者をともに巻き込む。Agustinは性の商業化をモビリティと正しく結びつけてとらえている。

> 「性を売る移民は，ヨーロッパへ，ヨーロッパから，そしてヨーロッパ内といった具合に，可能な限りあらゆる方向へと旅している。そして，仕事をみつけるためのネットワークは世界中に広がっている。来住者は，情報やサービスに対する金銭の受け渡しが発生するかどうかは別にして，性産業につながりのある関係者と出会う必要がある。」(49)

　しかし，そのような商業化，とくに人間のあらゆる相互行為を商品に貶めるような商業化は，人びとが自身の人生において性的な親密性をどのように経験し，どのように感じるかについて，重大な影響を及ぼす。性産業で働くための旅は，主に女性による性的サービスを買い求める男性の旅と同様に，人びとがセクシュアリティと親密性の関係をとらえるそのあり方に，広く影響を与えている。

　このように，Dennis Altmanが「グローバルな性」と名づけたもの（売春や

143

ポルノグラフィを含む）が目覚ましく発展したのは，新自由主義の時代である[50]。性のこのような商業化を他のプロセスのように規則的なものとして理解するのは誤りであろう。それは，複雑に展開している。「不法取引」という関係にもとづいた性的な「サービス」のグローバル化は，ある人びとのモビリティーズを促しつつ，他方，別の人びとに途方もない非モビリティーズを強いている。次章では，ドバイやカリブ諸島やマカオといった場所においてこのような事態がさらに進んでいることを示すつもりである。そこでは，グローバルな性が常態化し，魅惑の一部，その場所の一部となりつつある。このことは，そのような権力に直接的に従う者たちだけでなく，あらゆる者の個人的な人間関係を気まずくする。そこでは，ジェンダー関係は家父長制的になりがちである。

　この「産業」は，ギャンブルやドラッグといった過剰と誘惑という別の「産業」とも，しばしば強く結びつく。このような「産業」の文脈においては，Agustin が述べているように女性が場合によっては状況をうまく切り抜ける余地がないわけではないが，その可能性は，この産業が持つ権力，富，力によって，そしてそこでうごめく男性の圧倒的な利害関心によって大部分は制限されているのだ。

6　結論——拡張している（stretching）？　それとも拡張してしまった（stretched）？

　Robert と Gemma へのインタビューを終えて18カ月が経った頃，インタビューチームの一人が彼らと偶然にも出くわした。Robert と Gemma は依然として遠距離関係がもたらすモバイルな旅の途上にあった。Robert は調査や大学でのキャリアアップのために，平日は自宅とは別の場所に住んでいた。その間，Gemma はエクセターの自宅で子どもたちの世話に専念し，それ以外の時間は GP での仕事を続けていた。しかしここ数カ月の間に Robert にドイツへの異動の話が持ちあがり，親密性という揺るぎなく価値ある感覚を維持し続けることは2人にとってさらに困難になりつつある。一家の月ごとのスケジュールは，隔週で働きに出る Robert の予定を中心にしてまわっていく。彼

第5章　モバイルな関係

は日曜日の夕方にイギリスを離れ金曜日に戻って来る。この新たな，高炭素ですらあるスケジュールの一部として，Gemma は医療施設で隔週働いている。しかし今では週4日働くようになった。このような状況においておそらく最も印象深いのは，夫婦が共に理解している一時的な性質である。現在の状況はまさに「一時的」と呼ぶにふさわしい。Robert は来年度が終わるまでには，ドイツに永住するかどうかを決断しなければならない。Gemma には現在の状況がこのままという訳にはいかないことが分かっている。彼らには，自分たちが仮の時間を生きているという感覚がある。そして，互いが直面しているより広範なジレンマに2人とも気がついているようだ。

　あらゆる関係性がモバイルなものとなっているが，あるものは他のものと比べてよりモバイルであったり「隔て」られたりしている。歴史的にみて，モビリティはさまざまな社会や文化において，たしかに重要視されてきた。しかし私たちは，モバイルな関係性の強化と集中とが21世紀においていかに特徴的になっているかを認識しはじめている。21世紀のモバイルな関係性は，ある程度において，場所に固定された親密性という伝統的な構造から切り離されている。人びとは多様なモビリティーズをさまよい，異なる状況における異なる意味を蓄積する。彼らは人間関係においてより深い熟慮や探求を余儀なくされている。生を共有することの可能性は今後，ある意味では，モバイルな関係性の構造の核となるであろう。夫婦は互いに，何度も繰り返される多様なモビリティーズをやりくりしており，彼らの関係性は絶え間ない努力にますますかかっている。将来何が起こるかを記述し予測するためには，現在および過去の状況，要求，問題，ジレンマを考慮に入れることが不可欠である。

　フェミニストは，仕事と親密な関係性とを融合させる社会的な圧力が，親密性の今日的な形式を，少なくとも多くの女性にとっては限界まで拡張している（stretching）と指摘している点で正しい。モバイルな関係性は，フレキシブルなキャリアと流動的なアイデンティティの熱狂の最中にあって，このような会社の圧力や社会規範から逃れているようにみえるかもしれない。しかし，モバイルな恋人たちが貯め込んでいるテキストメッセージの山は，「移動中」を生

145

きながら成熟した感情的結びつきを維持するのがどれほど難しいことかを，あられもなく思い起こさせる。離れた関係性が，今日のように離婚率や再婚率の高い社会において結びつきを維持するというロマンティックな物語からの小休止の感覚をもたらしているとみている点で，Holmes はおそらく正しい。「離れている時間」というのは，「夫婦が距離を現実的に維持できる一つの方法かもしれない」[51]。

しかし，今日におけるモバイルな関係性には，より深い構造的な矛盾がうごめいている。一つの見方からすると，モバイルな関係性はある社会秩序に馴染んでいるようにみえるだろう。そこでは，人びとは断続的に「移動」し，より広範な経済システムが，高い移動能力をもった人びとに多くの経済的利益をもたらしている。しかしそれ以外の人はそこに近づくことはできない（近づけたとしても一時的である）。誰にとっての多様なモビリティーズなのか，いいかえれば，誰にとってのモバイル・ライブズだろうか。もう一つの見方からすれば，多様なモビリティーズは，社会全体のレベルからすると親密な紐帯における関係性の深さや質を弱めている。つまり，一方において移動の速度と合理的な計算の速度を特権化するグローバルでモバイルな経済と，他方において個人的な関係や家族関係が短期収益主義や挿話性，遠距離コミュニケーションとますます関わっている親密性の社会文化的な秩序との間には，特有の緊張や矛盾がある。つまり，モバイルな親密性の社会文化的な秩序はグローバルでモバイルな経済に完全に折り合いをつけているようにみえるのだが，実際には，経済によって感情的な文脈が浸食され，くり抜かれており，折り合いをつけているとはいえない。ここに緊張と矛盾があるのだ。

このような矛盾がもたらす一つの帰結として，親密性に対するバックラッシュがある。それは部分的にはグローバル経済の速度によって生み出されている。たとえば，セクシュアリティは世界最大の経済の一つである巨大なグローバル産業に引き入れられている。ポルノグラフィはグローバル化し，グローバルな性産業が発展している。ドバイやカリブ諸島，フィリピン諸島，タイそして無数の場所において，裕福な男性客と性産業従事者との間の関係は，第6章

でみるように，モビリティーズと強いられた非モビリティーズが鉢合わせする場所でもある。

　このようなモビリティーズと非モビリティーズを組織化するグローバルな結びつきは，通常は日常生活からは遠ざけられみえないままになっており，本章で描いてきた事例のような特権的な世界からは隔絶されているようにもみえる。しかし，Robert と Gemma は，本人たちが知っているかどうかは別にして，今日におけるモバイルな関係性と，グローバルなモビリティ・プロセスの中核部分を貫くこの複雑な矛盾の一部なのである。執筆しているこの段階では，彼らは自身の拡張していくアイデンティティにもとづいて，親密な関係性をとりもち続けている。拡張していくものがどの段階で——自身の圧力に耐えかねて——拡張しきってしまうのか（stretched）は分からないが，そのような事態が世界中で多くの関係性の中に見出されるようになっている。そこには，往来，出会いと再会，家族と過ごす時間やその幕間の寂しい時間，機会や不安などがあふれている。

第6章　過剰な消費

20億人以上の人びとが1日2ドルかそれ以下の水準で生き凌いでいる惑星のうえで，一部の夢の世界は究極の消費，完全なる社会的排除と身体的安全，そして記念碑的な建築への欲望をたぎらせている。それは明らかに人類の生態的かつ倫理的な生存条件と矛盾している（Mike Davis and Daniel Bertrand Monk）[1]。

1　ドバイとは

　新自由主義世界において最も非日常的な場所の一つであり，多くのグローバルズが好んで訪れてきた場所に，小さな，そして以前はイギリス保護領だった，ドバイがある。この地はアラブ首長国連邦の一部として1971年に独立した。ドバイでは，油田の掘削が1966年に開始されたが，すぐに原油は枯渇しはじめたため，巨大な観光と消費のための経済がそれに取って代わった。すなわちドバイは原油を産出する代わりに，大規模な原油の消費者になったのである。その油は，彼らがいう世界最大の建設現場において，島やホテルや施設を造成するために使用されてきた。さらにはきわめて多くの来訪者や労働者や性産業の女性たちを往来させるために，また平均気温が40℃を超える土地で壮観で快適に冷やされた環境を来訪者たちへ提供するために，大量の油が日夜使われている。今やドバイは，休暇や余暇，会合や会議などのために訪れるべき人気の地となり，今日の世界におけるホテルやショッピング施設や観光施設の中で最も極端な消費の形態を実現している。まさしくドバイは，モバイル・ライブズの地であり，そのために造られた地である。

　今もドバイでは，無数の巨大なプロジェクトが進行している。その中には，次の建設計画が含まれている。海岸線を120km も延伸した2つの椰子型人工島

資料6-1 アムステルダム・スキポール空港のホランド・カジノ (2007年)

(palm island),全世界の形を模した一揃えの新しい島,広大なショッピング施設,砂漠の中のドーム型スキー施設をはじめとするさまざまな人気スポーツの施設,世界で最も高い建造物になる予定だったビル,2010年に開業予定だった6,500室を擁する最も大きなホテルの「アジア・アジア (the Asia-Asia)」,そして数百マイル先まで見渡せる世界初の七つ星ホテルの「ブルジュ・アル・アラブ (the Burj Al Arab)」など。[2]

　ここは文字通り,途方もない「過剰」に彩られた地である。ドバイの狙いは,世界一になることである。Mike Davis によれば,こうした贅沢な消費者に向けた楽園,とくに中東や南アジアの来訪者を惹きつける場所になるためには,「視覚的かつ環境的な極限を求めて,絶え間なく奮闘し続けねばならない」という。[3] そしてそれは,建築の巨大主義と完璧さを通じて達成されているといえる。ドバイには大規模な模造品が無数に存在している。たとえば恐竜たち,バビロンの空中庭園,タージ・マハル,ピラミッド,そして雪山などのレプリカがあり,それらはいずれも本物よりも「完璧」な姿をしている。

　このように塀で囲まれた人造の過剰の地であり続けることは,難しく,そし

第 6 章　過剰な消費

て複雑な事業である。しかしドバイは実によく実現しているといえるだろう。その背景の一部には，国家と民間企業が実質的に見分けられないほど一体化して，上述のゴールに向かって突き進んでいることが挙げられる。ここは過度の消費，ショッピング，そして飲食のための地であり，そして大規模な売買春とギャンブルの地でもある。イスラム教の国では建前上は罪になるはずの，「限界」を超えて消費することは，この地では罪ではない。そしてドバイとは，パキスタンやインドから来訪し，単一の雇用者に支配される数多の移民契約労働者たちの存在によって，はじめて可能になった地でもある。同地の雇用関係は恐ろしいほど搾取的である。ドバイにおける労働力の90％近くが域外から調達されており，しかも入国に際して彼らのパスポートは取り上げられることさえある。かつて David Harvey が新自由主義経済の開発についてより普遍的に述べたように，ここで行われていることは略奪を通じた富の蓄積である。

　Mike Davis はドバイを「税も組合も対立する政党も存在しない（そもそも選挙が存在しない），自由企業のオアシス」と呼んだ。そこは「消費の楽園の名にふさわしく，公的な国民の祝日はショッピング・フェスティバルとして祝われ，1カ月も続く浪費の日々となる」。動画共有サイト YouTube には "Do buy" と題されたドバイのビデオさえある。ドバイはその住民たちが誇るように，本書の第4章で検討したような「最高級のライフスタイル」のための地であり，過剰性に満ちた象徴的な地として成長してきた。多くの人びとを呼び寄せ，さらに過剰消費の地として力を得るために，ドバイは原油の地道な産出者から，原油を含む過剰な消費のための先進的な場所になったのだ。

　なぜこのような場所が実現可能になったのだろうか？　あるいは Davis と Monk がより普遍的に問うたように，ドバイを第一の手本とするような「悪の楽園」が世界中に現れるようになったのは，一体なぜだろうか。これまで本書では，いかに人びとが世界中を動き回っているのかを検討し，その理由が多数あることを考察してきた。たとえば人びとは，配偶者や仕事仲間や友人や家を訪ねるために，ドバイのような特殊な場所へ行くことで，その目的を適える場合がある。これに対して本章では，最近の数十年の間に，いくつかの非日常的

な新しい場所，いいかえれば訪問者たちを魅了し，新しい友人たちをつくることが可能な場所が，いかに出現し得たのかを問う。彼らは，新たにデザインされ，またテーマ化されたスペクタクルの一種において，配偶者や古い友人たちや家族や仕事仲間たちと再会することが可能になる。本章では新自由主義の時代に発達した，このような特殊な場所に照準を当てる。まさしく Davis と Monk が述べたように，「勝者がすべてを手にするという精神は解き放たれたのである。いかなる社会契約のなごりも，もはや意味をなさず，いかなる労働運動の亡霊も邪魔にはならない。そこは金持ちたちが，人間の最も深部に秘められてきた欲望が渦巻く悪夢のような庭園において，まるで神のように歩くことができる世界である」。

誘惑に満ちた魅力を湛える「悪の楽園」は，移動によって，あるいは移動のためにデザインされ，建設され，そして創造された場所である。じつのところ，「(ドバイは) 資本のグローバルな潮流，人びと，文化そして情報が集まり交差する場所として存在してきた」。本書の第4章で検討してきたようなグローバルズが過度に消費できる場所で，現代の資本主義はさらに発達してきたのである。そしてより一般的には，例外的な水準の商品やサービスを消費できることを通じて，自己を時流に合わせ，さらに流行の最先端に追いつくことができる場所は，たくさんある。このような消費は，世界中を放浪している膨大な数の消費する訪問者と，彼らのために用意され，また彼らの過剰で遊興的な消費を可能にするための場所の存在を前提に，可能になっている。そうした消費はときに強い中毒のかたちをして現れる。さらには中毒者 (とくにスーパーリッチの中毒者) への療法が提供される，より発達した先端的な場所さえある。

2　モバイルな消費社会

こうした特殊な場所を詳細に考察する前に，ここではまず強烈な性質を有する消費文化の諸相を検討しておきたい。現在の世界を特徴づけているのは，消費主義あるいは「消費文化」の浸透であるといわれて久しい。こうした考え方

第6章　過剰な消費

からすれば，人びとは仕事や既存の社会階級やジェンダーや年層に帰属することを通じてのみ，そのアイデンティティを得るわけではないことが分かる。むしろ現在のアイデンティティは購買すること，つまり購入された消費物やサービスから得られる，いわゆる象徴資本を使用したり創造したりすることを通じてこそかたちづくられる。とりわけ重要なのは人びとの購買であり，消費される商品やサービスの物質的かつ象徴的な使用であり，いかにそうした消費財がさまざまなブランドにつくられていくかである。もちろん消費文化については多くの研究があり，また消費者が物品やサービスやブランドの購買を通じて経験する，現代生活の表層性や歪んだ効果についても多くの批判がある。ある研究者によれば，人びとはますます「ブランド化した生活」を生きており，時に彼らは社会階級やジェンダーや人種などよりも消費ブランドの購買とその使用を通じてこそ，彼ら自身のアイデンティティを形成しているという[11]。すなわち多元的なモビリティが，より動的なアイデンティティを生じさせているといえる。

　ここで他の多くの研究者が見過ごしてきた，消費文化をめぐる2つの論点を挙げてみたい。第1に，消費のための物やサービス，そして「消費体験」といえるものは，ほかならぬ人の手によって生じているという点である。つまり人びとがそれらを生み出しているがゆえに，彼らの自己も生産され，また再生産されることができる。少なくとも一部においては，人びとは自己を「デザイン」できるものとしてとらえている。それは本書のこれまでの章で議論してきたように，関係性をデザインできることとほぼ同様にとらえられている。かつてErving Goffmanが指摘したように，これは「日常生活における顕示」に関する，多元的なプロセスの一部である[12]。

　しかし今日，私たちが目撃しているのは，さらなる「自己のデザインと再デザイン」の過程である[13]。ここには身体の輪郭とスタイルのデザインを含む，さまざまな相が含まれ得る。たとえば「イメージチェンジ（makeover）」をテーマにした多くのテレビ番組がある。物品，サービス，家，車，自己，関係，そしてとくに身体のイメージチェンジは，消費体験という行為とともに，あるい

153

はそれを通じて，はじめて実現される．こうした自己改造の最も極端なものは，整形手術によって身体を「アップグレード」するという行為だろう．本書の筆者の一人は別稿で，さまざまな整形手術によって手軽な自己改造を可能にするような「グローバルなイメージチェンジ産業」の意味について論じたことがある[14]．

　第2に，今日生じている消費文化は，人びとが他の場所へとより頻繁に移動すること，そしてそれは本書の前章までにみてきた実に多様な方法で行われていること，と密接に関係して可能になっているという論点がある．だがこれまで消費文化の分析では，こうした多様な移動の方法の意義はほとんど見過ごされてきた．それゆえ本章では，消費文化を「モバイル化する」ことを試み，どのようにしてモバイル・ライブズが購買や使用やブランド化，そして多様な物品やサービスの有意味化などと関係を取り結ぶかについて考察したい．いいかえれば，モバイル・ライブズは消費主義の過度な形式のうえに成立しやすく，それは地域に根差した近隣集団から遠く離れた場所で生起する．すなわち場所は消費されるのである．それゆえ場所はファンタジー化され，旅行され，滞在され，そして物品やとくにサービスの購買を通じて体験され，そして時に他者とともに思い出されるものになる．場所を「消費する」ということは実に複雑であり，時間と空間を超えて伸縮し，多くの物品やサービスの消費を含めて実現される，多元的な実践である．

　本章では最終章と同様に，「地域に根差した近隣集団の生活」と「近隣集団を超えて」生きられ，また体験される生活との間の，重要な対比をめぐって議論を展開する．多くのことが「近隣集団」から「近隣を超えた集団」への変化から生じているためである．前者はモビリティの緩やかなモードの領域に根差しており，たとえば歩くことや自転車に乗ることを含む．ほとんどの仕事や余暇活動の規模は数マイルのうちに行われ，大半の消費や家族や友人の構成も「地域化」されている．若者（や女性）のしつけも近隣集団のうちに行われ，あまり形式張らずに，また共同的に行われる．こうした場合の消費は，近隣集団の規範に応じて生じるため，過度に行われることはほとんどない．多くの農耕

共同体や豊かな北側の初期工業都市集団は，こうした強固な近隣集団の生活の基盤において組織され，移動のゆっくりとした様式と比較的に抑制された消費の方法を有していた。

　19世紀末のヨーロッパで労働者階級の余暇活動が発達した時でさえ，近隣集団に根差した労働者や人びとのグループが大勢を占めており，彼らは一緒に旅行し，また相互に抑制し合っていた。そうした労働者階級のための大衆的な行楽地は，さまざまに強調された明白な対比によって構成されていた。たとえば仕事と余暇，地元と外部，仕事の場と余暇の場，日常の時間と休日の時間など。家庭や仕事の日常生活と場所から1週間ほど離れることで実現されるこうした対比から，彼らの享楽は生み出されていた。そうした日常と対比された非日常の場所では，日常生活に戻る前に祝祭の場で「髪をおろす」チャンスが提供されてきた。これに対して日常生活では，過剰な行動は家族や近隣集団の存在によって抑制され，また同じ場所へ一緒に旅する際にも近隣集団は同様の機能をある程度まで持ち得ていた。

　しかしながら本書でみてきたように，「モビリティの領域」が作動するようになると，そうはいかなくなる。こうした領域の発達はさまざまな方法で，消費の本質を前述のような地域に根差した近隣集団の水準を超えたものに変化させていく。それでも重要なのは，物品やサービスの消費は未だに社会的な行為であること，いいかえれば抽象化された事物やサービスと人びとが取り結ぶ関係の問題ではないということである。それゆえ以下では，「消費」が近隣集団を超え出て生じさせた重要な形式をいくつか検討したい。これらは実際には見分けがつきにくいほど未分化な形式でもある。

　第1に，消費文化は，工房やとくに工場で生産された物品の移動を必要としていることが挙げられる。これらの物品は消費者が生活する場所か，少なくとも彼らが友人や家族とともに購買するために訪れる場所へと運ばれる。食品はますます工場で加工されるようになり，新しい保存や冷蔵などの方法を駆使して消費者のもとへ届けられている。そして工場では，近代生活を特色づける新しくて鮮やかな物品の数々が日夜生み出されている。それゆえどこか別の場所

で生産された，記号価値を有する消費財の購買と使用を通じて成立するような近代的体験において，地域に根差した近隣集団の価値はどんどん低下している。むしろ近隣ではない他所，とくにミラノ，ニューヨーク，パリ，ロンドンのような場所で製造されたという事実は，その物品とそれを消費する人の双方にとって地位の証しとなることさえある。

　第2に，洗練された大規模な商業施設が，人びとの身近な近隣集団を超えて発達してきたことがある。消費者は友人や家族とともに，こうした「消費の殿堂」へ向かい，彼らの家へ持ち帰るための物品を購入する。彼らの家はそうした物品で溢れかえり，さまざまな物品の所有者の間で，さまざまな差異が生じるようになる。この「消費の殿堂」は，パリで最初のデパートが生まれた1840年代までさかのぼることができるだろう。そうした優雅な19世紀の店舗や商店街は，20世紀に世界各地で模倣されるようになる趣味や様式の模範を提供した。また小売業におけるさらなる発展は，商品展示のための豊富な方法を生み出した。そこには，かたち，手触り，物質性，品質，デザイン，価格，ブランド，そして記号価値を通じて，潜在的な消費者を魅了しようと物品を展示することをめぐる魔術的な信仰さえみられる。[18]

　第3に，消費主義とは，人びとの家の中やその周辺で使用したり置いたりする物品の購入だけに限定されない。移動の手段さえも消費の対象であり，それは馬を代表とする動物に始まり，19世紀末には自転車，そして20世紀には自動車が加わった。とくに20世紀は「自動車の世紀」として知られている。[19]自動車は，単に熟練した運転者のための物品には留まらず，「消費者」によって欲望され操作される，何か別の存在になった。特別に装備された物品やサービスや移動の文化の数々が自動車をめぐって組織され，とくに階級とジェンダーによって分けられる強い「自動車的情熱」が生み出された。[20]Roland Barthes によれば，自動車は「壮大なゴシック様式の大聖堂とまったくの等価であり，時代を象徴する最上級の創造物であると考えられる……つまり人びとは自動車の使用価値ではなくイメージを消費し，純粋な魔術的対象として自動車を飾りたてている」という。[21]そして実際ほとんどの消費は，ある特定の固定化された場

所に限定されず，さまざまな場所を巡る移動を通じて生じている。そうして現代社会における自動車のモビリティを含む，移動と消費の新たな地図の制作が発達していった。その意義は，たとえばリオにおける夜間の消費実践をめぐる空間編成の事例において鮮やかに示されている。

　第4に，購入される物品と並んで，さまざまに特化したサービスも発達してきた。それらのいくつかは近隣集団に根差しているが，しかし徐々に身近な範囲を超え出て編成されていった。中には集団的あるいは国営の方法でかたちづくられる事例もあり，それはとくに健康と教育の事例で顕著である。こうしたサービスはますます消費者が地域に根差した近隣集団から移動する必要を生じさせており，たとえば海辺のホテルへ列車で移動することや，町外れのレジャーセンターへ車で行くことや，カリブ海のビーチへ飛行機で行くことなどの例がある。さらにこれらのサービスは，前述のように身体改造を含む傾向にある。いわば消費者文化は徐々に「身体化」されているのであり，身体は消費者文化の要素として，化学と物理学と部位改良のテーマとなっている。さらには身体改造が自己を向上させ得る，という考え方が浸透し，それは本書の第4章と第5章でみたように，顔を合わせた会合や良い第一印象を与えることがビジネスや専門職の人生においてきわめて重要になってきている時代において，さらに特別な意味を持つ。

　第5に，多くの消費者向けサービスは，そのために有名になった特定のエリアに位置づけられ，そして地名とサービスは同義になっている。このような「近隣集団を超えた」場所は，特化した顕著なサービスの消費のうえに成り立つ。そして同時に，特定の場所の内部で生産され消費されるサービスを通じて，その場所そのものがブランドになる。そうした早期の事例の一つに，19世紀のヨーロッパ中に発達した温浴療養地があり，ヴィースバーデン，ヴィシー，バーデン＝バーデン，ハロゲイト，ブタペスト，バース，などが有名である。これらの温浴療養地で「水浴びをする」ことは，いくつかの「水商売」で知られる町の流行の治療法になってきた。このように地名とサービスが同じ意味を持つようになった事例は，他にもたくさんある。たとえばハバナとヘルス・

ツーリズム，ケンブリッジと高等教育，セント・アンドリューズとゴルフ，シドニーとビーチ，リオとファベーラ（スラム街）およびビーチ，モナコとカジノ，ヘイ・オン・ワイと書店，ニューヨークのウォール・ストリートと金融サービス，マレーシアと手術観光，そしてアウシュビッツとホロコースト「観光」などなど。

　最後に，場所は必ずしもその記号価値に固定化され，不変の位置づけを得るわけではないことが挙げられる。むしろある場所は，より都心部近くへ移動していくこと（リオのファベーラのように），あるいは文化的生活の中心地から遠く離れていくこともある。つまり場所そのものが「移動中にある」ということができる。こうした移動はとくに新自由主義の時代において顕著になっている。それはブランド化やテーマ化された場所の建設を通じて達成される，消費のためのデザインによって，いよいよ目立つようになっている。Scott Lukas は，今後さらに重要度を増していくだろうテーマ化という問題について，次のように述べている。

　　「カジノ，テーマパーク，またはレストランのようにテーマ化された空間は，その空間を通して統一的で時に不変なアイデアを実現するために，単一のテーマを採用する……テーマ化とは，地理的表象の動機づけられたかたちであり，そこでは意味ある節合がアイデアやシンボルや言説を統一することによって立ち現れる。」

　彼が述べるテーマ化は，世界中のあらゆる町や都市で観察することができる。そこではテーマ化されたアイデア以外の，別の可能性はほとんど示されることがなく，つねに再テーマ化の日常的な過程が機能している。再テーマ化の大半は，他所から持ち込まれたテーマ，とくに現代の世界にみられる過剰な「グローバルな中心地」として描くことができる場所から導入されたテーマであり，それらにもとづいて再開発が実行されている。とくにここ数年，いくつかの都市では，彼ら自身のイメージが世界中を動き回るような開発の模範例や典型例

が現れている。たとえば1992年のオリンピック大会をめぐるバルセロナの動きは，最も象徴的な事例だったといえるだろう[27]。

3 モバイル・ライブズと管理社会

　今や多くの異なるかたちで，地域に根差した近隣集団の生活として特徴づけられてきたものを超えて発達してきた，無数の消費文化が存在している。こうした近隣集団からの離脱という変化は，Michel Foucault が論じた規律社会から，Gilles Deleuze が輪郭づけた管理社会への変化として分析することができる。前者の社会において，人びとを規律化し訓育することは，たとえば家族，地域共同体，学校，監獄，救護院，工場，医院などの特定の場所において行われた[28]。これらの場所は，それぞれ独自の規則や手順を有していた。そして監視は，権力が生じる特定の領域，つまり「ローカルな」パノプティコンの内側において，きわめて直接的なお互いの存在を通じて為されてきた。権力は内部化され，顔が見える状況で，ローカルなものとされていた。そして消費は特定的であり，「家族」や近隣集団のような具体的な場所を通じて管理され，前述したようにゆっくりした移動の様式にもとづいて行われてきた。こうした高い水準における空間的かつ機能的な差異化を特徴とする規律社会は，20世紀の半ばのヨーロッパと北米において頂点に達した。

　しかしながら他方で20世紀を通じて，規律を超えた別の権力のシステムが現れた。それは Deleuze が管理社会と論じたものであり，そこでは権力は流動的で，脱中心的で，そして特定の場所には根差さない[29]。もはや規律の場所は，物理的には特定され難いものとなった。「制度化」の効果に対する批判がわき起こり，その結果として規律を目的とする施設のいくつかは閉鎖されていった（ただし監獄は別であり，それは新自由主義の社会においてとくに拡大している）。治療や矯正はますます「共同体」の内部で行われるようになったが，しかし共同体はより速い移動の様式を通じて，より遠隔的な管理の方法を手に入れてきた。そして監視も，徐々に顔が見える状況やローカルなものから離脱していった。

社会的関係の多くの部分が，もはや特定の場所の内側で構成されるものではなくなった。ジェンダー的関係も家族に限定されるものではなくなった。そして仕事はグローバル化され，同時に家でも行われるものになっていった。学校教育も部分的にメディアやその他の方法によって行われるようになった。次第に国家は移動する人びとを記録し，測定し，評価するための複雑なシステムを採用するようになった。それはパスポートの記録から始まり，今では娯楽や友情や仕事のための新たな場所を求めて移動する個人たちを特定し追跡できる複雑な「デジタル・オーダー」のシステムに達している。それゆえ現在進行形のモバイル・ライブズは遠隔監視のために強化された方法の対象となっており，それはとくに難民や保護施設を求める者や臨時雇いの労働者のように移動を強制される人びとに当てはまる。

　地域に根差した近隣集団を離脱した豊かな北における，このような資本主義の消費を把握するためには，人びとがつねに移動していること，とくに「領域」を横断したり越えたりして移動し続けていることを理解する必要がある。もはや多くの人びとの生活は，階級，家族，年齢，経歴，そして出身地などの場所に特有の構造からは決定されなくなってきている。むしろメディア，とくにインターネットが人びとの生活に，別の世界を持ち込んでいる。そして人びとが動き回り，既存の構造から自由になって個人化した生活スタイルを発達させるにつれて，人びとは消費の様式，社会関係資本，さらには本書で前章までに論じてきたネットワーク資本を拡張させ，さらに洗練させていく[30]。少なくとも世界における富裕な3分の1の層にとって，パートナーや家族や友人はこれまで以上に選択の問題となり，そして本書の第5章でみたようにそれらは世界各地へ広がっていくのである。すなわちパートナーや友人や知人の「スーパーマーケット」が現れ，人びとはますます世界中に拡散したネットワークを繋げる一方で，「過剰な資本主義」のための場所のような特殊な土地に集うための移動を可能にする，相互に依存したシステムの連なりに頼るようになる。

　こうした変化と連動しているのが，多くの人びとが「場所」を体験する方法の変化である。場所は帰属したり定住したりする何かではなくなり，訪れるこ

とで経験されるものになってきている。いいかえれば，人びとは場所の鑑定家であり収集家になりつつある。こうした鑑定志向とより拡大するモビリティは，多くの場所そのものに適用されるようになっている。つまり場所は，知られる対象になり，ブランド化され，テーマ化され，そして収集される対象になっている。現代世界の秩序において場所を象徴するものとして，たとえばビーチ，クラブ，眺望，散策路，山，歴史，サーフィン，音楽シーン，氷山，歴史的遺構，良い仕事の資源，食べ物，ランドマーク的建造物，同性愛シーン，パーティーの雰囲気，大学などがあるだろう。さらに場所をめぐる最近の事例を挙げれば，それはリオやケープタウンの麻薬資本主義のファベーラから南極まで，あるいはダイアナ妃が死亡したパリのトンネルから原子力発電所まで，そしてグラウンド・ゼロから危険地帯での休暇まで，実にさまざまにある。こうした場所が生まれ，特徴づけられるや否や，多くの人びとが訪れに来る。いわば場所は，多様な「ガイド」によって分類され，もはや定住する場所ではなくなり，抽象的な特徴によって構成されるものとなった。

さらに観光は，流行りの場所を巡る行為になり，それはもはや重要ではなくなった場所を置き去りにする行為になったともいえる。このような「観光する」世界において，場所は生まれ，そして消えていき，ある場所は速度を上げて生成し，また別の場所は速度を落としていく。そうして前述した場所の鑑定家たちがそこを離れていくにつれて，場所は死んでいくことになる（あるいは再テーマ化が「必要」になっていく）。たとえばヨーロッパや北米に多い海辺のリゾートは，それらの場所がもはや再開発するに値しないと目され，衰退していくに任されている。そうした場所では再テーマ化するための資金助成が渇望されている。

このような観光化世界における場所は，時に失望と不満で満たされることがある。これは Alex Garland の小説（そして映画）『ザ・ビーチ（*The Beach*）』で鮮やかに描かれていることでもある。場所をめぐる人びとのファンタジーと，その場所で実際に可能なパフォーマンスが比較されることは，観光者たちが好む話題の中心である。たとえば消費したかったものはもう存在しなかった，死

資料6-2　プラハ国際空港の外貨両替専門店にならぶ人びと（2007年）

ぬほど憧れていた場所は安っぽい土産の出店に侵略されていた，旅行する前の場所のイメージと比してサービスの質は堕落していた，など。あるいはエコ・ツーリストは本来のサンゴ礁が初期のマス・ツーリズムによってすでに破壊されていたことを知り，中年のビジネス・パーソンたちは猥雑で酔っぱらった「パーティー好きたち」によって彼らの都市の中心街が破壊されたことを知る，など。だが，こうした満たされない欲望は時に，さらなる消費を生じさせることがある。たとえば人びとを異なる場所へ向かわせたり，同じ場所へ異なる時間に訪れさせたり，より高価な宿泊施設を利用させたり，さらにお金を使わせたりする場合がある。つまり期待し，体験し，不満を抱き，そして新たに期待する，という絶え間ない循環を通じて，不満に終わった消費はさらなる消費を生み出す場合があるのだ。

こうして現代の資本主義とそのモバイル・ライブズは，地域に根差した家族や近隣集団から徐々に離脱していき，ますます世界を旅していく多くの移動的

身体を生み出していく。その多くが情動的で,享楽的であり,そして目新しいものを追い回す性質を持つ。こうした身体はつねに移動しており,新しい場所と新しい人びとに割り当てられた,新しい体験を購入して没頭することができる。それは「体験の経済（experience economy）」といわれるものを形成する市場を生み出すことに役立つ。すなわち,人びとが家族や共同体のような遅い移動の様式に根差した規律的領域を抜け出すにつれて,体験経済を構成できる物品やサービスを,より多くの企業やブランドから購入するようになるだろう。資本主義社会は,消費財化していく身体をめぐる要素や部分や部位とかかわる,新しい快楽の様式を内包している（ただし,それを支払える人びとに対して）。自己顕示的な資本主義は,変貌し続け,時に過度に没頭する身体を通じて,移動的で,そして移動し続ける資本主義へと発展していく。その一方で他の多くの人びとは,こうした少数派の身体に「サービスする」ために雇われる。これは本章でみたドバイのケースそのものであり,彼ら被雇用者も他の場所から移動してきた人びとである。ここには「空騒ぎ的なモビリティ（binge mobility）」とさえいえるものが存在している。そして今や新自由主義の世界においてこうした空騒ぎは,世界中で広範にみられるようになった（金融先物商品をめぐる空騒ぎもその一つである！）。

4　新自由主義

　見せかけの「自由」は,人間の自律性の崩壊を招いた。個人化した自由を選ぶことにより,私たちの自己は自由そのものを拒絶することが可能になった。これまで本書では Giddens の議論を参照し,豊かな北側の人びとがかつての場所に特殊な監視から今の遠隔的な管理へと強制的に移行させられるにつれて,いかに見せかけの「自由」が増えていくかを記述してきた。なお,こうした外見上の自由の一部には,何かに「中毒」になる自由さえ含まれている。それはグローバルな資本主義が提供する特定の物品に対して情緒的および,または身体的に依存することを意味し,その対象にはたとえば合法的なもの（砂糖），

違法なもの（麻薬），半合法的なもの（タバコ）などがある。本書の筆者の一人はかつて，「即席の自己再開発というエートスへの中毒」が生じる形式について言及したことがある。過剰に満ちた場所は，膨大な数の人びとが中毒を引き起こしにやって来る場所でもあり，いわば過剰の地は深刻な中毒の地でもある。かつて Giddens は，近代社会において強迫観念的な振る舞いは各地で一般的にみられるようになった，と述べた。

「（このような強迫観念は）ライフスタイルの選択と結びついている。40年前と比較すれば現在の私たちは，どこに住んで人生を送るか，より自由に決定できるようになった。自律性の拡大はさらなる自由の機会を意味する。しかしながら自由には，もう一つの面がある。それは中毒のリスクである。たとえば食事障害の増加は，1960年代のスーパーマーケットの発展と軌を一にしてきた。食べ物は季節と無関係に入手できるようになり，たとえ資源が枯渇している種類の食物でも，つねに多様な選択肢が用意されるようになった。」

こうした中毒症状は，強迫観念的な反復行為から生じる。それは情緒的な執着ゆえ，解体することがとても難しい習慣でもある。現代世界において，次に挙げる産業はこうした中毒性に依拠して利益を上げている。たとえばタバコ，「違法」ドラッグ，アルコール，ギャンブル，食品添加物，そして砂糖。とくに最後の2つは病的な肥満という地球規模で進行している惨事の中核に位置している。

これらの中毒産業は，シカゴ大学経済学部から拡散した新自由主義がグローバルな正統派となった時期と軌を一にして，20世紀の最後の四半世紀において顕著な存在となった。「新自由主義」とは「強奪による資本の蓄積」をも含み，市場は「自然」であり，不自然な力や要素が邪魔をしない限り市場は正しく均衡するように動く，という信念に立つ思想である。新自由主義は市場での交換という行為を，あらゆる人間関係に優先する最上位のものとみなす。すなわち

第6章　過剰な消費

「市場」は，価値と美徳の源泉である，という考え方である。

その結果，次のようなことが生じている。資本を持たない小作人は土地から追い出される。集合的な財産権は個人的な権利に再編される。先住民の権利は盗まれる。地代は債権者から奪われる。一般的または伝統的な知識は個人の知的「所有物」となる。国家は公共事業部門を売却する。労働組合は潰される。新しい金融の仕掛けとトレンドが「実体経済」とは無関係に所得や権利を再配分する。そして負債のある企業や借金だらけのバイヤーによって金融投機された土地開発が，新自由主義の時代の「ゴールドラッシュ」を生み出す。巨大な高速道路や高速鉄道や空港などのインフラを国家に建造させ維持させる一方で，民間企業は膨大な借入金による新しい開発に着手し，増加し続ける負債を抱えた者へ貸し付けたり，売り付けたりしている。そうして新自由主義の方法で開発されるものには，郊外地，マンション，別荘，ホテル，レジャー施設，ゲーテッドコミュニティ，スポーツ施設，ショッピングセンター，そしてカジノなどがある。そしてときに，これらのすべてが一か所にお目見えすることもある。ドバイのように。

このような新自由主義は，ほとんどの企業，多くの大学，大半の国家組織，そして世界貿易機構（WTO），世界銀行，国際通貨基金（IMF）のような国際的な組織に大きな影響を及ぼし，それぞれに浸透しつつある。有名なアメリカのアドバイザー兼コンサルタントである人物によれば，新自由主義によって広められた原理とは，「私たちすべての者が消費し，また消費し，そして消費するよう，刺激することである。物品を購入することは私たちの市民的義務であること，そして地球資源を略奪することは経済にとって良いことを確信させるために，すべての機会は動員される」という。

そうして過剰な消費のための新しい，または新たにデザインされた場所が，この間にいくつか開発された。それと同時に労働者，小作人，余暇における国家の役割，地域に根差した近隣集団の組織，そして顧客たちが保持してきた権利が，さまざまな方法で「略奪」された。DavisとMonkは，こうした「悪の楽園」の帰結について言及し，検討すべき事例のいくつかを挙げている。た

とえばイランの砂漠につくられたカリフォルニア風のオアシスであるアルゲ・ジャディド（Arge Jadid），2008年の北京オリンピックのためにつくられた400億ドルの建造物，香港のパーム・スプリングスのゲーテッドソサエティ，南アフリカ共和国のサントンとヨハネスブルク，そしてマカオなど。最後の地では，開放された中国と13億人の中国人に向けた娯楽的ギャンブルを提供するために250億ドルの巨額投資が行われてきた。また Simpson によれば，マカオがユネスコの世界遺産に登録されたのと同じ年に，巨大な「フィッシャーマンズ・ワーフ」を模したテーマ化された複合施設をはじめ，ローマのコロシアム，アムステルダムやリスボンやケープタウンやマイアミなどの建築群，そして活火山などの模造品が建造された。世界的にみれば次に注目される大規模な楽園は，170億ユーロを投じて計画されたグラン・スカラと呼ばれるスペインの北東部に位置する娯楽の地だろう。そこには 32 のカジノ，70 のホテル，232 のレストラン，500 の店舗，ゴルフコース，競馬場，そして闘牛場などがあり，それらすべての施設が水と石油が深刻な問題となって久しい，ロス・モネグロ砂漠のなかに建設されている。

　こうした過剰な「消費」の場所たちは，いくつもの特徴を共有している。それらの壮観な開発は，大型のインフラ整備計画によってのみ可能となり，しばしば世界的に高名な建築家が関わっている。またそこへ移動するための新しい交通システムが大抵の場合，公的資金によって敷設されている。埋立地（マカオやドバイのように）や砂漠（グラン・スカラやアブ・ダビのように）のうえに建造されることが多い，こうした場所の建設には，水や電力や建築資材の膨大な乱費が常態となっている。そうして生まれた地区は他所を模倣し，時に複製した原物よりも「リアル」な環境を提供して，高度に商業化されている。時にはデジタル化された門によって，地元の人びとや有効なクレジットカードを持っていないような訪問者の入退場は厳しく制限される。そこでの行動の規範は，かつてのような家族や近隣集団ではなく，商品化のさまざまな形式の対象となる身体によってのみ統制される。彼らは不十分な消費が生じない限り，近隣集団を超えた新たな消費の境界的様式において，罪を感じることなく快楽のみを享

第 6 章　過剰な消費

受する。このような場所は，潜在的な大規模中毒の地であり，それはとくにギャンブルやそれに関連する犯罪への中毒として生じる。いわばこうした消費の空間は，そこでの過剰性によって世界的に知られるようになった。つまり過剰な行動こそが，そうした空間を他とは異なるものとして特徴づけているためである。一例を挙げれば，「イビザ（Ibiza）は，無法の（そして過失となる行動も無い）エディプス・コンプレックスを脱した社会的空間である」。

　さらには，こうした過剰な消費の場所は，ビーチ（そして／または砂漠）の際かその近くに建設される。とくにドバイでは数多くの「人工」の島を建造することで，巨大な建設事業が「ビーチ」そのものを拡大してきている。環境学者の Rachel Carson は，ビーチの魅力について次のように説明している。「海の端は不思議に満ちた素晴らしい場所である」，それはたとえば2度と同じ瞬間を繰り返さないためである。ビーチは中間領域に属する場所であり，それは完全な陸上でも，また海でもない。そして過去2世紀を通じて，ビーチは畏怖と危険の場所から魅惑と欲望の場所へと変わっていき，さらには建造され，またデザインされる場所になった。そこは来訪者が滞在し，風景の一部になり，仕事よりも余暇のための場所になった。とくに地元の人びとよりも移動してくる来訪者のための場所になった。そうしてビーチは，来訪者が一時的に自分を取り戻す古典的な場所になった。人びとはありふれた小道具をそこに持ち寄り，より気楽な格好で，よくデザインされた小麦色に日焼けした理想の身体に近づくために過ごす。ヨーロッパや北米の裕福な層にとって，ビーチは大きな感動と楽園と過剰のための場所となり，工場や仕事や家庭生活とは異なる象徴的な「他者」の場所として表象される。

　そうして身体を装飾し，物質的かつ化学的に操作するさまざまな方法が導入される。それらは自己を不安定化し，身体を「移動的なもの」に変え，そして（着飾った）富や権力の古い階級制度を破壊する効果をもたらす。海と陸上を分けるこの細い線は，複数化し，競争的で，時に周縁化された現代の余暇と観光のパフォーマンスのための中心的な舞台となる。すなわちビーチは「余暇の生活のための象徴的な場所」であるといえる。

とくに地中海やカリブ海の美しいビーチは、地上の楽園として知られてきた。Sheller はカリブ海における最初期に楽園化した場所の一つにおいて、いかにそうしたプロセスが作動してきたかを描写したことがある[46]。そこでは「オール・インクルーシブ」型のリゾートが一般的になっており、周辺の土地や「過剰なサービス」を来訪者に提供する現地の住民たちから厳然と切り分けた消費の境界線で囲まれている。門と防壁によって守られることで、現地の住民やこうした消費に反対する人びとの両者の視線から、一時の過剰な消費を保持しているようだ。これに関して Sheller は「スーパーリッチに属し、ヨットを所有して自家用ジェットで移動するグローバルなエリートの利益のために、カリブ海は新自由主義の再空間化のプロセスのうちにある」と述べている[47]。

さらにはこうしたグローバルズの過剰な消費のために、時に島全体が立入禁止の場所となることもある。カリブ海のデリス・ケイ（Dellis Cay）の島々をめぐる開発事業にみられるように、島は文字通り「ゲート」を持たない。島は「自然」の防護壁を外の世界に対して張り巡らしているのだ。そこはプライベート・ジェットを所有するスーパーリッチのために開発されており、まるで他の階層の人びとが車を所有するように、そこを訪れる者は自家用機、邸宅、そして使用人を所有している。「カリブ海の島々の全体がスーパーリッチのための排他的なリゾートとして改編されており、地域の共同体……そして地元政府の管理や統治からも離脱させられている」と Sheller は結論づけている[48]。たとえばデリス・ケイでは、7人の世界的に知られた建築家が560エーカーの島全体を開発している。その基本計画は、滞在施設、ヴィラ、レストラン、ブティック、そして港などのいくつかをデザインした Zaha Hadid によって立案され、滞在施設は200万ドルから2,000万ドルの値が付けられ、開発は2010年末までに完了する予定である。

カリブ海観光にとってもう一つの重要な存在は、巨大客船である。それは上述した島の状況に、実によく似ている。これらの海上に浮かぶゲーテッドコミュニティは、過剰な消費をめぐり慎重に組織化されている。たとえば世界史上、最大の客船がロイヤル・カリビアン・クルーズ・ライン社によって近ごろ

就航した。同船は1,815の客室を持ち,世界初の海上で楽しめるサーフィン・パーク,船の側面から12フィートの長さで備え付けられた渦巻き状のプール,さまざまな噴水を持つウォーター・パーク,間欠泉や滝,ロッククライミングのための壁,たくさんの店やカフェが入ったロイヤル・プロムナードなどを擁して,大海の真ん中を移動している。そうして過度に消費するモバイルな来訪者たちは,そのリゾート船の乗客のためだけに準備されたカリブ海の島々の特別な地区に上陸することを許され,現地の住民(ただし被雇用者を除く)から厳しく切り分けた別の消費の空間を楽しむことになる。

5 例外か典型か

さらに大きな状況をみれば,島は法の規制が及ばない,免税の,域外経済の一部を形成することがある。すなわち「オフショア世界」である。これは物理的空間とサイバー空間を縫い合わせて構築される世界である。このようなオフショア世界は新自由主義の典型的な存在であり,それは隔離されたリゾート開発,スーパーリッチのための選民的観光,公共のインフラを分解して出所不明な財産をオフショアへ移動させることなどを可能にすることで,結果として徴税機関の視野外に移動することを可能にする。新自由主義の時代では,こうした過剰な生産と消費と私有化のシステムが支配的になって久しい。もはや規律社会は管理社会に変容し,特定の分化した近隣集団は移動的で脱分化した過剰な消費の領域に変形している。Shellerが記すように,「アトランティック・シティはカジノ資本主義と不動産投機という悪性の問題を撒き散らしただけでなく,まさしく過剰とスペクタクルと投機の経済におけるグローバルな潮流の一事例」でもあり,それはスペクタクルを生み出し投機することの中毒的な組み合わせの一例でもある。

しかし論者によっては,こうしたエリート中心のカジノ資本主義は世界中の消費者のごく一部だけに関係した小さな問題であり,本書の第4章でみたようなスーパーリッチのグローバルズに限定された事象に過ぎない,というかもし

れない。それゆえ、より広範な経済的、社会的、政治的意味を持たないテーマであり、私たちはあまりに小さな問題を騒ぎ立て過ぎているとみるかもしれない。しかし以下に挙げるいくつもの理由から、私たちはそうは考えていない。ここでの議論は、現在の事実そのものである。

第1に、こうした種類の場所は、開発のモデルを打ち立てる。それは別の場所の開発業者たちが模倣し、これまでみてきたような過剰な場所の大衆市場版を作ろうと試みるものとなり、テーマ化されたレストラン、廉価版のリゾート、そして郊外のショッピング・モールなどが生み出される。つまり一部の選ばれたエリート向けに構想され建設されたものは、のちに別の場所へ移り、より広範な層へ向けて同じような開発を可能にする。それは現在のドバイをめぐり生じていることでもある。

第2に、こうした顕著な消費のかたちは、多数の人びとが低い賃金と時に危険な条件下で働かねばならない場所を生み出す。こうした労働者たちの多くが移動的であり、たとえば「オフショア」のモナコでは毎日4万人もの労働者が域内に出入りしている。さらにここで検討された過剰な消費の大半が、違法またはほぼ違法に近い労働と、多くの他の人びとの生活のうえに影響を及ぼす、犯罪的な方法によって生み出されている。

第3に、こうした場所のいくつかは、スーパーリッチを「オフショア」へ向かわせている。その結果、リゾートを持つオフショアの島でも、また来訪者が移動してきた元の国でも、国家の税収は減っていき、公的資金の規模は縮小していく。こうしたタックス・ヘイブン、そしてその結果として生じる税金の喪失の規模は膨大であり、たとえばアメリカでは1年に約1,000億ドルの税収が失われていると試算されている。

第4に、こうした消費の場所は「分断された都市化」の一部を形成しているため、多くの人びとをそこから排除し、やがて公共空間の価値を減じていく。たとえば世界各地で、どれほど多くのビーチが、現地の住民や他所から来た富裕ではない来訪者(しばしば人種で差別される人びと)に対して、閉鎖あるいは半閉鎖の状態にあるだろうか。

第6章　過剰な消費

　第5に，来訪者に向けたこうした場所の開発は移動的領域を拡大するため，本書の第3章でみたような経済的かつネットワーク資本を持つ者と持たざる者の間の不平等をさらに生み出すことになる。このような場所は，私たちが「観光する世界（touring world）」と名づけたものを構成し，それを補強する。Schwartzによれば，豊かな北側に住む人びとは，選択という問題に向き合い，減退された公共福祉によって不安と憐憫に駆られることを引き起こすという。[54] 選択することが急増した結果，人びとは自分の行動において間違った選択をしているのではないか，という不確かさと極度の不安に直面する。Schwartzが述べるように，物品とサービスの消費者は，自分が選択しなかったことへの後悔と，選択したものへの不満という，消費者文化における二重の過ちをつねに経験しているのである！[55]

　第6に，これらのスーパーリッチのための夢の世界は，さまざまなメディアやグローバルな移動を通じて，世界中のより多くの人びとが同じように体験したいと欲望することを焚き付ける，ある種の人生のモデルを提供する。そうして夢の世界は，消費，排除，そして安全への欲望を高めていく。[56] かつて人びとが主に地域に根差した近隣集団の生活を生きていた時代には，同じ地域の他の人びとと自分の生活を見比べていただろう。だがSchwartzは，近隣集団の生活とそれを超え出た生活を対比して，後者では妥協や不満が過剰に噴出することを次のように指摘した。

　　「かつて私たちは，地域に根差した近隣の人びとや家族たちをみて生きていた。私たちは身近な社会環境の外にいる人びとについて情報を入手していなかった。しかしテレコミュニケーション（訳注：および長距離移動）の拡大によって……ほとんどすべての人びとが，他の大半の人びとに関する情報を入手できるようになった……こうした地球規模で生じる，ほぼ非現実的なまでに高度な水準を要求する比較が可能になった結果，中流あるいはそれ以下の人びとの生活において，満足することが減退している。」[57]

171

最後に，これらの場所は，度を越した20世紀の高炭素社会のさらなる進展でもある。その一例が，巨大なビル，エネルギーと水の乱費，そして人びとを出入させるために使われる大量の石油などである。かつて Veblen は，無駄遣いの消費に関する有名な分析を行った。[58] 富の所有は，時間と労力と物品をめぐるこれ見よがしの無駄遣いによって示され，そうした顕示的消費は，必要以上の無駄遣いでなければならない。Veblen はこうした消費に対する考え方を，主に個人の水準で考察した。しかし資本主義が新自由主義の段階に入った現在では，ある域内または島内の経済や社会が「無駄遣い」のための生産と消費の中心地と化している。新自由主義の時代における資本主義的生産は，必要性や公共性など考慮せずに実行される。それゆえ「無駄遣い」的生産の規模も影響力も拡大していき，とくにカジノのテーブルのうえで，あるいはグローバルな商品，住宅ローン，そして土地開発などの将来に対する，ギャンブル的な無駄遣いの経済を生み出す。さらに付け加えれば，場所をめぐる移ろいやすい生産と消費もあり，とくにテーマ化を通じてそれらは実現されている。場所は生まれては消え，生産されては利用される。そして来訪する消費者や関連する投資が別の場所へ移動すると，場所は使い果たされて疲弊していく。こうして場所の将来に対するギャンブルが生じ，そこではこれみよがしの無駄遣いが掛け金を吊り上げていく一方だった。ただし2008年10月の大恐慌までは！

6　結論──パーティーの終わり

　本書の第4章ではスーパーリッチ，つまりグローバルズを考察してきた。彼らがどのようにして税金を支払う義務や責任から逃れるかを記し，時に家やマンションをオフショアに持ち，また過剰なオフショアの一か所から別の場所へと自家用ジェット機を使って世界中を移動して回ることをみた。そして過剰という概念が，いかに現代社会におけるさまざまな変化をとらえるうえで重要かを検討した。それは低炭素社会から高炭素経済／社会へ，規律社会から管理社会へ，特定の分化した近隣集団からより移動的で脱分化した消費と過剰と無駄

第 6 章　過剰な消費

遣いの領域への変化である。

　しかしながら次章では，こうしたモバイルな世界は，多くの私たちがこれまで想像してきた以上に短い生命しか持ちえない世界だったかもしれないことを検討する。21世紀のはじめの節度のない高炭素の傲慢ぶりは，実に過剰であり消費的だった。こうした過剰な消費が，地球規模の温暖化と，文字通りモバイルな世界を支えてきた石油資源の枯渇化を引き起こしている状況を，さまざまにみることになるだろう。すなわち多くの人びとにとっての「モバイル・ライブズ」が，人類の歴史におけるごく短い期間に過ぎなかったことをみることになる。

　そして本章で分析してきたビーチやリゾートの多くが現在，海面の上昇や洪水によって波にさらわれている。その中にはドバイで新しく建造された椰子型人工島さえ含まれている。すでにドバイの傲慢さは，ひっくり返されてしまったようにもみえる。いわばその驚愕すべき成長は，今や劇的に逆転しつつある。たとえばドバイでは，流入者たちが彼らの車を売り飛ばしたり手放したりして空港で現金に換えている。無数の建設現場の労働者たちが解雇され，土地の価値が60％も下落するという予測がある。さらに建設計画の半数が中断か中止となり，人口が減少しつつある。Paul Lewis は次のように述べている。「あまりに高過ぎ，あまりに速過ぎた結果，ドバイのパーティーは終わってしまった」。現在のドバイに生じている歴史は，グローバルに経験されるだろう歴史の前兆であり，モバイル・ライブズが今後数十年の間に向き合うだろう壮絶な停止あるいは反転を先取りしたものなのだろうか？

第7章　せめぎ合う未来

アメリカのクルマは地球温暖化における世界最大の原因の一つとなっている (John DeCicco, Freda Fung)⁽¹⁾。

1　20世紀

　この最後の章では，モバイル・ライブズ（およびモビリティ・システム）を未来のコンテクストの中に置いて，それらがどのような方法で，そしてどの程度，21世紀に向けて永続し得るのか検証してみる。今も続くモバイル・ライブズは，20世紀から引き続く高炭素の経済と社会の問題を引き起こす遺物として，その文脈の中で，専ら理解することができることを示そうと思う。この世紀のタダ乗りの「ツケ」は，1990年代の10年間における世界的なオプティミズムの後，気の滅入るような21世紀のジレンマを作り出した原因となっているのである。良い成果などどこにもない，といわざるを得ない。クルマや航空機，そして，それらの高炭素の仲間たちが最善を尽くしてやってきたようにみえたことの結果は，それらの存在自体をほとんど維持できなくなったということである。もっとも，それらは自分自身で視界から姿を消そうとしているのかも知れないのであるが。
　資本主義の矛盾について Marx と Engels が19世紀に行った分析は，20世紀におけるこの遺物を検証することを可能にしている。彼らは『共産党宣言』の中で次のように巧みに記述している。すなわち，近代ブルジョア社会は「自分が呼び出した地下の魔力を使いこなせなくなった魔法使いに似ている⁽²⁾」。現代の資本主義の魔術師は重大な矛盾を生み出してきた。Marx とは異なり，私た

ちは次のように論じる。つまり，矛盾は革命的なプロレタリアートの増大によって引き起こされるというよりはむしろ，20世紀の資本主義の生産関係が，いかに将来における資本主義の生産力そのものの土台を突き崩してきたのかによって引き起こされるのだということである。

資本主義がその催眠術的呪術によって呼び起こし，かつてない二酸化炭素排出量を持つにいたる20世紀の間に始動したこれらの力を，この新世紀において，コントロールすることができなくなっているといえよう。したがって，Terry Leahy が書いているように，「資本主義は革命的なプロレタリアートという不可欠と思われていた要素抜きで……やっかいな終わり方をするだろう。成長経済としての資本主義は，有限の環境と和解することは不可能なのである[3]」。とくに，前世紀における高炭素経済／社会とは，20世紀資本主義が解き放った多角的な正のフィードバックを伴う創発的矛盾のことなのである。それは瓶から出てきた魔人であり，人びとの生活のモバイル化を強めるがゆえにとくに，簡単には瓶の中に戻ることができなくなった魔人なのである。資本主義は，とりわけ新しいかたちの気候変化や過剰なモビリティと消費によってそれ自身が生み出した超人的なパワーを，もはやコントロールすることができない。過剰なモビリティと消費は希少資源の消尽や，人間生活の条件の掘り崩し，さらにはその想定内の改変を通して，生産力の土台を掘り崩しているのである。20世紀に，パワフルで高炭素，そして経路依存の（path-dependent）システムが配置され，さまざまな経済，社会制度を通してロック・イン（閉じ込め）された。さらに，次の世紀が展開する時に，これらのロック・インが意味するのは，世界が持続不可能な炭素の遺物とともに放置されるようになったということである。

このようにして，私たちは高炭素の20世紀と，石油不足および膨大な人工増加，そのために生じる資源需要，そして地球規模の気候変化のインパクトによって特徴がはっきりと浮かび上がってきた21世紀との間に，明確な違いがあることを想定している。将来の世代が彼らの世紀になお現存している遺物を引き継ごうとする時に，彼らは前世紀の超高炭素の傲慢を過剰なものであり，か

つそれらすべてを消費し尽くそうとしていたのだとみなすようになるだろう。

　それでは，私たちはどのようにしてこういった状態にいたったのか。前世期の半ばには，この時活発に活動を始めた強力な高炭素システムの体制が存在したと，私たちは論じたい。これらのシステムは，相互に依存しつつ，強力なロック・インの遺物，すなわち「システムのシステム」(4)をつくり出した。これら相互依存のシステムは次の5つである。

- 電力と国家送電網。それらは，地球の北側の全家庭が多少なりとも電化され，人びとの生活に暖房や，電気ベースの消費材が行き渡ることを保証している。
- 金属石油資源を消費するクルマの普及（現在6億5,000万台のクルマが世界に存在している）と，それと結びついた道路，および幅広く拡散し，四方に延びるインフラ。
- 職場から遠く離れているが，毎日そこから通勤しなければならない郊外住宅の開発，そしてさらにそこは電気を動力とする，家事用消費財で満たされている。
- スタンド・アローン（単独作動）の固定電話，デスクトップPC，ノートPC，ネットワークにつながったコンピュータ，携帯電話，BlackBerry（カナダのRIM製携帯端末）などのようなさまざまなテクノロジーの出現。そのネットワークは同僚や友だちや家族へと地理的に広がりつながっている。
- 数多くの特化したレジャー施設，ファストフード，国立公園，スポーツ・スタジアム，テーマパーク。このほとんどは，家や近隣から遠く離れ，とりわけクルマや飛行機を使って行くことを余儀なくされている。

　これらのシステムの多くは最初，第2次世界大戦前後のアメリカの中で起こった大衆社会の諸形態として生まれ，そして発展してきたものである。相互依存しているこれらの高炭素システムは，アメリカン・ドリームの産物であり，

それぞれのシステム，そしてその成長，またそれらの経路依存的相互関係には，公共の財源が投入されていた。アメリカンセンチュリーとでも呼ぶべき20世紀には，相互作用するこれら5つのシステムにおける条件の発展があった。そしてその後のアメリカ企業やアメリカ軍やアメリカ文化の実践といった活動を経由して，それらは世界中を席巻していった。これらはアメリカン・ドリームを拡散し，アメリカ帝国の興隆をでっち上げた。これらのシステムと軍事力によって，「アメリカは世界をかたちづくった」。

　しかしながら，このことには巨大な矛盾が存在する。アメリカはアメリカン・ドリームを世界中に広げようとしている（時々，「コカ植民地化（coca-colonization）」を通した帝国といわれるが）。だがしかし，世界の残りの部分はアメリカのように世界の資源の規模やシェアを持つことがまったく不可能である，アメリカは地球の富の3分の1，世界のエネルギー消費の22％，そして全炭素排出量4分の1を占めている。その人口は世界の全人口のたった5％にしか過ぎないのである。豊かなEU地域でさえアメリカの規模のたった半分しかエネルギーと資源を消費していない。

　移動に関していえば，アメリカ人は世界のクルマのほとんど3分の1を動かしているし，輸送に起因する世界の炭素排出量のほとんど半分を作り出している。世界の他の国々がこのアメリカン・ドリームを共有することは不可能である。この「ドリーム」は世界の資源の独占を通してしか可能にならないからである。アメリカのモバイル・ライブズが最初にこの「ドリーム」に到達したのだといえる。さらにいえば，世界の資源は，たとえば石油のようにいくつかのケースにおいては，高度に有限であり，この先さらに限界に近づく。モバイル・ライブズの，文字通りのグローバル化はあり得ないだろう。

　実際，気候変化や資源の制約が増加することは，崖の淵までフルスピードで爆走する「ジャガーノート（訳注：ヒンドゥー教の神を乗せた山車。止めることのできない巨大な力）」のような強力なシステムの所産なのである。バックすることはいうまでもなく，炭素排出量や気温上昇やモバイル・ライブズ資源の減少のスピードを緩めるには，社会生活の全体的再組織化と，とりわけこれらの5

第7章　せめぎ合う未来

つのシステムのギアを「バック」に入れることが必要なのである。

　しかしながら，このことは気が遠くなるほど挑戦的な作業である。なぜならば，このように強力なシステムと「ボーダレス世界」の広範な進展は，前世紀に新自由主義を通して拡大してきたものであるからだ。経済，政治，社会におけるこのリストラクチャリングの支配的形態は，経済や社会を次から次へと変容させていった。第6章で私たちがみたように，新自由主義は，私的なアントレプレナーシップ，私的な所有権，市場の規制緩和，取引感覚などの力や重要性を擁護する。新自由主義は，人びとの多様に可能な結びつきのあり方を超越して，とりわけ「市場」が価値や善の源泉であると主張する。市場の欠陥は，市場が偶発的に持っている不十分さの結果であって，その構造的な形態の結果であるとは思われていない。

　国家はしばしば，市場と経済の発展をスローダウンさせるとみられているような，数多ある既存のルールや規制や，一群の生活諸形態の「不自然な」諸力を取り除いたり，破壊したりすることの中心的役割を担う。さらに，1973年にチリで勃発したPinochetによる最初の新自由主義の試みにおいてあったように，この破壊が民主的な手続きに対する暴力と攻撃でもありうる。この1973年の事件よりこのかた，ラテンアメリカにおいて，Reaganのアメリカにおいて，Thatcherのイギリスにおいて，ポスト共産主義のロシアと東ヨーロッパにおいて，「共産主義」の中国において，ポスト-アパルトヘイトの南アフリカ，そして世界の実に多くの地域において見られるように，国家は自由市場の解決法を一点の曇りもなくならし，あまねく押し付けるためにしばしば使われてきた。この著書の中で検証している20世紀のモバイル・ライブズの発展において，新自由主義がいかに中心的役割をはたしてきたのかについて，まさに第6章でみてきた。私たちは，この21世紀における，モバイルな「生産諸力」の絶え間のない成長と拡張を掘り崩すプロセスのいくつかについて考えようと思う。

179

2　気候・エネルギー・人間

　まず，最も劇的なことを挙げれば，20世紀の資本主義は地球規模の気温の変化に帰着するだろう。前世紀中に地球の温度は0.74℃上昇した。このことは地球の大気中にある温室ガスレベルの上昇に起因することは明らかである。温室ガスは太陽光線を閉じ込める。この「温室」効果のために地球が暖められる。さらにいえば，この温室ガスレベルと世界の気温は，次の数十年の間に，もっと著しく上昇するであろう。「このままのやり方（business as usual）」が続けば，そして高炭素システムを顕著に低減させることがなければ，今世紀末までに温室ガスの蓄積は3倍になる可能性がある。スターン報告（The Stern Review）によれば，20-30年の間に平均気温が3℃から，驚くべきことには（ほとんどのアナリストがいっている6℃ではなく）10℃の間で上昇する可能性があるという。世界の消費レベルが5-20％減少することもあるかもしれない。しかし，たとえ3％の気温の上昇でも，完全に経験したことのない領域なのであり，もしそうなれば，世界中の気温のパターンや降雨，耕作，動物，そして生活に変化をもたらすだろう。

　国連気候変化に関する政府間パネル（IPCC）の報告書が1990年に明らかにした時に比べると，気候変化についての科学的証拠はより明瞭なものとなっている。地球上の大気や海水の温度が上昇していること，雪や氷が広範囲に溶け出していること，地球の平均海水のレベルが上がっていること，を広く観察した結果にもとづき，IPCCは2007年の報告書（第4次報告書）において，世界の気象における温暖化は今や「疑いがない（unequivocal）」と宣言している。この報告書はさらに，人間が生成する，あるいは人為起源の温室ガスの中で，二酸化炭素が最も重要なものであることを明らかにしている。その濃度は過去65万年に渡って確認された自然のレンジをはるかに超えるレベルである。したがって，二酸化炭素のレベルの高さやその上昇は「自然由来ではない（non-natural）」原因から生じたものなのである。地球の温暖化にはたくさんの要素があ

第7章　せめぎ合う未来

る。たとえば，北極の気温の上昇，氷山の大きさの縮小，万年雪や氷河の融解，永久凍土層の縮小，降雨量の変化，生物多様性の減少，新しい風のパターン，干ばつ，熱波，熱帯性低気圧（サイクロン），その他の異常気象現象である。

　IPCC を経て，地球を考える科学者による何千もの組織的アクションは公共の論争へとかたちを変えていった。そして，このことはさらに『デイ・アフター・トゥモロー（*The Day After Tomorrow*）』や『不都合な真実（*An Inconvenient Truth*）』や『愚かな時代（*The age of Stupid*）』を含むさまざまな映画にも反映されている。このような組織的な「科学の力」はおそらく，地球の気候変化に人びとが危機を感じ行動やイベントに結集するという意味では，他に類をみないものであった。新しく出現した気候変化の正説は，気候変化の議論の決着がついた年といわれる2005年頃には，「気候変化否定論者」を，大方，片隅に追いやった。ペンタゴンは，気候変化が地球の破滅，何百万という命を戦争や自然災害で犠牲にすることにつながり，そのことはテロリズムよりももっと大きな地球安定化に対する脅威であるという。2004年にイギリス政府の主席科学顧問である Sir David King は，気候変化が国際テロリズムの脅威よりもはるかに大きな脅威であると主張している。

　しかしながら，次の世紀におよぶ将来の気候変化の大きさや衝撃やスピードについては，いまだ不確定なものがある。温室ガスや気温の上昇の比率を予測するのに使った地球気象モデルは，Beck が「認知不能性（inability-to-know）」と呼んだような，「未知の部分（unknowns）」がきわめて多く含まれている。IPCC の報告書は，複合的な科学的，および政治的合意にいたるであろうという前提にもとづいており，したがってすべての可能性や，より不確かなフィードバックの効果まで要因として取り込んではいない。世界の気温が次の20〜30年間中増加し続けると，地球の環境システムが当初の増加を吸収できないでいるので，ほとんど確実にこの増加がさらなる気温の上昇の引き金になるだろう。このような正のフィードバックの連鎖をもたらす最大の衝撃的出来事の中にはグリーンランドの氷山の全体，ないし一部の融解がある。この融解はメキシコ湾流で起こる海流の分岐や変更など，世界規模の海と大地の気温の変化をもた

らすだろう。もう一つ起こりうる重要なフィードバックには，気候変化がシベリアの永久凍土層の最初の融解をいかにもたらしたのかが含まれる。この融解は，それに続けて最も強力な温室ガス，すなわちメタンが何十億トンも放出される引き金になるかも知れない。Lovelock が「気温上昇を相殺するほど大きな負のフィードバックはない」というように，気候変化が気候変化を生むのである。

さらに，最近の氷床コアについての研究が示すところによれば，前の氷河期，ないし間氷河期においては，地球の気温に突然かつ急速な変化が起こっている。地球は緩やかな変化にかまけることはない。急速な変化は常態であり，例外ではない。さらにいえば，前の氷河期では気温が今の気温より5℃低かっただけである。そして，北極圏における最近の気温の上昇は，フィードバックを伴って，過去30年の間に3-5℃の地域気温上昇を実際に記録している。

こうして，地球の環境システム内部における多様かつ相互に関係した変化は，Pearce が「スピードと暴力をもって」と表現しているように，累積的な破壊の勃発という悪循環を生む可能性がある。世界保健機構がはじき出したところによれば，2000年より後には，地球規模であり，世代横断的であり，世界中で高度に不平等に配分されているこの気候変化によって，毎年15万人を超える死者が生じているという。惑星は耐え抜くであろう。しかし，人間の居住のさまざまなかたち，とくに「移動の途上」であるという要素を持つものはそうはいかないかもしれない。さらにまた，気候変化は地球規模のエネルギー危機と交差している。そしてこのことは，本書の中で検証した件のモバイル・ライブズの土台をさらに掘り崩しかねないのである。

今日のグローバルな経済と社会は，数多くの点で有り余る低価格の石油に深く依存し，また埋め込まれている。工業の，農業の，商業の，家庭の，そして移動のシステムはほとんど「黒いゴールド」の豊富な供給によって構築されている。Homer-Dixon は次のように書き留めている。

「実際上石油は……国内の，ないし世界の……人びと，物，食料，そし

第7章 せめぎ合う未来

て製品のあらゆる移動の動力源となっている。」

　石油は，輸送に使うエネルギーの少なくとも95％を供給している。石油は驚くほど多用途で使いやすく，20世紀を通して比較的安かった。ゆえに（石油への）「壮大な依存（Great Addiction）」はそのままである。石油は事実上何をするのにも不可欠であり，とくにこの惑星上のあらゆる移動に不可欠である。アメリカがまさに飛び抜けて高エネルギー供給社会であり，かつ高エネルギー消費社会であることから分かるように，このような石油ベースのインフラは20世紀の現象だったのである。

　しかし，1956年における Hubbert の予言でよく知られたように，1970年までにはアメリカでは石油供給のピークが訪れていた。今やアメリカは自分たちが使う石油の60％を輸入し，それが2030年までには75％まで上昇するという。世界的にみても，最も大きな油田は半世紀以上前に発見されたものであるし，石油の発見のピークは1960年代の半ばだったのである。1970年代以来大きな新しい油田の発見はない。2つを除いて世界の100大油田は1970年以前から存在している。Strahan は「石油に頼る人間の絶滅の危機（imminent extinction of petroleum man）」に言及する中で，現在発見されている石油の量に対して，すでに4分の3は消費され尽くしているという。石油産業は，壮大な争奪戦を繰り広げながら，恐らくはもうピークにさしかかっている。かつて，一つの油田がピークを終えた時に，産出量の減少を示すあからさまな数字が発表されたことがあるが，今やほとんどの油田で同様なことが起こっているのである。日産8,600万バレルの産出量を大きく超えるまで生産を上げることは難しいだろうと，多くの批評家は考えている。

　シェルの前役員であった Jeremy Leggett は「石油の帝国」のことを，ほとんどの国民国家よりももっと強力な利権集団であり，「疑いなく，この惑星の最も強力な利権集団である」と書いている。これらの私企業や国家事業は，合法，非合法，さまざまな手段を通して，自分たちの保有物の大きさを誇大報告してきた。このことは，地球上の石油のピークは，他の批評家がいう以上に，

遠く過ぎ去ったということを指し示している。実際，ほとんどの油田に残されている石油を採取するために，今や次第により多くのエネルギーが必要となってきている。

　さらにまた，石油帝国の権力は，グローバルな石油の権益によって激しく突き動かされた多くの高消費国家の外交政策にいたる。みずからの領海を越えて石油の入手を増やそうとするアメリカの欲望が——それは自国内の石油産出の減少の結果なのであるが——「西側」の諸国民の「自由」という名のもとに，実はみずからの家庭のエアコンを動かすために，中東の石油利権を服従させようとしているのだ，という説もある。

　ほぼ確実にエネルギーは，長い期間のグローバルな不況を伴いつつ，段々高くつくものになり，また，次第にその不足もしばしば起こるようになるだろう。とくに，世界の人口の規模の拡大が続き，その中で水をも含むほとんどあらゆるものを動かすのに石油が際限なく消費され，また，ほとんどすべての工業生産や農業生産過程に使用され，さらに現在の，ないし将来の都市化の異常な数値が続けば，この事態はなおさらである。「惰性でこのまま」使い続ければ，2050年までに地球の産業生産は 2 倍の量の石油を必要とするだろうと専門家はいう。世界に広がったこのシステムに燃料を供給するほど石油は十分には存在しないのである。産油国の多くで起こっている地政学的不安定性は，同時に石油の供給量の振幅と不安定さの増加と，将来に渡るエネルギーの安全確保に対する疑念をもたらしている。比較的小さな供給の増減でさえ，石油価格の急上昇に結びつくこともあれば，また石油価格の低下に対する，賛成派と反対派の対立を生むこともある。

　石油が簡単に手に入る時代というのは1859年に石油が発見されてから，恐らく今世紀の前葉に消滅するまでの間に起こったことである。全般的に，James Kunstler は，このような石油がピークを迎えることがシステムに及ぼす影響について次のように考察している。

　　「最盛期を迎えそしてそれがちょうど終わった時に，社会的な，経済的

第7章　せめぎ合う未来

な，政治的な，あらゆる種類のシステム上の失敗に向かう壮大な潜在的可能性が生じる。最盛期はまさに文字通り転換点なのである。最盛期を過ぎると物事は破綻し，中心は保たれなくなる。最盛期を過ぎると文明の未来についてのあらゆる賭は無に帰すものとなる。」[35]

　決定的な問題は，気候変化や，とりわけ都市人口急激な増加等，巨大な変化を潜在的に有する時代に，「エネルギーの黄昏」といわれるものを，世界中の諸社会がいかにやり過ごすのかということである。世界の都市人口が農村人口を超えた「転換日」，2007年5月23日に世界が都市になったのである。[36]さらに都市は，一見して人口のゆりかごとなった途端，巨大な格差，環境悪化，そして少なくとも10億人の人びとにとっての「グローバル・スラム」を生み出す。[37]これらの都市は劣悪なレベルの公共交通しかなく，そこに数多くのクルマが使われる死の場所なのである。その結果起こることは，多くはクルマをまったく持ったことがない100万の人びとが第三世界の諸都市で毎年，交通事故によって路上で死ぬ，「純然たる大殺戮」といったものである。[38]そして，このような都市を基盤とした人口は農村の人口よりも，石油やその他高価なエネルギーを遙かに多く使っている。前述の都市のスラムの生成を促したのは，10年で約9億人にも及ぶ世界人口の増加といった，かつて記録したことのない最も大きな絶対的増加なのである。[39]世界人口は2050年までに，91億人に到達すると予測されている。この予測は，地球温暖化や石油のピーク（アウト）や，それによって起こる戦争ないし疫病の流行が，死亡率の増加やグローバリゼーションの規模の縮小をもたらし，そのことが人口の増加に大きく干渉するようにはならないということが条件ではあるが。

　以上のように，複合的で相互に関係を持った甚大な結末が考えられるのであるが，このような結末は「不公平な気候」のために，南半球において，そして女性と子どもにとって，より苛酷なものとなる。[40]

- 「破綻国家（failed states）」や（2005年後半のニューオーリンズのような）「破

資料7-1　プラハ国際空港の Travelex（両替カウンター）の列。

綻都市国家」の数の増加と規模の増大

　国家は石油の不足や干ばつや熱波や極端な気象現象，水害，砂漠化，高度に移動する疫病，そして2億人にも上る環境難民の強いられた移動に対処できないことが多い。[41]税の支払いを故意に避けたり，免れたりするタックス・ヘイブンが蔓延していることから，最近は税収が減少しているにもかかわらず，国家は以上のような問題にも対処しなければならない。

- 海面の上昇や嵐の襲来

　これらは，とりわけグローバル運輸，海運の中心である湾岸エリアにある道路，鉄道，輸送システム，空港の滑走路の洪水の原因となるだろう。このことはまた，豊かな北から来た訪問者の持続的な移動という面においても問題となるだろう。初期に起こった例として，海面に浸食されようとしているモルジブがあるだろう。モルジブでは「新しい故郷」

を探し求めて既に何らかの準備が行われている[42]。
- 清潔で使用可能な水の供給に対する不安の増加

　増大する人口，とりわけ炭素ベースのシステムを使い，外部から食べ物や水を買うことと運ぶことの両方を強いられる巨大都市へとまさに移動してきた人びとを中心とした，増え続ける人口が生む膨大な需要が存在する。2.1℃という地球規模の気温の上昇があれば，30億人もの人びとを水不足に晒すことになるだろう[43]。現在，「生態学的な水のピーク」に言及しつつ，地球上の水の0.007％しか人類の使用に向かないという批評家もいる[44]。

- 食物の安全に関して増加する重要な問題

　多くの食品産業は，種を蒔き作物を保存し，収穫して加工し，市場へ輸送するのに炭化水素燃料に依存する。これには，一部の食品生産，販売のプロセスが，異常に離れた場所を横断して行われるフード・マイル（food miles）のために起こることも含まれている[45]。石油不足が進展すると，「食物が私たちの人口の大半の手に届かなくなるほど高価になる可能性がある。飢餓が，あなた自身の近隣も含めて世界の隅々まで，ありふれたものになるかもしれない」[46]。（今カタールで起こっているように）食物の安全を確保するために，「豊かな」社会が「貧しい」社会の土地を買い占めるという傾向に対する不満ばかりでなく，水害や砂漠化や全般的な経費の上昇といった食物についての多くの不満がある。

- 世界中の生活基準における重大な低下

　エネルギー消費と効率の上昇が世界中の収入と富の増加の主な源泉となってきた。石油は高炭素のアメリカ経済と社会の発展の奥に埋め込まれるようになった。石油が世界を回したのである。しかし，エネルギーの低減と気候変化の効果によって，世界の消費レベルと収入は恐らく低下するだろう。こういった時には過去半世紀に渡って毎回，石油価格の上昇が起こっているのである。そうなれば，激しい「脱グローバル化」があることも考えられる。石油生産がピークを越えた時，世界経済と社

会の大きさや実効性も同様にピークを越えるであろう[47]。Leahy は，21世紀に利用可能なエネルギー源について論評した後，「生産と消費に思い切った削減がない限り，決してこの先はない。エネルギーに関する限り，削減は無限に続けなければならない」と主張する[48]（しかしながら，太陽エネルギーやニューエネルギーが異なった結果を生み出すかどうかについては，次に考察する）。

これらのプロセスは20世紀の高炭素社会の存続を掘り崩す。このような高炭素の生活形態は継続することができない。すなわち，前世紀の圧倒的な遺産である炭素の傲慢に終焉がやって来るだろう。その終焉を演じさせる諸部分は，思ったよりも早く，最初は比較的貧しい場所で，その後はその多くの効果を伴って，他のどこにでも起こるだろう。高炭素経済や社会には「地球の」リスクがあるために，そのリスクの行く末は特定の場所に限定されることはなく，地球の大部分に浸透する。Beck によれば，そのような地球のリスクは，空間的に，時間的に，そして社会的に，非局在化を伴う。そしてそれは計測不能な，そして補償不能なものなのである[49]。

3 未　　来

ここまで私たちは，20世紀の資本主義がその最も顕著な矛盾をいかに生成してきたのかについてみてきた。浸透し，移動し，そして見境なく広がる商品化はまったく前例のないレベルのエネルギー生産と消費を伴っており，その暗黒の異物から私たちは報いを受け始めている。この矛盾は，資本主義自身がみずからの墓堀人へと転化するように，資本主義を構成している諸システムの多くが幅広く反転へといたるであろう。「カーボン・シフト」は避けられないのである。21世紀になって資本主義は，前例のない高炭素の20世紀中にかけた魔法によってみずからが呼び覚ました力をコントロールできていないように思われる。そしてこのことは，新自由主義の時代にグローバルな浪費のピークを迎え

第7章 せめぎ合う未来

たのである。それでは未来に何があるというのか。もし大きなカーボン・シフトがあるとしたら，今世紀の半ばに私たちはどんな世界を期待できるのか。そしてそれは，20世紀の遺物である高炭素社会を反転させる運動を伴うのか。私たちはどのように将来に期待すべきなのか。将来の歴史学者は次の20-30年間のことをどのように述べるだろうか。この期間は気候変化の時代として，あるいはさらにおそらく〈移動〉文明の時代の終わりとして知られるようになるのだろうか。

　私たちは今，2050年頃までに存在しうる未来の社会についてさまざまなシナリオを考えている。私たちは可能な（possible）未来と，ありそうな（probable）未来と，望まれる（preferable）未来とを区別する。その最後の一つ，望まれる未来は可能な未来でもなければ，ましてや，ありそうな未来でもない。また，望まれる未来でさえ，世界中に多くの勝者と敗者を伴うだろう。さらに，一つの群の目的を達成することが他の群の目的を達成することにはならない。したがって，一般的なレベルでどのような未来が望まれるのか，さらにどのようにしたら適切にそれを実現できるのか，これらを明らかにすることが仮に可能であるとしても，ここでの選択は非常に錯綜したものになる。

　本章で展開する4つのシナリオは，シナリオ構築の専門家を使いイギリス政府が準備した将来構想計画から持ってきたもの（幾分異なってはいるが）である。今世紀の半ばに向けて考えられた他のさまざまなシナリオもまた参考にした。私たちはこれらを公平に広く選び出したのであるが，未来のパターンが社会内において，またとくに社会横断的に，非常に不均等に展開されようとしていることは明らかである。それぞれのシナリオは前の章で述べたモバイル・ライブズの将来に対してきわめて個別の含意を持っている。またそれだけではなく，未来構想の多くは，予測どおりに展開されてきたわけではないことを認めなければならない。「実現しなかった技術の未来」も数多くある。したがって，私たちができることは，オルタナティヴな未来のシナリオをいくつか図示してみせることである。

4　果てしない移動

　最初のシナリオはハイパー・モビリティのシナリオである。ここでは新しいコミュニケーションと輸送の実践にもとづいたモバイル・ライブズのパターンが，はなはだしいスケールで進展する。移動がより広範囲にわたり回数も多くなり，また人間が正に「役柄（persona）」の一部となっていきつつ，資源不足や気候変化の諸効果は，結果的にはほとんど重要なものではなくなる。輸送エネルギーの新しい資源（ソーラー，水素，原子力など）が，脱炭素，超高移動の未来への動力となってゆく。

　これは一つの「ハイパー」ワールドである。人びとは「常時活動中」であり，どんな人であれそこでは，昼夜をほとんど問わず，とくに「移動の途上」でメッセージが途切れなく小さなインテリジェント・デバイス上に流れる個人的なメディアも持ち，平均的な市民は1日4時間から5時間は移動に費やし，そうしながら休みなく続く移動時間の感覚を克服している。新種の燃料と乗物は空間と時間の限界を乗り越える。サンパウロに如実に表れているように（2009年における個人所有の航空機の数が世界一），個人用の航空移動は第2世代（あるいは第3世代）バイオ燃料の使用を通して一般化されるだろう。もしそうなれば，バージン・ギャラクティック社（宇宙への観光旅行を企画する会社）による宇宙への定期航空も含めて，Le Corbusier（モダン建築家）が直感した未来がすべてのものを空中に招き入れたように，クルマは大地に張りついた流行遅れのものとなるだろう。少なくとも大気圏への定期旅行は通常のものとなるだろう。[52]最後のフロンティアは宇宙旅行の私事化を伴って，実際に征服されるだろう。そして宇宙旅行に関するアイデアの長期間の衰退は，多種多様「ロケットドリーム」の実現とともに終わり，事態は衰退とは逆方向に向かうであろう。[53]

　デバイスはグローバルな無線ネットワークで消費者とダイレクトにつながるだろう。ライフスタイルと小売において「常時活動中」でつながっていることのアドバンテージは明らかである。このようなデバイスは「個体ベース」のテ

クノロジーを使いリターンを最大にするために異なる資産の間で自動的に資金を切り替え，個人のファイナンスを管理する。また，人びとは取り決めをし，さらに互換性を持てるように選んだ他者と友情や約束さえ取り結ぶ。より一般的にいえば，他者の動きを通して，すなわち小型化したコミュニケーションデバイスのより広範囲な発達を通して，また，あるデバイスは埋め込まれ，スマートコネクションや友情や実際の取り決めの情報源となることによって，人びとは「離れたつながり」の生活の中に入ることを強いられる。

　また，広範囲にわたるテレプレゼンス技術もある。それには，テレビ会議技術，および異なる地理的地域を横断して，三次元で高速な流動的相互行為を創り出す技術の両方がある。ソフトウェアは，いくつかのカメラ各々の位置データと指し示す方向を統合することによって，カメラが供給する情報を自動的に縫合する。

　さらにいえば，旅行をし，他の社会の人びとと離れたつながりを持つことは，強いられた移民や亡命者を除いて，優位な地位を誇る形態である。電子的なコミュニケーションは身体を使った旅行を代替するものではなく，その効果を強化するものである。このようなコミュニケーションはグローバルな現象であり，一つの社会に生きる人びとが重要な他者たちと，この果てしない移動に従事することは，なんとも止め難い。もしそうできたとしても，このような縮小撤退は，経済的および社会的福利をいずれ減じることにつながるだろう。生活を「スクリーン上」で送ることは，場所と時間を共有した人間のネットワークの中で他者と一緒に過ごすことほど，なおもって魅力的とはいえないのである。

　高度につながった世界においては，社会的な生活と仕事は猛烈であり，それらの間の境界は次第に曖昧になっている。ばたばたと忙しい活動で結果的に成功する者もいるが，早期のバーンアウトが通常であり，ほとんどの者にとってストレスが生活習慣になっている。低賃金サービス産業労働者でさえ「いつでも求めに応じられる」状態に慣れきっているために，休日はもはや息抜きではない。ストレスが国家の収入の大きな割合に相当するといくつかの評価報告が示しているように，間違いなくそれは，重大な新しい問題なのである。

私たちがこれまで議論したことを前提とすれば，このシナリオは明らかにありそうにない（not probable）。しかしながら，エネルギーコストや利用可能性を劇的に変えるような「テクノロジーによる解決」が起こらないとも限らない。もうしそうなれば，それは何らかの方法で，マスの移動が，とりわけ地表から浮遊したかたちでつくり出され，さらに，多少なりとも多元的な無料のコミュニケーションが構築されるだろう。このことは，どこか別のところで未来の「スタートレック版」として書かれてある。そして，もうそうなれば，それによって90億人の地球人口は支えられるかもしれない[54]。だがしかし，このシナリオはある人たちに対してはより好ましくないものとなる，と考える者も多いだろう。このようなハイレベルな移動にもとづく社会は，ネットワーク資本へのアクセスが社会的不平等を生み出す源泉となるため，今よりもっと不平等なものとなるからである。

5　ローカル・サスティナビリティ

　2番目のシナリオは，多くの環境主義者が主張しているもの，すなわち「ローカル・サスティナビリティ」をめぐる経済と社会の世界的再編成である。この Schumacher のモデルは，自己依存（またおそらく準孤立）コミュニティのネットワークを伴い，そこで人びとは住まい，働き，そしてほとんどは英気を養う。このエコ共同体主義は以下のようなものである。

　　「それは新しい持続可能性のパラダイムから出現するだろう。それは強力なコンセンサスが，地域主義や多様性や自治に向けて立ち上がって来ることが条件であるが……もしそうなれば，エコ共同体主義が『崩壊』からの回復の中で出現するかもしれない。人口減少と近代の社会制度への決別という条件のもとで，諸社会のネットワークが，『小さいことはいいことだ（small-is-beautiful）』という哲学に導かれて，恐らくは立ち上がって来るだろう。」[55]

第7章 せめぎ合う未来

　もしそうなれば，それは，きわめてローカルで小規模なライフスタイルへと向かう劇的でグローバルな変化を必ず伴うであろう。友人は近隣の町内から選ばれ，家族は新しい世帯構成に応じて離れるなどということはしないだろう。仕事は近くで探し，教育も近くの学校や大学から選ぶだろう。また，どの食料品をいつ消費するのかは季節が決定するだろう。そしてほとんどの商品やサービスはもっとシンプルでもっと近くで生産されるものになるだろう。実際，そのような「コンパクト・シティ」から離れて住んだり，子どもを育てたりすることは格好悪いことになりつつある（20世紀の半ばに郊外の生活が格好良かったことと少し似ている）。身分の帰属は再びローカルなものとなるであろう。このシナリオでは，知り合いはほとんど近くに住んでいて，歩いて会いに行ける者たちの中から選ばれ，遠距離の移動や遠距離の人間関係がなくなったことによって却って平穏が保たれるといったような，新しい種類の「友情」に依るものとなる。長距離の旅行はまれなものになり，生活は再び「近隣」のなかで組織化されるようになるだろう。

　以上のような地域主義を容易にするには，このような新しい地域「共同体」のための広大な建物が必要となるだろう。プランナー，政治家，そして市民が，都市と農村の中核の再設計，すなわち地域のアクセスとハイレベルな設備に主眼をおいた近隣と移動システムの再設計に共同で取りかかるだろう。このようなコンパクト・シティの建設を可能にするには，独特な新しい材料と技術が必要となるだろう。実際，このようなコンパクトな場所を開発するには，個人化した移動を助けるさまざまな脱クルマ的手段に投資すると同時に開発する法人，ないし民間 - 共同体，公共 - 共同体的を結ぶパートナーシップがおそらく必要となろう。

　このことは，劇的に減少する安価なエネルギーの利用可能性や，何が利用可能なのかをめぐり高まる地球規模の論争に対する一定の回答なのかもしれない。たとえば，アメリカ経済の崩壊が引き金になった強烈な経済のメルトダウン（株や通貨の大暴落）が，このような地域環境の持続可能性を地球規模で推し進める前兆となるかもしれない。あるいはまた，そのような変化は気候変化や環

境破壊が起因となるかもしれないし，またそのことが社会的葛藤を引き起こすかもしれない。もし，これらの地理-社会的な崩壊が決定的なものならば，このことは特権を持つ消費主義者，およびとりわけモバイルなライフスタイルに対する社会的な幻滅を次第にもたらすだろう。地球規模の危機を通して，コミュニティやエコ-責任の価値は，消費主義や競争や慎みを欠いたモビリティよりも，もっと価値のあるものとみなされるようになるだろう。

人間関係におけるこのような「収縮」は却って，再活性化をめざし，協同性へと向かうコミュニティベースの社会関係を作るチャンスへと開かれるだろう。James Kunstler は，「21世紀は，他の場所に行くことよりも，そのまま動かずにいる方がずっと多くなるだろう」と予言している。極端な石油のポストピーク・シナリオでは，クルマに乗ることは恐らく，贅沢とみられるかもしれない。石油不足のために運転ができないという人たちの間で巻き起こった怒りが，クルマの打ち壊しや，クルマの運転手への暴力へとつながるかもしれない。Kunstler は，将来的には広範囲に渡るスケールの縮小およびサイズの縮小，そして豊かな北の人びとのライフスタイルにおける再ローカル化と激しい再編成があるだろうと主張する。彼は次のように述べる。

「とにもかくにも，人はこう想像するかもしれない。21世紀半ばの交通機関の様相は，私たちが，過去50年の間楽しんだ移動の祭り騒ぎとは非常に異なったものになるだろう。それは禁欲に染められたものとなり，旅行や輸送におけるほとんどどの点に関しても，事業規模の縮小の方向へと引き戻されることになるだろう。このことによって，私たちは自分たちの目の前にある環境を大切にせざるを得なくなるだろう。」

このシナリオでは，クルマ社会のシステムが広範囲で輸送と移動のローカルな形態に，部分的にでも置き換わるということがあるだろう。長距離の移動は，石油と資源の不足のために一般的ではなくなるだろう。生活の多くの形態は地域に集中し，濃縮したものになる。多くの移動が地域的なものになるために，

第 7 章　せめぎ合う未来

歩行や自転車の他多くの低炭素の輸送形態が，リサイクルされた沢山の乗り物や部品を取り入れながら，自動車化した形態と並んで，新しく見直される。

　しかしながら，このローカルな持続可能性のシナリオは，「可能（possible）」だがありそうではない（not probable）。このシナリオには，激しい人口減少とともに，20世紀のほとんどすべてのシステムの巨大な反転が必要なのである。そうなれば，経済活動における莫大なリストラ（再構築），そして経済や財政や社会生活における脱グローバリゼーションがなければならないだろう。そこでは，「暮らしのスタンダード」として習慣的に基準となってきたものは大規模に格下げされ，その代わりに「地球幸福度指数」に置き換えられるといったことがあるだろう。それはちょうど，2009年にコスタリカがこの「地球幸福度指数」でトップに躍り出たようなことが起こることである。

　こういったことが現実となるために必要と思われるすべての事象を見渡すことは難しい。もし気候変化やオイルピーク（石油のピークアウト）の諸効果が圧倒的に重大で，新しい「災難」を生み出すものならば，つぎに挙げるシナリオはローカルな持続可能性よりも，もっとありそう（probable）であり，しかし同時に，非常に望まれない（less preferable）ものである。

6　地域軍閥主義

　予想できる一つのシナリオは「部族間取引」，すなわち私たちが「地域軍閥主義」と呼んでいるものである。このシナリオは，もう一つの報告の中で「野蛮化（barbarization）」として描き出したものに似ている。ここでは，それは「社会生態学上のシステムが，物質的な快適さが急速に衰えてゆく世界に向けて，また文明の社会的および倫理的土台の腐食に向けて舵を切る」ことである。

　この「野蛮な」気候変化の未来においては，石油や，ガスや，水の不足，および断続的な戦争によって，世界を席巻し，20世紀におけるアンビバレントな遺物である，移動とエネルギーとコミュニケーションの連結が本質的に崩壊してゆく。このようになれば，生活水準は下降してゆき，移動のパターンは再

ローカル化してゆき，移動と兵器類の再利用の手順をコントロールしている地域の「軍閥」が次第に重要視され，国家やグローバルな統治の形態は相対的に弱体化してゆくだろう。国民国家の手の内にある物理的な強制力の独占はなくなるだろう。

　インフラのシステムは崩壊し，異なる地方や「部族」の間で分裂が増加するであろう。自転車やクルマや電話のシステムを地域的にリサイクルすることが増え，修理のシステムは消滅するだろう。それらは動かないことが多くなるだろう。クルマやトラックは砂漠の中に錆びついたまま放置され，あるいは洪水で洗い流されるだろう。石油やその他の資源の使用が減退し，世界全体の人口が押し下げられるので，気候変化の帰結は一定程度，部分的にそれ自身のあり方を変えてゆくかもしれない。ここにはポスト石油ローカリズムが存在する。

　長い距離を安全に移動するシステムは，スーパーリッチ向けを除いて消えてゆくであろう。消えないまでも，中世のように，長距離の旅行は極端にリスキーであり，おそらくは人びとが武装しなければできないものになるだろう。金持ちは武装したヘリコプターや軽飛行機で主に空を旅するようになるだろう。軍閥が支配している地域はそれぞれ，近隣の軍閥と支配地域と，とくに水やガス争奪のために戦争状態になるだろう。洪水の拡大や異常気候現象の勃発，そして石油やガスの長距離パイプラインの破壊などがあり，資源は武装したギャングが，奪い合い，また防衛するようになるだろう。ゲートによって守られた武装キャンプ地に住むことができる人びとでさえ，その集合的機能のうちの多くが，さらなる新自由主義的民営化の対象になるため，ギャングによる争奪や防衛は避けられないだろう。

　このシナリオは，「要塞世界」として描くことができよう。地球の資源の収縮に対する一つの反応は豊かな国々が，貧しい国々からつながりを断ち，防衛された飛び地へと引きこもることであろう。このような防衛を固めた飛び地の外側には，「ワイルド・ゾーン」が次第に広がり，仮に石油や食物や水が供給されなった時には，「ワイルド・ゾーン」から金持ちと権力者ができるだけ早く脱け出ようとするだろう。このような「ワイルド・ゾーン」は，民族や部族

第7章 せめぎ合う未来

ないし宗教軍閥主義や,移民として,あるいはテロリストとして,時々セーフ・ゾーンへと再侵入する群衆のなすがままになるだろう。要塞都市とは,以下のようなものである。

　「エリートは守りを固めた飛び地へと引きこもる。その多くは歴史的に豊かな国の中にあるのだが,貧しい国の特権階級が孤立して住む居住地のなかにもある。……／要塞ではテクノロジーは保たれ……効率とリサイクリング技術が向上するため,要塞内の地域的環境汚染は低減される。汚染はまた,飛び地の外側へと輸出され,自暴自棄になった貧民たちの持続可能性のない行いや,金持ちのための資源の搾取によって引き起こされた甚だしい環境悪化は,さらに酷いものとなる。」

このシナリオには,「城壁都市」もあり,「城壁都市」は中世のそれに幾分似ており,侵略者や侵入者や疫病に対する防衛に備えるものである。

きわめて一般的にいえば,2005年9月のニューオーリンズは,このシナリオが,豊かであるが高度に不平等な「北」の主要都市にとって,どのような様相になるのかをうまく表現している。低空を飛ぶヘリコプターから撮影された映像からは,甚だしい気候現象が,移動能力も含めて貧民の経済資本やネットワーク資本の多くを洗い流してしまった時,大都市の人びとに何が起こるのかを世界に示してみせた。これらの映像は,水に浮く膨れ上がった黒人の貧民の死体が,世界中の何億もテレビ画面に映し出されながら,人口がそっくりそのままいかに「使い捨て可能」なのかを教えてくれた。ハリケーン・カトリーナはまた,ミシシッピ川のデルタ地帯に起こった地域限定の洪水の事態に対しても石油の供給が脆弱であったことを証明した。ミシシッピ地方の石油精製施設が休業に追い込まれた時に,世界の石油精製施設はすでにキャパシティいっぱいで稼働していたために生産量を上げることはできかかったので,石油不足がしばしば起こり,石油価格が上昇した。

さらにもっと苛酷なことに,地球の「南」では,すでに地球規模の気候変化

197

の経験を通して変質の兆候がすでにみられる。ガンジス川の低地にあるバングラディッシュは，地球の気候変化に最も悲惨な影響を受けた国でありながら，ほんの少ししか炭素排出量がない国である。このように新しく出現するグローバルな関係は「気候大量殺戮（genocide）」と呼ばれており，地球気候変化のリスクから逃れようと，何百万もの人々が移民せざるを得ない状況があり，このことは今まで主に貧しい「南」で経験されてきた。このシナリオにもとづく人生は不快で，残忍，そして「相対的に短く」，裕福な「北」と貧しい「南」の双方において，グローバルなスラムが巨大に拡張することが予想される。

　クルマやトラックは，いくらかは残るだろう。しかし，それらは何十年も前から引き継がれた中古改修バージョンなのである。これらの残骸を動かすために，あるいは軍事へ転用を防止するために，甚大な努力と技量の発展が必要とされる。移動に関する新しい方法はほとんど発見されない。これがポスト移動の一つのパターンである。現在の発展した社会においてクルマを使用，再利用を繰り返せば，即興的修繕屋文化が幾分か発展するであろうことが予想される。たとえばスプリームルーラー2020のような多くのテレビゲームが『マッドマックス2』のシナリオに沿ったバージョンで公開されている。よく知られているように，『マッドマックス2』は，石油不足のため市民秩序の崩壊に直面した，気が滅入るようなディストピア貧困化社会を通して未来を描き出している。とりわけ短期の逃避を含めて，新しい移動を即興で創作することができる人びとの下で権力は停止する。『マッドマックス2』の中においては，石油はまさに黒いゴールドである。これはありそう（probable）だが，望まれる（preferable）未来ではない。

7　デジタル・ネットワーク

　新自由主義のショックドクトリンの信奉者たちは，危機こそが広大な白いキャンバスを出現させ，そこに新しい生活の形態を描くことができるのだと考えている。さらに，世直しはしばしば，人びとから民主主義やその他の諸権利

第7章　せめぎ合う未来

を取り上げることによって実行される。したがって，グローバル勢力はエネルギーに対する不安や気候変化を魅力的だとみなすこともあり得るのである。この状況は，ここで取り上げる第4のシナリオを通して強引に作り出された真空状態に，「低炭素」の企業によって開発され届けられる，新しい製品やサービスを持つデジタル・ネットワークの未来を実現することができるからである。

　第4のシナリオでは，ある場所や出来事に出会うのにも，あるいは到達するのにも，新しいソフトウェアが目的を達成する最良の方法を「インテリジェント」に導き出す。仮に人びとがどうしても旅行をしたい時には，おそらく充電式の，超軽量スマートカーのレンタルシステムが，ちょうど現在パリやバルセロナで自転車を借りることができるのと同じように，できるだろう。道路は，スピードがコントロールされた小型車や乗降自由なミニバスや自転車やハイブリッド車や，そして大規模な公共輸送システムとシームレスに統合された歩行者で溢れるだろう。「スマート・カード」がアクセスをコントロールし，すべての形態の移動の支払いに対応する。

　こうして，私たちは個人の乗物が，一連の個別の乗物ではなく，統合された一つのネットワーク・システムを展開するための「スマート」なインフラと結びつく，ある転換点に近づいているのかもしれない。このことは，クルマの世紀の間中そうであったように，個人の乗物が個別の「鉄の檻」としてではなく，一つのシステムとして再編成されるという大転換を意味しているのである。街頭とクルマに埋め込まれた電子制御装置がアクセスを制御し，料金を調査し，クルマのスピードをコントロールする。そのようなクルマには自動運転のものもあるだろう。クルマの動きは電子的に，および物理的に他の移動の形態に統合されるであろう。一つの未来のシナリオでは「乗客が，異なる輸送手段のモードや異なるネットワーク・レベルの間でスイッチをいちいち切り替える面倒から解放され，旅行中ずっと心地よくいられることができるようなパーソナル・マルチモーダル・ポッド」について書かれている。[70]自転車やハイブリッド車や歩行者，そしてマス輸送の上に混ざり合うかたちで，これらの低速の小型車が大挙して出現する。これらは物理的なアクセスおよびバーチャルなアクセ

スの中に統合される。自動車化した輸送と非 – 自動車化した輸送の間の，また多くの異なる方法で「移動の途上」にあるものの間の，電子的な連携がもたらされるだろう。このシナリオは公的に所有され，管理され，時刻表化された路線バスや列車や長距離バスや船の支配への回帰を含むようなものにはならないだろう。この公共移動のモデルは，クルマのシステムゆえにすでにうしなわれたものである。クルマのシステムはパーソナルな乗物としての個人的な融通性や快適さや安全性を求め，生み出されたからである。このシナリオには，情報，支払システムと物理的なアクセスを通して，パーソナルな乗物と集合的な輸送の形態とを統合するということがらが含まれている。

　このことと同時に，より高密度の生活のパターンや統合された土地利用によって，近隣は「近さによるアクセス」を育むように再設計されるであろう。人びとは共在性を最高度に高めるような高密度ではるかに統合された都市のエリアに住むであろう。このような再設計は，互いのネットワークが重なり合い，異なる市民グループのための「集合場所」が数多くできるために，人びとを互いに出会うように「強いる」だろう。

　このシナリオは，通貨によって計上され，監視され，個人別に計測され，それによって物理的移動や他の消費形態を高度に拘束するような，炭素割当量についての一定の概念を必然的に伴うだろう。移動が発生したところではどこでも，その時点で，その金額から，あるいは必要から，あるいはある種の割当量から，制約の対象となるだろう。航空機による旅行，および宇宙旅行は必然的に，これまでみられた中で最も厳しく制約がかかる輸送形態となることは明らかである。[71]

　このような旅行は，多くの場合ヴァーチャルな旅行へと置き換わるだろう。これらの形態のヴァーチャル・アクセスは，他者と物理的に共在する時の特徴を数多く効果的にシミュレートできるよう開発されるだろう。この初期のバージョンがテレビ会議のヘイロー（Halo）システムであり，それは重役用会議室の様子をシミュレートしている。そのウェブサイトでは次のような約束が載せられている。「傑出したオーディオ・システムを持ち，もたつかず，等身大で

リアルタイム，目を見て語り合う会議システム。ヘイローは同じ部屋に一緒にいる感覚を提供します。すばらしいことに，会議はホールの，まさにそこで行われているのです」[72]。遠隔浸透 (tele-immersion) する環境は，楽しみや，とりわけ対面的な相互作用の複雑さをシミュレートできるようになるかもしれない。このシステムでは，異なった場所にいるユーザーが，あたかも同じ物理的空間にいるかのように共有され，シミュレートされた環境の中で，協働することを可能にする。コンピュータは，存在および個人や物体の動きを認識し，それらのイメージを捕らえ，そしてその後そのイメージを，諸個人が相互行為をすることができるような，リアルで多面的な，地理的に分散した没入型の環境へと投入させるのである[73]。

このようなヴァーチャルな環境のことはさておき，このシナリオは，データマイニング・ソフト，生体認証セキュリティ，統合されたデジタル・データベース，環境や動いている乗物の中におけるデジタル処理の埋め込み，CCTVカメラ，物や人間を跡づけるための RFID（訳注：データをタグに埋め込む，あるいはそれを読み取る自動認識システム）の植え込み，道路空間の位置を定めるための自動化されたソフトウェア・システム，ルート，料金，アクセス，乗物のスピードを決定するスマート・コードのスペース，そして乗物が自動でナビゲートすることを可能にするセンサーや処理装置など，さまざまなデジタル技術を前提としている[74]。

このシナリオは，物理的な移動の機会を極度に抑制するであろう。このシステムの構成要素は現在でも適所に存在し，明確に可能な未来シナリオなのである。しかしながら，もし私たちが2050年から過去をふり返り，実現するよう働きかけるべき事柄とは何かについてよく考えた時に，多大な複雑性がいくつか浮かび上がってくる。

第1に，このシナリオの転換点は既存の会社や産業や習慣や経済における直線的な変化から読み取ろうとするべきではない。それは，ちょうどインターネットや携帯電話が「どこにもないところ」から来たのと同じである。だから，ここに転換点があるとしたら，それは予言できないかたちで出現する。おそら

くそれは，現在輸送産業の中心ではないような一群のテクノロジーや企業や政府から発展するだろう。脱クルマのシステムは，まず非常に濃密な情報の往来がある小さな社会や都市国家の革新的なマーケット・リレーションと予期せぬ破壊的なイノベーションをも育む文化があるところで出現することが，最もありそうである。

第2に，「ハードのテクノロジー」に関しては，豊かな北の都市部においてはこの2,3年のうちにみられるようになるかもしれないが，実際にこのようなインフラを満たすのは大変お金がかかることなのである。ともかく，気候変化や財政危機のために増加する資源の使用を抑制しようとしている時には，たとえ典型的ないくつかの都市ではそのようなモデル（シンガポールのような都市）が，発展可能なものであるとしても，それを地球規模で実行するにはコストが大きすぎて現実的ではない。これは発展した「第一世界」の解決法なのである。第一世界でさえも，このモデルを作動させるのには大きな困難があるのだが。当然，貧しい南の勃興しつつある巨大都市においてこのようなシステムを発展させるにはまったく莫大な資金が要る。私企業からの巨大な投資と豊かな北から貧しい南への大量の「援助」が必要となるであろう。しかし，それがなされた時でさえ，ジェヴォンズのパラドクスが邪魔をする。それはすなわち，低炭素のクルマのように機械が発展してより効率的になればなるほど，より多く彼らは使い，したがって，結果的にはエネルギーは節約できないというものである。ジェヴォンズのパラドクスを相殺するためには，かなり厳しい配当制度が必要であることは，ほぼ確実である。

第3に，これらのデジタルの発展は市民的自由を脅かす側面もある。これらは個人の人間としての本質を変形する。すでに，多くの国では各々の人間の「私的」な情報を伴う異なったデータベースを統合することが進んでいる。このことがさらに広がると，その情報は，私的な乗物と公的な交通輸送によって捕捉された各々の私的な移動のデータと結びつけられるだろう（現在のロンドンのオイスターカード〔訳注：ロンドン市内の交通機関で共通に使えるICカード〕のように）。このことは，記録されずに，そして当人について記された他の情報

と連結されずに，歩いたり，運転したり，移動したりする「自由」を著しく制限するだろう。人間の動きと他の動きは記録され，分類されるようになる。しかしながら，とりわけ「民主的」な社会，および国家に「信頼」があまりない社会では，「スマートな処理技術」が「自由」の名のもとで覇権を争い合うだろう。セキュリティや人口管理をめぐる別の葛藤が数多くある時には，このような争奪戦はこのシナリオをより悲惨な戦いにするだろう。このシナリオでは，**人間的**生活の未来は，転換点を越え，各々の自己の「デジタル化」とマルチ・データベースの統合（中国が金盾と呼ぶもの〔訳注：中国が現在実施している情報検閲システム〕）に向かう道のあり方次第になりそうである。このような探知と追跡のシステムは，社会生活の細かい機構や移動の自由，そしてライフスタイルにまで，顕著な変化をもたらす。

　この駆け引きは，私たちが自己と社会のデジタルな「Orwell 化」と呼ぶものを伴っており，そこではデジタルの追跡と探知なしには，多少なりとも移動はあり得ず，デジタル・ネットワークの向こう側も外側も合法的にはありえない。もし，各々の個人の炭素配当量が探知され，それが各々個人の資産や地位を公的に量るように機能するような技術を伴う数々の発展が同時に起これば，このシナリオはクルマ社会を（そして他のエネルギーシステムも）制御するかもしれない。

　この転換を達成するには，個人の自由を確実に守らなければならないと世界中に向けて固く決意する傑出した政治的リーダーシップが必要となるだろう。個人の自由を大幅に縮減することなしに，炭素放出率を劇的にスローダウンさせるような未来を作り上げるといった，非常に厳しい経済的，社会的，政治的な複雑性を，諸国家が認識しているという兆候はこれまでのところ存在しない。そして，大きな私的セクターの諸企業が新しい「セキュリティ製品」を考案する傍らで，反自由主義的なセキュリティが蔓延する未来がなぜ実現しそうなのか，その理由は数多く存在するのである。

　気候変化と限られたエネルギー供給に起因する脅威はあまりにも明白になろうとしているので，この種の制御システムを実行する以外に何かそれに代わる

ものがあるようにはみえない。気候変化の衝撃によって，諸社会はこのようなデジタル・ネットワークと脱クルマの未来へと入らざるを得なくなるだろう。どうあろうとも，この世紀の初期の何年かで広がった，人間の生活における全世界的な「セキュリティ化」によって，このような自由は恐ろしく縮減してきている。ポスト9.11の風潮の中で，そして巧みに調整された「テロとの戦争」の真只中で，数多くの押しつけがましいテクノロジーが導入されようとしている。そのことは，イギリス政府の情報局の長官自身が，イギリスの人びとは監視社会のなかで生きている，と平然というほどである。しかし，もしそうであるとしても，そのような監視は，気候変化に「勝つ」ために使われるべきであり，必ずしもこのように窮屈なデジタル移動の未来の導入を競うためのものではないということが，おそらく人びとの結論であろう。

8 複合的な未来

以上のように，21世紀の半ばの時代に向けた4つのシナリオがある。これらはCorbusier型，Schumacher型，Hobbes型，そしてOrwell型のシナリオとして描き出すことができる。これらのシナリオにはどれ一つとして，人間的生活，民主主義，および社会的生活に対する甚大なコストがかからないものはない。単純に望ましい思われるものはなく，また，明らかに一番そのような発展をみそうだというものもない。したがって，モバイル・ライブズがこのまま生き延びるのか，あるいは生き延びるとしたらどの程度まで生き延びるのかは，高度に錯綜している。このせめぎ合う一群の代替案の根拠は20世紀という時代である。前例のないエネルギー生産と消費を行ったこの世紀は将来の世代にほとんど注意を払わなかった。モビリティに関するメッセージは「ドライブして，飛行機で飛ぶのは今だ！」であって，未来は勝手にしろ！であった。今私たちは，未来は自分で面倒をみないことを知っている。そして実際に，クルマや飛行機に乗る回数の多い人たちは間もなく，これらのシナリオのどれが実現するようになるかどうかに身をゆだねることになるだろう。

第7章 せめぎ合う未来

　どのシナリオがより起こりそうなのかを決定する要因は，次の数十年間における世界経済と経済思想の性格と本性にある。経済学者が経済成長の外部不経済と呼んでいるものに対して，新自由主義がいかに，市場と私的セクターだけで解決策を作り上げるべきだと奨励しているのか既に強調しておいた。新自由主義者の中には，特別の方策や何らかの支援奨励案もなしに，単純に市場に解決を期待する者もいる。近年のバイオ燃料の増加は，石油のピークアウトやその劇的な価格の上昇，および温室ガスの放出に対抗して新自由主義者が好んで打ち出す市場による解決の類いの好例である。新自由主義がこの先もずっと，気候変化を解決するために，成功の見込みのない経済や社会のアジェンダを設定し続けることは，ありそうである。このことはまた，20世紀の諸闘争の中で，決まって有利に働いていた石油などの企業の利害に，新自由主義の時代における諸国家が大いに恩恵を受けているからでもある。

　しかし，このことは確実ではなく，ありそうなことでしかない。気候変化やピークオイル〔訳注：石油のピークアウト〕の結果壊滅的な出来事が起こり，そのことが新自由主義の劇的な修正ないし拒絶へといたらしめるという旨の結末へと転じることもあり得る。結局は，Nicholas Stern が書いているように，「気候変化は……最も大きな，そして最も幅広い市場の失敗である[78]」。とりわけ1990年頃から続く個人的利益の私的追求が資本主義の失敗の危機へといたるような地球規模の集合的所産をもたらしたことを，気候変化は示している。私的市場は市場経済のまさにその諸条件を破壊しているように思われる。現在の資本主義の中心で生起しつつある矛盾が存在し，繰り広げられる破局が，経済や政治の思想および実践を新自由主義の正統から違う方向へと少しずらしてゆくかも知れない。

　新自由主義の強さの一部は，「アメリカ帝国」が世界の大部分を新自由主義のすがたに塗り替えることができることであった。新自由主義はアメリカの企業が世界の市場を独占することを可能にした。いわゆる自由とは，アメリカの企業が産業を，地域を，そして国家全体を奪い，そしてその後を引き継ぐことの自由へと変わっていった。世界に点在する多数の基地や，あからさまな軍事

205

力，シンクタンク，顧問やコンサルタント，そして IMF や世界銀行のようなアメリカが支配する世界機構を通して，アメリカは世界を自分のイメージどおりに作り変えた。

　しかし，「アメリカ帝国」は今や，EU や中国や，違う意味でイスラム諸国に比べ，相対的に衰退しつつある。アメリカは圧倒的なグローバル勢力ではなく，競い合う強力な実体を持った世界と，「制御不能」なようにみえる一連のグローバルな過程の中で，みずからの行く方向を定めなければならない。これは，第1に，他の世界の国々が，長い冷戦の間ソ連との関係の中でそうあったように，アメリカからの「保護」を受ける必要がもはやなくなったことによる。もっと一般的にいえば，殺人や犯罪や肥満の比率の高さ，財政の不健全さと欺瞞といったことを取り上げ，世界中の人々がアメリカのことを皮肉り「よき社会」の分かりやす過ぎるモデルとして「賞賛」し，注目するといった程にまで衰退している。第2に，さまざまな引用元の記載や特許や著作権から，アメリカがもはや世界の他の国々，とりわけヨーロッパや日本や中国に対して，前世紀の後半の間最も多く持っていた科学およびテクノロジーのリーダーシップを保てなくなっていることが分かる。第3に，新世紀の初期には，気候変化に対処しようとする京都議定書を実行しようとすることを拒否したため，アメリカは孤立することになった。これに関連していえば，前述したような石油とガスの供給の衰退によって，アメリカは，不安定な，代替の，そしてしばしば遠方の高価な資源に頼ることを余儀なくされている。さらに，アメリカは巨大な予算，収支，支払いの折損，そして異常なレベルの負債と財政の不健全さを生み出している。同時に EU が成長しており，その経済と社会はアメリカよりも今や著しく大きなものとなっており，またユーロは世界で最も強い通貨を誇り（2009年の初期），次第に世界中の商品取引に使われる通貨になっている。同様に，急激な中国の成長は，その純然たる市場の大きさにおいて，またそのきわめて高いレベルの貯蓄額においてアメリカに追いつき，さらに原理主義的な，脱組織化された市場経済のモデルに照らして，たとえ欠点を抱えたモデルであったとしても，もう一つ別の存在の誇示という意味において，アメリカに追

いつくであろう。最後に，2008年の10月に起こった株価の大暴落は，その時まで世界に広がっていたアメリカの諸資産市場における金融のメルトダウンの始まりなのである。自由市場というアメリカの夢を輸出する代わりに，アメリカはメインストリート（訳注：単調で実利的な中産階級の文化）の悪夢を輸出している。高度に移動し，消費するアメリカは，今でも間違いなく誰もが認める世界のリーダーであり続けている。だが，新しい世紀は多元的に相争う強力な勢力によって特徴づけられるであろう。

したがって，資源資本主義における脱新自由主義の時代へと現在の社会を切り替えることのできる一群の認知や実践や政策が始められつつある。その資本主義とは，経済と社会の実践の形態や規模や性格を取り囲む膨大な限界を伴った，とりわけファイナンス化が計り得る限度内での資本主義である。2008年の９月における世界の金融資産価値は160兆ドルであり，世界のGDPの価値の3.5倍であった。

気候変化は，グローバルな金融危機や石油のピークアウトと同様，世界中の個人の私的利益の追求が資本主義の将来そのものを掘り崩すといった，地球規模の集合的結果を結局はもたらし，それゆえにさらに，安全や安定や持続性を実現する資源資本主義の必要性をもたらしたのである。長期の生産力はすべての経済／社会の土台として考えなければならない。資源資本主義には地球資源における長期の生存能力を保証することも含まれる。この地球資源の生存能力こそ資本主義の経済／社会が使うだけ使い，かつ頼ってきたものなのである。

このような資源資本主義の必要性はさまざまな指導的論者に論評されている。Sternの『気候変化の経済学（*The economics of climate change*）』は新しい脱新自由主義を立ち上げる試みである。この本は次のような訴えの集中砲火で締めくくられている。

> 「気候変化のリスクを低減させるには集合的なアクションが必要であり……市民的社会とともに，そして諸個人とともに働く公的セクターと私的セクターのパートナーシップが必要である。」

同様に，Stiglitz の『グローバリゼーションを機能させる (*Making globalization work*)』は同様の脱新自由主義の趣旨の議論をしており，この本にはフェアトレードについて，資源の呪いを高く掲げることについて，地球を救うことについて，そしてグローバリゼーションを民主化することについての章がある。この本は「もう一つの世界は可能である」という主張に沿ってまとめられている。もう一人のノーベル賞受賞者である Paul Krugman は『世界大不況からの脱出 (*The return of depression economics*)』を議論し，とりわけ無限に破裂するバブルの経済モデルを脱した，異なる経済モデルを発展させる必要性を論じている。西欧における主導的な「公共的，社会的な科学者」の一人である，Anthony Giddens は最近，低炭素の未来に向けた実際的なモデルを主張している。それは，国民国家，地域国家が将来を考え，気候変化を進める力を阻止する調停や反気候変化のビジネスを作り上げ，適切な財政刺激を展開し，低炭素の未来に向けた総合的な計画を作成するというものである。

グローバル経済や政治に向けた未来の提案は非常に描きづらい。しかし，仮に新自由主義が，アメリカ帝国の崩壊と2008年10月後の市場万能主義者の地位喪失によって，滑りやすい坂道の上にいるとしたら，そしてまた，仮に気候変化が，新しい企業の投資の機会になるのではなく，民主主義的政治の題材になるとしたら，その時には絶え間のない移動を繰り返すというシナリオと，地域軍閥の郡確割拠というシナリオの両方を避けることがまさに可能になるかもしれない。

9　破　　局

しかし，以上のことには厳しい条件が要る。そのためこれとは対照的に，多くの論者は社会思想における「新しい破局説」を議論している。さまざまな学者，ジャーナリストや映像作家や著述家たちは，次のように主張する。すなわち，一連の巨大な変化が急激に起こらなければ，今までこの著作の中で述べてきた移動消費社会は逆回転しはじめ，あるいはまさに「崩壊」する。最後の審

第7章 せめぎ合う未来

判の日のシナリオ，「地獄の黙示録」はすでにありふれたものになりつつある。

　最も分かりやすいのは，Jered Diamond が，過去において，いかに環境問題が社会の「崩壊」を生み出してきたのかについて主張していることである。とりわけその社会が勢力の頂点に達したと思われたその時に，人口が増加し，自然資源，とくにエネルギー資源を，臨界点まで乱用する。彼はよれば，人間が引き起こした気候変化，環境中の毒性化学物質の蓄積，エネルギー不足が，21世紀に潜在的な破局へと向かう衰退を生み出すのだという。このような黙示録は，植物や動物や人間の多くが生きてゆくのを不可能にするような地球温度の上昇，石油とガスの枯渇，社会の復元力の衰退，経済と財政の地球規模の失敗，人口崩壊，増大する資源戦争，膨大な食料危機で構成されるのである。手短にいってこれらは，2008年の株価大暴落を比喩としての誕生日パーティーとみなすのに打ってつけの激動のことである。このようなプロセスは「社会崩壊」を避けるためになされる未来のモビリティとエネルギー使用の再エンジニアリングを大きく抑制するだろう。それは，牢固たるローマ帝国やマヤ文明がみずから内包する矛盾によって引き起こした「社会崩壊」と同じ種類のものである。

　他の批評家の中には，人類の歴史の中における今の時代の本質を，アントロポセン（訳注：人類の時代－地球環境に人類の活動が影響を与える時代）の本質として検証しようとする者もいる。アントロポセンは1800年頃から進んできたもので，それは，二酸化炭素のレベルを上昇させ，浸食の急上昇を招き，広範に種を絶滅させ，生態系を擾乱し，海を酸性化させることにつながった。地球は根本的に新しい方向に向けて，すなわちアントロポセンへと向けて動き出したのである。

　アントロポセンの時代に，一般大衆にとって，モバイル・ライブズはほんの少しの期間しか存在できなかったことが明らかになるだろう。また，この一世紀ほどの内に，モバイル・ライブズが持つ矛盾が激しさを増し，諸社会が逆走しはじめた時に残されるおそらく今よりずっと退屈な生活に，21世紀の人類と機械が対処しなければならなくなるだろう。それ以前に，富める者たちの世界

209

は血迷い，度を越してしまっていたのである。実際，Joseph Tainter は，20年以上前に将来を予見してこう書いている。

　「どんなに私たちが自分たち自身を，世界の歴史の中で何か特別の存在と思い上がっていたとしても，実は，個々の社会（とそのモビリティ）は，歴史上の諸社会の崩壊を招いたのと同じ諸原理をまぬがれることができないのである。[88]」

おわりに

　私たちはモバイル・ライブズについて，Simone や Sandra, Eisner, Robert と Gemma の物語を列挙しながら，日常的な活動，日々の移動に関わる分野から，より広範囲でグローバルなモビリティの過程にいたるまで，「徹底的に」描こうとしてきた。私たちは，日常的なものと制度化されたもの，これらの秩序の双方が，高度に構造化され体系的なものであることを明らかにしてきた。また本書を通じて，いかにしてモバイル・ライブズが異なるさまざまなレベルで展開しているかについても示してきた。

　モバイル・ライブズは，何よりもまず，楽しみも苦しみもすべて含めて，日々の暮らしの中で生きられるものであり，それを反映したものである。日常的な移動は，人びとが彼らの生活について感じるもの，欲するもの，考えるものから構成された複雑に入り組んだものである。だがモビリティ——物理的な，かつコミュニケーションのためのヴァーチャルな——はまた，広範な制度的プロセスの中核にも位置している。複雑かつ強力で，相互依存的な知識ベースのシステムは，生産と消費，コミュニケーションとネットワーク，そして世界中を旅するさまざまな流動を構成している。モバイル・ライブズとモビリティ・システムがいかにして混交し，転位しているのかを理解することは，現代における人やモノ，情報や思想の流動のポリティクスを把握し，それと対峙するうえできわめて重要である。私たちが論じてきた，そのようなモバイル・ライブズとモビリティ・システムの混交と転位は，主体と客体双方をめぐって移動するアサンブラージュとして作用する。モバイル・ライブズは，小型化されたモビリティからポータブルな人格にいたるまで，現代のモビリティのプロセスによって構成されたさまざまな集合体へと組織化される。本書では，移動しつづける社会とシステム，場所，そして生活の分析と批評に資するべく議論を進め

てきた。

　本書の大部分は，石油に基礎を置いた「モビリティの世紀」の間に発展した近年の有力なモビリティ・システムに焦点を当ててきた。しかしながら，石油とガスの供給がピークを迎えた結果，地球温暖化による劇的な危機という状況のもとで，私たちはまた，代替的なモビリティの未来と，それらが促進する生活とライフスタイルについても議論してきた。Simone や Sandra，Robert と Gemma の移動する生活から明らかなことは，多くの人びとが，広範囲で急激なモビリティの世界で生じつつある脅威やリスク，そして危機にまさに直面しているということである。さらに，そのような集合的な危機に対面することを拒絶する Eisner のようなグローバルな生活のあり方も存在している。しかしながら，これは将来に開かれている困難な疑問を避けようとするものでもある。それでは，将来の世代とはどのようなものなのだろうか？　私たちが本書を通じて語ってきた物語において，子どもたちや孫たちに可能な将来とはどのようなものなのだろうか？　モバイル・ライブズにはどのような未来が描かれるのであろうか？

　そのような疑問は，程度の差はあれども，明らかに答えの出ないものである。あまりに多くの変数や未知の部分，偶然や可能性が関連して存在している。しかし私たちは，モバイル・ライブズの来るべき将来の道筋について評価する際に，集合的なリスクを過小評価すべきではない。Giddens は次のように警告している。

　　「私たちの文明は，疑いなく，自己崩壊へと向かっている。それは，恐るべき帰結をもたらし，グローバルに広がりつつある。最後の審判はもはや，宗教的な概念や神聖なる報いの日ではなく，私たちの社会と経済に差し迫った可能性である。歯止めのきかない気候変動は，それだけでも人類に多大なる苦難をもたらす。さらには，私たちの生産能力が依って立つ多くのエネルギー資源の枯渇もまた生じさせる。武器の使用や大量破壊が含まれるような，大規模な紛争の可能性も残されている。そしてこれらは相

おわりに

互に関連しているのである。」[1]

　この耳が痛くなるような状況に対するのは，前章で論じたような，より悲劇的な様相を呈するCorbusierやSchumacher，ないしHobbesやOrwell的な思考にもとづく未来のシナリオである。将来のモバイル・ライブズにとって希望となるものは何であれ，それらは，潜在的には破滅的なグローバル・プロセスによって制限されており，現在のモバイル・ライブズのあり方は突然に終焉を迎えるという破壊的な帰結にいたるのである。

　とはいえ，もし社会理論が移動する未来についての疑問に関わるものであるのだとすれば，解放のための，理想的な方策についても明らかにしなければならない。大半が希望を持つことが困難なグローバルな状況であったとしても，新たな機会をつくり出す想像力に富んだ能力と向き合わなければならない。Herbert Marcuse がいうところのユートピアのかすかな光は，どれだけ抑圧され，ゆがめられていたとしても，近年の社会的実践の中につねに見出すことができる。[2] では，どのようにしたら現在から新たな移動する未来を絞り出すことができるのであろうか？　明日の世界に存在しうるモバイル・ライブズのためには，どのような新たな種類の思考が今日のモバイル・ライブズに要求されているのであろうか？　2008年の世界的な金融危機と景気停滞による幅広い社会的な結末は，さまざまな反応をもたらした。高炭素な経済と社会には莫大な費用が生じているものの，今日のモバイル・ライブズが，将来のより持続可能な生活を創造する契機として機能することは，なお可能である。

　きわめて魅力的な展開の一つは，「石油への依存から地域のレジリエンス」への世界的な移行をめざすトランジション・タウン運動である。この運動は，2005年から2006年にかけて，アイルランド・キンセールに始まり，イングランド・トットネスへと広がっていった。この活動は，私たちが前章で論じた「石油の時代」の終焉という世界的な重大事に対処するための方策を追求する。当初は，意欲を持った個人による小さな集まりから開始された。彼らは，ピーク・オイル（石油生産の限界）と気候変動という問題に対処するための方法や挑

戦，機会についての関心を共有した近しい仲間であった[3]。この構想，トランジション・イニシアチブは，地元の人びととの協働のもとに問題に取り組もうとしている。その問題とは，コミュニティが持続し成長するために必要とされる生活のあらゆる側面にわたり，いかにしてピーク・オイルの問題を軽減させるのか（そしてどのようにして気候変動の影響を軽減するために二酸化炭素の排出を徹底的に縮減し，その対応力を高めていけるのか）ということである。

　この運動の欠点は，地域主義的な志向性が高く，それゆえ世界を組織化ないし再構成する進行中のプロセスの多く，とりわけ経済的・社会的な労働のグローバルな分業体制を無視しているということである。実際に，将来の発展の模範例として以外は，地域の課題解決を困難で不可能なものとさせるモバイルな関係があまりに多く存在している。

　第 2 の展開として，2008年の暴落の一つの結果として，ヴァーチャル会議やビデオ会議が劇的に増加していることが挙げられる。企業や組織では，新たなデジタル技術への関心が高まっている[4]。それは，収益性が低下する中でも業務出張の必要性が存在する一方で，航空会社の倒産やマイレージサービスの低下によって飛行機による移動コストが増加しているというジレンマに直面しているからである。ヴァーチャルなコミュニケーション手段の技術革新は，従業員をグローバルなビジネスや市場機会に適合させ続けつつ，組織が航空券やホテル，事務所の設備リースなどにかかる費用を節約することを可能とした。シスコシステムのような企業では，ビデオ会議システムの展開とマーケティングに特化したソフトウェアの開発に10億ドル規模で投資している。彼らは，これからのビジネスネットワークが，比較的近い将来物理的な旅行に代わって，コミュニケーション的でヴァーチャルな旅行に依存したものになると認識しているのである[5]。

　しかし，何もかもが無料で済むという訳ではない。ヴァーチャルな未来に何があるにせよ，「スクリーン上に中継される」中に住まうことは，頻繁にふれ合うことに比べれば，十分なものとはいえない。人と人とが直接集う場は，人間にとって欠くことのできない財産であり，価値であり，社会生活の本質であ

おわりに

る。実際に私たちは，第2章において，Sandra がデジタル技術への依存を抑制しようとしつつも，結局そこへ没入していったということをみてきた。一方で，同じような話は，食べ物や飲酒，音楽や物理的な場，一時的な「活気に満ちた」場の共有にも当てはまるであろう。それゆえ，開発が必要とされるのは，顔と顔，感情と感情，肉体と肉体を突き合わせることの感情的な喜びのすべて，あるいは少なくともその大部分を効果的に置き換えることができるヴァーチャルな集合の場なのである。今のところ，これに成功しつつあるデジタル技術は存在していない。またヴァーチャルなモビリティは，以前に理解されていたよりもはるかに炭素燃料に強く依存したものである。私たちがここで取り上げた，集合的な場を模擬的につくり出す方法に用いられる超広帯域通信の場合においてですら，それは同様である。(6)

　第3に，ポスト・グローバル温暖化の未来の象徴，再生可能エネルギーについて考えてみよう。再生可能なエネルギーの探求は，今や危機的な気候変動に歯止めをかけるための取り組みにおいて必須のものであると広く同意されている。けれども，企業や組織，国家が，国境を越えて代替的なエネルギー源に焦点を当てたさまざまな共同作業を行っていくうえで，再生可能エネルギーの大量供給を追求するモビリティを開拓していくその関心とは何なのだろうか？たとえばヨーロッパの政府と産業界は，中東からサハラ砂漠にわたって広がる巨大な太陽熱発電プラントを設置する取り組みを行っている。このプログラムの目的は，受け入れ国に再生可能エネルギーを供給することだけでなく，2050年までにヨーロッパの電力需要の15％を創り出すことにもある。(7)これらの太陽熱発電計画には，数千億ユーロの費用が見積もられている。ヨーロッパ諸国の多くの政府関係者，同様にジーメンスやドイツ銀行，スイス・リーなどの企業の代表が，世界中を駆け回りながら，そのような巨大計画の実現に向けた体制と規則の構築をめざしている。

　それでもなお，見通しは不透明なものである。そのような代替的なエネルギーのプロジェクトは，解決策とともに多くのジレンマもまたもたらしている。世界的なエネルギー問題への解決策として提示されているものの中で懸念され

215

ているのは，バイオ燃料の精製所やあるタイプの太陽熱発電所が，毎年何十億ガロンもの水を消費することになるということである．ドイツの開発企業の財政支援を受け，ネバダ砂漠で2つの大型太陽熱発電施設を備えるソーラーミレニアムプロジェクトは，電力プラントを冷却するために年間13億ガロンの水を消費すると推定されている．[8] この場合，再生可能エネルギーを安定してつくり出そうとする試みは，現実には潜在的な環境破壊と深く結びついており，それゆえモバイル・ライブズの将来を脅かすもう一つの脅威として機能するのである！　何もかもが無料で済む訳ではない……それはこれら巨大な太陽熱発電プロジェクトにもまた関係しているのである．

　それゆえ，将来に向けて持続可能なモバイル・ライブズを構築することには，計り知れないほどの複雑性が存在している．新たな機会を育むことは，つねに新たなリスクを伴い，深く複雑に絡まり合ったものである．しかし，現在の多様なモバイル・ライブズは，将来に向けて準備されたものではないだろうし，実際のところ代替的な移動する将来に向けて計画されてもいないだろう．移動と流動をめぐる問題をめぐって生じる新たなポリティクスでは，多くの人びとは現在の因習から逃れ，新しいモバイルな生き方に関心を向けようとしている．本書が，人びとの生活におけるポリティクスと実践，その断続的でいまだきわめて問題含みのモビリティについてのさらなる議論の端緒となることを願いたい．

注

はじめに

(1) Andreas Schafer and David Victor, 'The future mobility of the world population', *Transportation Research A*, 2000, 34 : pp. 171-205, 171.
(2) 本研究における経験的調査の大部分は，Australian Research Council から Discovery Project Grant のかたちで助成された研究資金に負っている（DP877817）。インタビュー・データのいくつかは，British Academy の Large Research Grant や，イギリスの運輸局から助成された New Horizons project からとられたものである。半フィクション化されたケーススタディの社会学的方法に関しては，以下の文献を参照のこと。Anthony Elliott and Charles Lemert, *The new individualism : the emotional costs of globalization* (London and New York : Routledge, 2nd edition, 2009), pp. 196-7. または，Susie Orbach, *The impossibility of sex* (Harmondsworth : Penguin, 1999).

第1章

(1) Leo Tolstoy, *A confession and other writings* (Harmondsworth : Penguin, 1987), p. 165.
(2) Simone のこうしたすがたは，本研究で調査されたいくつかのケースから造形されたものであり，Australian Research Council Discovery Grant に助成された調査から導かれている。
(3) Mark Buchanan, *Nexus : small worlds and the groundbreaking science of networks* (London : W.W. Norton, 2002), p. 121. より一般的には，以下を参照。Aharon Kellerman, *Personal mobilities* (London : Routledge, 2006), Tim Cresswell, *On the move* (London : Routledge, 2006), John Urry, *Mobilities* (Cambridge : Polity Press, 2007).
(4) 「友愛」の距離については，以下を参照。Jonas Larsen, John Urry and Kay Axhausen, *Mobilities, networks, geographies* (Aldershot : Ashgate, 2006).
(5) Nicholas Stern, *The economics of climate change. The Stern Review* (Cambridge : Cambridge University Press, 2007), p. 197.
(6) 以下を参照。Staffan Linder, *The harried leisure class* (New York : Columbia University Press, 1970).
(7) このことは以下に見出すことができる。Jonas Larsen, John Urry and Kay Axhausen, *Mobilities, networks, geographies* (Aldershot : Ashgate, 2006).
(8) 以下を参照。Mark Buchanan, *Nexus : small worlds and the groundbreaking science of networks* (London : W.W. Norton, 2002) ; Duncan Watts, *Six degrees* (Lon-

don: William Heinemann, 2003); and Jonas Larsen, John Urry and Kay Axhausen, *Mobilities, networks, geographies* (Aldershot: Ashgate, 2006), 第11章。

(9) 「脱伝統化」の概念については、以下を参照。Anthony Giddens, *Modernity and self-identity* (Cambridge: Polity Press, 1991); and Ulrich Beck, Anthony Giddens and Scott Lash, *Reflexive modernization: politics, tradition and aesthetics in the modern social order* (Cambridge: Polity Press, 1994).

(10) こうしたパターンはロンドンのメディア従事者のケースに見出すことができる。Andreas Wittel, 'Towards a network sociality', *Theory, Culture and Society*, 2001, 18: pp. 31-50.

(11) Dale Southerton, 'Squeezing time: allocating practices, co-ordinating networks and scheduling society', *Time and Society*, 2001, 12: pp. 5-25.

(12) Martin Heidegger, *Being and Time*, trans. John Macquarie and Edward Robinson (New York: Harper & Row, 1962).

(13) Scott Lash and John Urry, *Economies of signs and space* (London: Sage, 1994), 第9章。Hartmut Rosa and William Scheuerman (eds.), *High-speed society* (Pennsylvania: Pennsylvania State University Press, 2009).

(14) 初期の定式化については以下を参照。Scott Lash and John Urry, *The end of organized capitalism* (Cambridge: Polity Press, 1987); and David Harvey, *The condition of postmodernity* (Oxford: Blackwells, 1989).

(15) Homi Bhabha, *The location of culture* (London: Routledge, 1994), p. 88. 次も参照。Bülent Diken and Carsten Bagge Laustsen, *The culture of exception. Sociology facing the camp* (London: Routledge, 2005), pp. 86-8.

(16) Christopher Bollas, *Being a character: psychoanalysis and self experience* (New York: Hill and Wang, 1992).

(17) 以下を参照。Kingsley Dennis and John Urry, *After the car* (Cambridge: Polity, 2009), 第1章。

(18) Barry Wellman, 'Physical place and cyber place: the rise of networked individualism', *International Journal of Urban and Regional Research*, 2001, 25: pp. 227-52.

(19) Zygmunt Bauman, *Globalization: the human consequences* (Cambridge: Polity Press, 1988), p. 2.

(20) John Urry, *Mobilities* (Cambridge: Polity, 2007).

(21) 文化資本や経済資本の概念については、以下を参照のこと。Pierre Bourdieu, *Distinction: a social critique of the judgement of taste*, trans. Richard Nice (Cambridge: Harvard University Press, 1984). または *The logic of practice*, trans. Ri-

chard Nice (Cambridge: Polity Press, 1990). 象徴権力については, 以下を参照。Pierre Bourdieu, *Language and symbolic power*, ed. J.B. Thompson (Cambridge: Polity Press, 1991).

(22) John Urry, *Mobilities* (Cambridge: Polity, 2007), pp. 197-8.

(23) 以下を参照。Barry Wellman, Bernie Hogan, Kristen Berg, Jeffrey Boase, Juan-Antonio Carrasco, Rochelle Cûté, Jennifer Kayahara, Tracy L.M. Kennedy and Phuoc Tran, 'Connected lives: the project', in Patrick Purcell (ed.), *Networked neighbourhoods* (Berlin: Springer, 2005); Albert-László Barabási, *Linked: the new science of networks* (Cambridge, MA: Perseus, 2002), Kay Axhausen, 'Social networks and travel: some hypotheses', *Arbeitsbericht Verkehrs- und Raumplanung 197*, (Zürich: ETH, 2003).

(24) Ulrich Beck and Elizabeth Beck-Gernsheim, *Individualization* (London: Sage, 2000). そういった生のあり方を形成したり再形成したりする複雑性については, 次を参照のこと。Jonas Larsen, John Urry and Kay Axhausen, 'Coordinating face-to-face meetings in mobile network societies', *Information, Communication and Society*, 2008, 11: pp. 640-58.

(25) James R. Lawler (ed.), *Paul Valéry: an anthology* (Princeton, NJ: Princeton University Press, 1977).

(26) Tim Ingold, 'Culture on the ground', *Journal of Material Culture*, 2004, 9: pp. 315-40.

(27) Manuel DeLanda, *A new philosophy of society: assemblage theory and social complexity* (London: Continuum, 2006).

(28) Patricia Clough, Sam Han and Rachel Schiff, 'Review—A new philosophy of society', *Theory, Culture and Society*, 2007, 24: pp. 387-93.

(29) これを要約し変更を加えたものとしては以下を参照。John Urry, *Mobilities* (Cambridge: Polity, 2007), 第3章。Mimi Sheller and John Urry, 'The new mobilities paradigm', *Environment and Planning A*, 2006, 38: pp. 207-26.

(30) Mary Chayko, *Connecting: how we form social bonds and communities in the internet age* (New York: State University of New York Press, 2002), pp. 69-70, 以下を参照。Émile Durkheim, *The elementary forms of the religious life* (London: George Allen and Unwin, 1915).

(31) James Gibson, *The ecological approach to visual perception* (Boston: Houghton Mifflin, 1986), 第8章。

(32) 航空機によるモビリティやグローバリゼーションについては, 以下を参照。Saolo Cwerner, Sven Kesselring and John Urry (eds.), *Aeromobilities* (London: Rout-

ledge, 2009).

(33) 以下を参照。Daniel Miller (ed.), *Car cultures* (Oxford: Berg, 2000).

第2章

(1) Christopher Bollas, *Being a character: psychoanalysis and self experience* (New York: Hill and Wang, 1992), p. 59.

(2) Sandra の人物像は、Australian Research Council Discovery Grant (DP877817) によって資金提供された研究のための2つのケーススタディによっている。

(3) Eric Laurier, 'Doing office work on the motorway', *Theory, Culture & Society*, 2004, 21: pp. 261-77, 参照。

(4) Michael Bull, 'Automobility and the power of sound', *Theory, Culture & Society*, 2004, 21: pp. 243-59, 参照。

(5) www.pbs.org/transistor/background1/events/transfuture.html. を参照。これらの発展とそれに関する調査を指摘してくれた Dan Mendelson に感謝する。

(6) Paul du Gay, Stuart Hall, Linda Janes, Hugh Mackay and Keith Negus, *Doing cultural studies: the story of the Sony Walkman* (London: Sage, 1997), p. 17. 続く段落も p. 17 を参照。

(7) Manuel Castells, 'Informationalism, networks and the network society: a theoretical blueprint', in Manuel Castells (ed.), *The network society* (Cheltenham: Edward Elgar, 2004), p. 7.

(8) Nigel Thrift, 'Movement-space: the changing domain of thinking resulting from the development of new kinds of spatial awareness', *Economy and Society*, 2004, 33: p. 583.

(9) Barry Wellman, 'Physical space and cyberplace: the rise of personalized networking', *International Journal of Urban and Regional Research*, 2001, 25: p. 238.

(10) John Urry, *Mobilities* (Cambridge: Polity, 2007), 第5章参照。

(11) Karin Knorr Cetina, 'How are global markets global? The architecture of a flow world', *Economics at Large Conference*, 14-15 November 2003.

(12) Rich Ling, *The mobile connection* (Amsterdam: Elsevier, 2004).

(13) Jonas Larsen, Kay Axhausen and John Urry, 'Geographies of social networks: meetings, travel and communications', *Mobilities*, 2006, 1: pp. 261-83, 参照。「ジャストインタイム」の瞬間について、より詳しくは、www.nytimes.com/2008/04/13/magazine/13anthropology-t.html, 参照。

(14) Glenn Lyons and John Urry, 'Travel time use in the information age', *Transport Research A*, 2005, 39: pp. 257-76.

(15) Glenn Lyons, Juliet Jain, David Holley, 'The use of travel time by rail passen-

gers in Great Britain', *Transportation Research Part A : Policy and Practice*, 2007, 41(1): pp. 107-20.

(16) Anthony Elliott, *Social theory and psychoanalysis in transition* (London : Free Association Books, 2nd edition, 1999), 参照。

(17) Patricia Clough, *Auto-affection : unconscious thought in the age of technology* (Minneapolis, MN : University of Minnesota Press, 2000), 参照。

(18) 技術的な包み込みに対する精神分析的な貢献の概要については，Anthony Elliott, *Subject to ourselves : social theory, psychoanalysis and postmodernity* (Boulder, CO : Paradigm Press, 2004), 参照。また，Mark Poster, *The second media age* (Cambridge : Polity Press, 1995), 参照。

(19) Vincent Kaufmann, *Re-thinking mobility : contemporary sociology* (Aldershot : Ashgate, 2002), 参照。

(20) Paul Ricoeur, *Freud and philosophy* (New Haven, CT : Yale University Press, 1970), 参照。また，Anthony Elliott, *Psychoanalytic theory : an introduction* (Durham, NC : Duke University Press, 2002), 参照。

(21) Anthony Elliott, *Social theory since Freud* (London and New York : Routledge, 2004), 参照。

(22) Wilfred Bion, *Learning from experience* (London : Heinemann, 1962).

(23) Anthony Elliott, *Subject to ourselves : social theory, psychoanalysis and postmodernity* (Boulder, CO : Paradigm Press, 2004), 第4章，第5章。また，Stephen Frosh, *Identity crisis* (London : Macmillan, 1991), 参照。

(24) Christopher Bollas, *Being a character : psychoanalysis and self experience* (New York : Hill and Wang, 1992), p. 60, および続く引用については p. 59.

(25) Christopher Bollas, *The Shadow of the Object : Psychoanalysis and the unknown thought* (New York : Columbia University Press, 1987), 参照。

(26) George Atwood and Robert Stolorow, *Structures of subjectivity : explorations in psychoanalytic phenomenology* (Hillsdale, NJ : The Analytic Press, 1984), pp. 88-9.

(27) Kimberly Young and Robert Rodgers, 'The relationship between depression and Internet addiction', *CyberPsychology and Behavior*, 1998, 1(1): pp. 25-8, 参照。

(28) M. Bernanuy, Ursula Oberst, Xavier Carbonell and Chammaro, 'Problematic Internet and mobile phone use and clinical symptoms in college students', *Computers in Human Behavior*, 2009, 25(5): pp. 1182-7, 参照。

(29) Mielzo Takahira, Reiko Ando and Akira Sakamoto 'Effect of internet use on depression, loneliness, aggression and preference for internet communication', *International Journal of Web Based Communities*, 2008, 4(3): pp. 302-18.

(30) Sherry Turkle, *Life on the screen* (London: Weidenfeld and Nicolson, 1996).
(31) Norman H. Nie, D. Sunshine Hillygus and Lutz Erbing, 'Internet use, interpersonal relations and sociability', in Barry Wellman and Caroline Haythornthwaite (eds.) *The Internet in everyday life* (Oxford: Blackwell, 2002), pp. 215-43.

第3章

(1) Filippo Tommaso Marinetti, 'The new religion-morality of speed', in Hartmut Rosa and William Scheuerman (eds.), *High-speed society* (Pennsylvania: Pennsylvania State University Press, 2009), p. 59.
(2) 先行研究は以下を参照。Jonas Larsen, John Urry and Kay Axhausen, *Mobilities, networks, geographies* (Aldershot: Ashgate, 2006); and John Urry, *Mobilities* (Cambridge: Polity, 2007).
(3) Manuel Castells, *The rise of the network society* (Oxford: Blackwell, 1996), p. 469.
(4) Luc Boltanski and Eve Chiapello, *The new spirit of capitalism* (London: Verso, 2007), p. 355.
(5) Ronald Burt, *Structural holes* (Cambridge, MA: Harvard University Press, 1992).
(6) Luc Boltanski and Eve Chiapello, *The new spirit of capitalism* (London: Verso, 2007), pp. 363-4.
(7) Yochai Benckler, *The wealth of networks: how social production transforms markets and freedom* (New Haven, CT: Yale University Press, 2006).
(8) Charlie Leadbetter, *We-think* (London: Profile Books, 2008).
(9) 以下を参照。Meric Gertler, 'Tacit knowledge and the economic geography of context, or the undefinable tacitness of being (there)', *Journal of Economic Geography*, 2003, 3: pp. 75-99.
(10) Sue Durbin, 'Who gets to be a knowledge worker? The case of the UK call centres', in Sylvia Walby, Heidi Gottfried, Karin Gottschall and Mari Osawa (eds.), *Gendering the knowledge economy* (Basingstoke: Palgrave, 2007). モビリティのジェンダー化については以下を参照。Tanu Uteng and Tim Cresswell (eds.), *Gendered mobilities* (Aldershot: Ashgate, 2008).
(11) Barry Wellman, 'Physical place and cyber place: the rise of networked individualism', *International Journal of Urban and Regional Research*, 2001, 25: pp. 227-52, 227.
(12) Barry Wellman, 'Little boxes, glocalization, and networked individualism', in Makoto Tanabe, Peter Van den Besselaar and Toru Ishida (eds.), *Digital cities II:*

computational and sociological approaches (Berlin: Springer, 2002). 1950年代のイースト・ロンドンのベスナルグリークンについてのよく知られたイギリスの研究は、とくに以下を参照。Michael Young and Peter Willmott, *Family and kinship in East London* (Harmondsworth: Penguin, 1962).

(13) Barry Wellman, 'Physical place and cyber place: the rise of networked individualism', *International Journal of Urban and Regional Research*, 25, 2001: pp. 227-52, 234.

(14) Barry Wellman, 'Physical place and cyber place: the rise of networked individualism', *International Journal of Urban and Regional Research*, 2001, 25: pp. 227-52, 238.

(15) Christian Licoppe, '"Connected" presence: the emergence of a new repertoire for managing social relationships in a changing communication technoscape', *Environment and Planning D: Society and Space*, 2004, 22: pp. 135-56, 139.

(16) Barry Wellman, Bernie Hogan, Kristen Berg, Jeffrey Boase, Juan-Antonio Carrasco, Rochelle Côté, Jennifer Kayahara, Tracy L.M. Kennedy and Phuoc Tran, 'Connected lives: the project', in Patrick Purcell (ed.), *Networked neighbourhoods* (Berlin: Springer, 2005), p. 4.

(17) Duncan Watts, *Small worlds* (Princeton, NJ: Princeton University Press, 1999), p. 11; Duncan Watts, *Six degrees: the science of a connected age* (London: Heinemann, 2003), 第5章。

(18) Mark Granovetter, 'The strength of weak ties: a network theory revisited', *Sociological Theory*, 1983, 1: pp. 203-33.

(19) Mark Granovetter, 'The strength of weak ties: a network theory revisited', *Sociological Theory*, 1983, 1: pp. 203-33; Raymond Burt, *Structural holes* (Cambridge, MA: Harvard University Press, 1992), pp. 24-7; Albert-László Barabási, *Linked: the new science of networks* (Cambridge, MA: Perseus, 2002), p. 43.

(20) Mark Buchanan, *Small world: uncovering nature's hidden networks* (London: Weidenfeld and Nicholson, 2002), 第7章; Duncan Watts, *Small worlds* (Princeton: Princeton University Press, 1999); Duncan Watts, *Six degrees: the science of a connected age* (London: Heinemann, 2003), 第4章。技術的にみれば、これは通常の分散というよりはむしろ、スケールフリーまたはべき乗分散である。

(21) Kay Axhausen, 'Social networks and travel: some hypotheses', in Kieran Donaghy, Stefan Poppelreuter and Georg Rudinger (eds.), *Social aspects of sustainable transport: transatlantic perspectives* (Aldershot: Ashgate, 2005).

(22) Barry Wellman, Bernie Hogan, Kristen Berg, Jeffrey Boase, Juan-Antonio Car-

rasco, Rochelle Côté, Jennifer Kayahara, Tracy L.M. Kennedy and Phuoc Tran, 'Connected lives: the project', in Patrick Purcell (ed.), *Networked neighbourhoods* (Berlin: Springer, 2005), p. 20.

(23) Jonas Larsen, John Urry and Kay Axhausen, 'Coordinating face-to-face meetings in mobile network societies', *Information, Communication and Society*, 2008, 11: pp. 640-58.

(24) Georg Simmel, *Simmel on culture*, eds. David Frisby and Mike Featherstone (London: Sage, 1997), p. 177.

(25) 以下を参照。John Urry, *Mobilities* (Cambridge: Polity, 2007), 第11章。

(26) Erving Goffman, *Relations in public* (Harmondsworth: Penguin, 1971), p. 13.

(27) Duncan Watts, *Six degrees: the science of a connected age* (London: Heinemann, 2003), p. 113.

(28) Duncan Watts, *Small worlds* (Princeton: Princeton University Press, 1999).

(29) 詳しくは以下を参照。John Urry, *Mobilities* (Cambridge: Polity, 2007).

(30) これについては以下で探究された。Jonas Larsen, John Urry and Kay Axhausen, *Mobilities, networks, geographies* (Aldershot: Ashgate, 2006).

(31) 以下を参照。Jonas Larsen, John Urry and Kay Axhausen, 'Networks and tourism, mobile social life', *Annals of Tourism Research*, 2007, 34: pp. 244-62. ランカスターの観光情報センターはある文化産業施設の中に再設置されており，現在はビジター情報センターと称している。

(32) Tom O'Dell, *Cultural kinaesthesia: the energies and tensions of mobility* (Lund, Sweden: Lund University, 2004), p. 15.

(33) Francis McGlone, Alison Park and Ceridwen Roberts, 'Kinship and friendship: attitudes and behaviour in Britain 1986-95', in Susan McRae (ed.), *Changing Britain: families and households in the 1990s* (Oxford: Oxford University Press, 1999).

(34) David Gordon, Laura Adelman, Karl Ashworth, Jonathon Bradshaw, Ruth Levitas, Sue Middleton, Christina Pantazis, Demi Patsios, Sarah Payne, Peter Townsend and Julie Williams, *Poverty and social exclusion in Britain* (York: Joseph Rowntree Foundation, York Publishing Services, 2000).

(35) Alan Warde and Lydia Martens, *Eating out* (Cambridge: Cambridge University Press, 2000), p. 217.

(36) Jonas Larsen, John Urry and Kay Axhausen, 'Networks and tourism, mobile social life', *Annals of Tourism Research*, 2007, 34: pp. 244-62, 259.

(37) Jonas Larsen, John Urry and Kay Axhausen, *Mobilities, networks, geographies*

(Aldershot: Ashgate, 2006), p. 105.
(38) 集会性をもつ場所としての大学キャンパスに関しては以下を参照。Ash Amin and Patrick Cohendet, *Architectures of knowledge* (Oxford: Oxford University Press, 2004).
(39) Andreas Wittel, 'Towards a network sociality', *Theory, Culture and Society*, 2001, 18: pp. 31-50.
(40) Andreas Wittel, 'Towards a network sociality', *Theory, Culture and Society*, 2001, 18: pp. 31-50, 67.
(41) Andreas Wittel, 'Towards a network sociality', *Theory, Culture and Society*, 2001, 18: pp. 31-50, 69, 彼はクールメディアの労働者の間でも昔ながらの名刺が重要視されていることについても記している！
(42) Kay Axhausen, 'Social networks and travel: some hypotheses', in Kieran Donaghy, Stefan Poppelreuter and Georg Rudinger (eds.), *Social aspects of sustainable transport: transatlantic perspectives* (Aldershot: Ashgate, 2005).
(43) 以下を参照。Pierre Bourdieu, *Distinction: a social critique of the judgment of taste* (London: Routledge, 1984); Fiona Devine, Mike Savage, John Scott and Rosemary Crompton, *Rethinking class: identities, cultures and lifestyles* (London: Palgrave, 2005).
(44) Pierre Bourdieu, *Distinction: a social critique of the judgment of taste* (London: Routledge, 1984), p. 170.
(45) データと議論については以下を参照。Tim Cresswell, *On the move* (London: Routledge, 2006).
(46) Karl Marx, *Capital*, vol. 1 (London: Lawrence and Wishart, (1867) 1965).
(47) Stephan Linder, *The harried leisure class* (New York: Columbia University Press, 1970).
(48) Dale Southerton, Elizabeth Shove and Alan Warde, *Harried and hurried: time shortage and coordination of everyday life* (Manchester: CRIC Discussion Paper 47, University of Manchester, 2001).
(49) 以下を参照。Noel Cass, Elizabeth Shove and John Urry, 'Social exclusion, mobility and access', *The Sociological Review*, 2005, 53: pp. 539-55.
(50) 全体として、Jonas Larsen, John Urry and Kay Axhausen, 'Coordinating face-to-face meetings in mobile network societies, *Information, Communication and Society*, 2008, 11: pp. 640-58.
(51) Rich Ling, *The mobile connection: the cell phone's impact on society* (New York: Morgan Kaufmann, 2004), p. 69.

(52) Glenn Lyons and John Urry, 'Travel time use in the information age', *Transport Research A*, 2005, 39: pp. 257-76.
(53) Rich Ling, *The mobile connection: the cell phone's impact on society* (New York: Morgan Kaufmann, 2004), p. 70.
(54) Manuel Castells, Mireia Fernández-Ardévol, Jack Linchuan Qui and Araba Sey, *Mobile communication and society: a global perspective* (Massachusetts: MIT, 2007), p. 172.
(55) 以下から引用。Manuel Castells, Mireia Fernández-Ardévol, Jack Linchuan Qui and Araba Sey, *Mobile communication and society: a global perspective* (Massachusetts: MIT, 2007), pp. 172-3.
(56) Ruth Rettie, 'Mobile phones as network capital', *Mobilities*, 2008, 3: pp. 291-311.
(57) 「持っている者は与えられるが,持っていない者は持っているものまでも取り上げられる」。以下を参照。Duncan Watts, *Six degrees: the science of a connected age* (London: Heinemann, 2003), p. 108.
(58) Martha Maznevski and Katherine Chudoba, 'Bridging space over time: global virtual team dynamics and effectiveness', *Organisation Science*, 2000, 11: pp. 473-92, 489.
(59) Kevin Hannam, Mimi Sheller and John Urry, 'Editorial: mobilities, immobilities and moorings', *Mobilities*, 2006, 1: pp. 1-22, 7-9.
(60) Eric Klinenberg, *Heatwave: a social autopsy of disaster in Chicago* (Chicago: Chicago University Press, 2002).
(61) Robert Putnam, *Bowling alone* (New York: Simon and Schuster, 2000).
(62) Richard Layard, *Happiness. Lessons from a new science* (London: Allen Lane, 2005), p. 78.
(63) Stephen Miller, *Conversation: a history of a declining art* (New Haven: Yale University Press, 2006).
(64) 10万人あたりの死亡率は年6〜40%までさまざまであり,中国ではその最大の割合を占めるものの一つが自動車事故であるとされる。以下を参照。Mike Featherstone, 'Automobilities: an introduction', *Theory, Culture and Society*, 2004, 21: pp. 1-24, 4-5; and WHO, *World report on road traffic injury prevention* (Geneva: World Health Organization Publications, 2004).
(65) Mimi Sheller, 'Mobility, freedom and public space', *Mobilities in Transit Symposium*, Trondheim, June 2006; また,以下を参照。John Urry, *Mobilities* (Cambridge: Polity, 2007), 第9章。
(66) Tim Cresswell and Tanu Uteng (eds.), *Gendered mobilities* (Aldershot: Ash-

gate, 2008).

第4章

(1) Zygmunt Bauman, *Community : seeking safety in an insecure world* (Cambridge : Polity, 2001), p. 113.

(2) Zygmunt Bauman, *Globalization : the human consequences* (Cambridge : Polity, 1998), p. 99.

(3) Charles Lemert, *Social things* (Boulder, CO : Rowman and Littlefield, 4th edition, 2008), 参照.

(4) 中でも以下を参照。Edward Luttwak, *Turbo-capitalism : winners and losers in the global economy* (London : HarperPerennial, 1999); Fredric Jameson, *Postmodernism, or the cultural logic of late capitalism* (Durham, NC : Duke University Press, 1999); Scott Lash and John Urry, *The end of organized capitalism* (Cambridge : Polity Press, 1987); and Zygmunt Bauman, *Liquid modernity* (Cambridge : Polity Press, 2000).

(5) Stephen Haseler, *The super-rich : the unjust new world of global capitalism* (London : Macmillan, 2000), pp. 4-7.

(6) Sylvia Walby, *Globalization and inequalities* (London : Sage, 2009), 参照.

(7) www.un.org/apps/news/story.asp?NewsID=28590&Cr=INCOME&Cr1=ILO., 参照.

(8) www.cbsnews.com/stories/2008/05/03/earlyshow/living/money/main4068795.shtml., 参照.

(9) http://finance.yahoo.com/banking-budgeting/article/104557/TheWorld'sBillionaires;_ylt=AqbOGjBvWGzzXezTVP26NB4y0tIF., 参照.

(10) Robert Frank, *Richistan : a journey through the American wealth boom and the lives of the new rich* (New York : Three Rivers Press, 2008).

(11) Corey Dolgon, *The end of the Hamptons : scenes from the class struggle in America's paradise* (New York : New York University Press, 2005).

(12) Karen Ho, *Liquidated : an ethnography of Wall Street* (Durham, NC : Duke University Press, 2009).

(13) Gillian Tett, *Fool's gold : how the bold dream of a small tribe at J.P. Morgan was corrupted by Wall Street greed and unleashed a catastrophe* (New York : Free Press, 2009).

(14) Stephen Haseler, *The super-rich : the unjust new world of global capitalism* (Houndmills, Basingstoke : Macmillan, 2000), p. 3.

(15) Edward Luttwak, *Turbo-capitalism : winners and losers in the global economy*

(London: HarperCollins, 1998), p. 5.
(16) Zygmunt Bauman, *Liquid modernity* (Cambridge: Polity Press, 2000), Scott Lash and John Urry, *The end of organized capitalism* (Cambridge: Polity Press, 1987), 参照。
(17) John Scott, *Corporate business and capitalist classes* (Oxford: Oxford University Press, 1997), p. 312.
(18) Wim Eisner に関する事例研究は，Australian Research Council の資金供給を受けた調査にもとづいている。Eisner は，個人的なアイデンティティをカムフラージュするための多面的な顔を持っている。
(19) Anthony Elliott and Charles Lemert, *The new individualism: the emotional costs of globalization* (London: Routledge, 2009), 参照。
(20) Luc Boltanski and Eve Chiapello, *The new spirit of capitalism* (London: Verso, 2007).
(21) Richard Sennett, *The corrosion of character* (New York: Norton, 2000), 参照。
(22) Daniel Cohen, *Richesse du monde: pauvretés des nations* (Paris: Flammarion, 1998).
(23) Zygmunt Bauman, *The individualized society* (Cambridge: Polity, 2002), p. 27.
(24) Zygmunt Bauman, *The individualized society* (Cambridge: Polity, 2002), pp. 26-7. Bauman は，他の多くの著者と同様に，資産に関する例外的な水準を無視している。とくに，石油や電力源は，資産の軽量性を，まったく「正しく」ないものとする。
(25) たとえば，Kwame Anthony Appiah, *Cosmopolitanism: ethics in a world of strangers* (New York: Norton, 2007), 参照。
(26) Terry Eagleton, *The idea of culture* (Oxford: Blackwell, 2000), 参照。
(27) Bronislaw Szerszynski and John Urry, 'Visuality, mobility and the cosmopolitan: inhabiting the world from after', *British Journal of Sociology*, 2006, 57(1): pp. 113-31.
(28) Adam Phillips, *Houdini's box: on the arts of escape* (London: Faber and Faber, 2001), pp. 26-7.
(29) 富と権力に関する社会科学研究の大部分は，エリート主義に関する記述的なものないしは客観的な記述に焦点を当ててきた。たとえば，E. Carlton, *The few and the many: a typology of elites* (Aldershot: Scolar Press, 1996) と M. Dogan, *Elite configurations at the apex of power* (Leiden: Brill, 2003), 参照。
(30) Scott Lash and John Urry, *Economies of signs and spaces* (London: Sage, 1994).
(31) Paul du Gay and Mike Pryke (eds.), *Cultural economy* (London: Sage, 2002), 参照。

(32) C. Thurlow and A. Jaworski, 'The alchemy of the upwardly mobile : symbolic capital and the stylization of elites in frequent-flyer programmes', *Discourse and Society*, 2006, 17(1): pp. 99-135, 131.

(33) 実例を挙げると，Céline Dion は，いくつも保有している邸宅のうちの一つだけで，2,500万リットルの水を一年間に使っている。これは北の先進国に位置するある近隣地区における平均的住民の250人分に相当する。この情報は次で入手できる。www.justnews.com/news/16400162/detail.html.

第5章

(1) 以下の研究も参照。N.R. Gerstal and H. Gross, *Commuter marrie : a study of work and family* (London : Guildford Press, 1984); Sasha Roseneil and Sheeley Budgeon, 'Cultures of Intimacy and care beyond "the family" : personal life and social change in the early 21st century', *Current Sociology*, 2004, 52(2) : pp. 135-59 ; Raelene Wilding, 'Virtual intimacies? Families communicating across transnational contexts', *Global Networks*, 2006, 6(2): pp. 125-42; and Mary Holmes, 'Love lives at a distance: distance relationships over the lifecourse', *Sociological Research Online*, 11(3), available at : wwwsocresonline.org.uk/11/3/holms.html.

(2) 一般的には以下を参照。Russell King and Nicola Mai, 'Love, exualty and migration', a special issue of *Mobilities*, 2009, 4(3): pp. 295-448.

(3) この事例研究は，ブリストルにある University of the West of England の British Academy による研究助成（2003年）によるものである。匿名性の確保ため，調査協力者名や社会経済的状況などはすべて仮名としている。調査プロジェクトに多大な協力をいただいた同大学 Center for Critical Theory の Elizabeth Wood に感謝する。

(4) Aaron Ben-Ze'ev, *Love online : emotions on the internet* (Cambridge : Cambridge University Press, 2004).

(5) David Held, Anthony McGrew, David Goldblatt and Jonathan Perraton, *Global transformations : politics, economics and culture* (Cambridge : Polity Press, 1999); John Urry, *Global complexity* (Cambridge : Polity Press, 2003); そして，Sylvia Walby, *Globalization and inequalities* (London : Sage, 2009)を参照。

(6) Frances Cairncross, *The death of distance* (London : Orion, 1997).

(7) Charles Lemert, Anthony Elliot, Daniel Chaffee and Eric Hsu（eds.）, *Globalization : a reader*, Parts V and VI (London : Routledge, 2010), 参照。

(8) Peter Berger and Brigitte Berger, *The war over the family* (New York : Anchor Press, 1999); Paul Amato and Alan Booth, *A generation at risk : growing up in an era of family upheaval* (Cambridge, MA : Harvard University Press, 2000).

(9) L. Rosenmayr, 'showdown zwichen Alt und Jung?', Winter Zweitung, 1992, 26 : p. 1, 参照。
(10) Jeffrey Weeks, *Sexuality* (London and New York : Routledge, 1986), p. 100.
(11) Gilles Lipovetsky, *Hypermodern individualism* (Cambridge : Polity Press, 2000), p. 16.
(12) Anthony Giddens, *Modernity and self-identity* (Cambridge : Polity Press, 1991), p. 81.
(13) Aaron Ben-Ze'ev, *Love online : emotions on the internet* (Cambridge : Cambridge University Press, 2004).
(14) David Conradson and Alan Latham, 'Friendship, networks and transnationality in world city : Antipodean transmigrants in London', *Journal of Ethnic and Migration Studies*, 2005, 31(2) : pp. 287-305, 参照。
(15) Michaela Benson and Karen O'Reilly, 'Migration and the search for a better way of life : a critical exploration of lifestyle migration', *The Sociological Review*, 2009, 57(4) : pp. 308-25, 参照。
(16) Anthony Giddens, *The consequences of modernity* (Cambridge : Polity Press, 1990), p. 38.
(17) Anthony Giddens, *Modernity and self-identity* (Cambridge : Polity Press, 1991), p. 13.
(18) Ulrich Beck and Elisabeth Beck-Gernsheim, *Individualization* (London : Thousand Oaks, 2002), p. 3.
(19) Luce Irigaray, *An ethics of sexual difference* (Ithaca : Cornell University Press, 1993), p. 7.
(20) Luce Irigaray, *Elemental passions* (London : Routledge, 1992), p. 54.
(21) Elizabeth Grosz, *Space, time and perversion* (London : Routledge, 1995), p. 121.
(22) Sylvia Walby, *Globalizatin and inequalities* (London : Sage, 2009), 参照。
(23) Ulrich Beck and Elisabeth Beck-Gernsheim, *Individualization* (London : Sage, 2000), p. 72.
(24) Jennifer Mason, 'Personal narratives, relational selves : residential histories in the living and telling', *Sociological Review*, 2004, 52(2) : pp. 162-79, 163.
(25) Jennifer Mason, 'Personal narratives, relational selves : residential histories in the living and telling', *Sociological Review*, 2004, 52(2) : pp. 162-79, 166-7.
(26) James Hammerton, 'The quest for family and the mobility of modernity in narratives of postwar British emigration', *Global Networks*, 2004, 4(4) : pp. 271-84.
(27) UNDP, *Human Development Report 2004* (New York : United Nations Devel-

opment Programme, UN, 2004), p. 87.

(28) Russell King, 'Towards a new map of European migration', *International Journal of Population Geography*, 2002, 8(2): pp. 89-106.

(29) Jennifer Mason, 'Managing kinship over long distances: the significance of "the visit"', *Social Policy and Society*, 2004, 3(4): pp. 421-9, 421.

(30) Ethan Watters, *Urban tribes: are friends the new family?* (London: Bloomsbury, 2004); Katie Walsh, 'Discourses of love amongst British migrants in Dubai', *Mobilities*, 2009, 4(3): pp. 427-46, 431; Jonas Larse John Urry and Kay Axhausen *Mobilities, networks, geographies* (Aldershot: Ashgate, 2006).

(31) Katie Walsh, 'Discourses of love amongst British migrants in Dubai', *Mobilities*, 2009, 4(3): pp. 427-46.

(32) Adam Phillips, *On flirtation* (London: Faber, 1994), p. 16.

(33) オンラインの関係性については、以下を参照のこと。Aaron Ben-Ze'ev, *Love online: emotions on the internet* (Cambridge: Cambridge University Press, 2004).

(34) Christina Bachen, 'The family in the networked society: a summary of research on the American family', Center for Science Technology Society, Santa Clara University, CA, 2001. 以下で入手可能。www.scu.edu/sts/nexus/winter2001/BachenArticle.cfm（2009年11月2日アクセス）。

(35) 以下を参照。John Urry, *Mobilities* (Cambridge: Polity, 2007), p. 25.

(36) 以下を参照。Cornelius Castoriadis, *The imaginary institution soiety* (Cambridge: Polity Press, 1987). また以下も参照。Anthony Eliott, *Social theory since Freud* (London and New York: Routledge, 2004).

(37) Annette Lawson, *Adultery: An analysis of love and betrayal* (Oxford: Oxford University Press, 1990).

(38) 以下を参照。N.R. Gerstel and H. Gross, *Commuter marriage: study of work and family* (London: Guilford Press, 1984); Mary Holmes, 'Love lives at a distance: distance relationships over the lifecourse', *Sociological Research Online*, 2006, 11(3). 以下で入手可能。www.socresonline.org.uk/11/3/holmes.html.

(39) Sylvia Walby, *Gender transformations* (London and New York: Routledge, 1997).

(40) Simon Duncan, Rosalind Edwards, Tracey Reynolds, and Pam Alldred, 'Motherhood, paid work and partnering: values and theories' *Work, Employment and Society*, 2003, 17(2): 309-30; Lynne Segal, *Why feminism?* (Cambridge: Polity Press, 2000).

(41) Mary Holmes, 'An equal distance? Individualisation, gender and intimacy in

distance relationship', *The Sociological Review*, 2004, 52(2): pp. 180-200.
(42) Arlie Hochschild, 'Global care chains and emotional surplus value', in Will Hutton and Anthony Giddens (eds.), *On the edge: living with global capitalism* (London: Jonathan Cape, 2000), p. 131. 以下を参照。Barbara Ehrenreich and Arlie Hochschild (eds.), *Global woman: nannies, maids, and sex workers in the new economy* (New York: Metropolitan Books, 2002).
(43) Nayla Moukarbel, 'Not allowed to love? Sri Lankan maids in Lebanon', *Mobilities*, 2009, 4(3): pp. 329-48. 以下も参照。Nicola Yeates, 'Global care chains: a critical introduction', *Global Migration Perspectives No. 44* (Geneva: Global Commission on International Migration, 2005).
(44) Mary Holmes, 'An equal distance? Individualisation, gender and intimacy in distance relationship', *The Sociological Review*, 2004, 52(2): pp. 180-200, 197.
(45) Sietske Altink, *Stolen lives: trading woman into sex and slavery* (London: Scarlet Press, 1995).
(46) 以下を参照。www.guardian.co.uk/business/2009/oct/14/banking-prostitution（2009年11月9日アクセス）。
(47) Jeremy Seabrook, *Travels in the skin trade* (London: Pluto, 1996), pp. 169-70.
(48) Laura Maria Agustin, *Sex at the margins: migration, labour makets and the rescue industry* (London: Zed Books, 1988), p. 43.
(49) Laura Maria Agustin, *Sex at the margins: migration, labour makets and the rescue industry* (London: Zed Books, 1988), p. 30.
(50) Dennis Altman, *Global sex* (Chicago, IL: Chicago University Press, 2001).
(51) Mary Holmes, 'Love lives at a distance: distance relationships over the lifecourse', *Sociological Research Online*, 2006, 11(3). 以下で入手可能。www.socresonline.org.uk/11/3/holmes.html.

第6章

(1) Make Davis and Daniel Bertrand Monk, 'Introduction', in *Evil paradises* (New York: The New Press, 2007), p. xv.
(2) www.burj-al-arab.com/ を参照。ドバイについては以下を参照。Mattias Junemo "'Let's build a palm island'"; playfulness in complex times', in Mimi Sheller and John Urry (eds.), *Tourism mobilities* (London: Routledge, 2004); Mike Davis, 'Sand, fear, and money in Dubai', in Mike Davis and Daniel Bertrand Monk (eds.), *Evil paradises* (New York: The New Press, 2007); and Heiko Schmid, 'Economy of fascination: Dubai and Las Vegas as examples of a thematic production of urban landscapes', Erdkunde, 2006, 60: pp. 346-61.

(3) Mike Davis, 'Sand, fear, and money in Dubai', in Mike Davis and Daniel Bertrand Monk (eds.), *Evil paradises* (New York: The New Press, 2007), p. 52.
(4) Bülent Diken and Carsten Bagge Laustsen, *The culture of exception* (London: Routledge, 2005), 参照。
(5) Mike Davis, 'Sand, fear, and money in Dubai', in Mike Davis and Daniel Bertrand Monk (eds.), *Evil paradises* (New York: The New Press, 2007), pp. 64-6.
(6) David Harvey, *The new imperialism* (Oxford: Oxford University Press, 2005).
(7) Mike Davis, 'Sand, fear, and money in Dubai', in Mike Davis and Daniel Bertrand Monk (eds.), *Evil paradises* (New York: The New Press, 2007), p. 60.
(8) Make Davis and Daniel Bertrand Monk, 'Introduction', in *Evil paradises* (New York: The New Press, 2007), p. ix.
(9) Mattias Junemo, '"Let's build a palm island"; playfulness in complex times', in Mimi Sheller and John Urry (eds.), *Tourism mobilities* (London: Routledge, 2004), p. 184.
(10) Davis and Monk の他に以下を参照。Scott A. Lukas, *The themed space* (Mary and: Lexington Books, 2007); および Anne Cronin and Kevin Hetherington (eds.), *Consuming the entrepreneurial city* (London: Routledge, 2008).
(11) Celia Lury, *Brands: the logos of the global economy* (London: Routledge, 2004) を参照。企業と消費者の間の交換を媒介するものとしてブランドをより一般的に論じている。
(12) Erving Goffman, *The Presentation of Self in everyday life* (Harmondsworth: Penguin, 1971), 参照。
(13) Anthony Elliot and Charles Lemert, *The new individualism: the emotional costs of globalization* (London and New York: Routledge, 2009), 参照。
(14) Anthony Elliot, *Making the cut* (London: Reaktion, 2008), p. 13.
(15) John Urry, *The tourist gaze* (London: Sage, 2002) および John Walton, *Riding on rainbows* (St Albans: Skelter, 2007) ブラックプールの 'riding on rainbows' について。
(16) Rob Shields, *Places on the margin* (London: Routledge, 1991).
(17) Daniel Miller, *A theory of shopping* (Cornell: Cornell University Press, 1998), 参照。
(18) Jean Baudrillard, *Simulacra and simulation* (Michigan: University of Michigan Press, 1994).
(19) Paul Gilroy, 'Driving while black', in Daniel Miller (ed.), *Car cultures* (Oxford: Berg, 2000).

(20) Mimi Sheller, 'Automotive emotions: feeling the car', *Theory, Culture and Society*, 2004, 21: pp. 221-42.
(21) Roland Barthes, *Mythologies* (London: Vintage, 1972), p. 88. Kingsley Dennis and John Urry, *After the car* (Cambridge: Polity, 2009), 第2章参照。
(22) Maria Isabel Mendes de Almeida, 'Consuming the night', in Anne Cronin and Kebin Hetherington (eds.), *Consuming the entrepreneurial city* (London: Routledge, 2008).
(23) Anthony Elliot, *Making the cut* (London: Reaktion, 2008) および Andre Wittel, 'Toward a network sociality', *Theory, Culture & Society*, 2001, 18: pp. 51-76.
(24) David Blackbourn, 'Fashionable spa towns in nineteenth century Europe', in Susan Anderson and Bruce Tabb (eds.), *Water, leisure and culture* (Oxford: Berg, 2002).
(25) Mimi Sheller and John Urry (eds.), *Tourism mobilities* (London: Routledge, 2004) の事例参照。
(26) Scott A. Lukas (ed.), *The themed space* (Maryland: Lexington Books, 2007), p. 2.
(27) Antonio Luna-Garcia, 'Just another coffee! Milking the Barcelona model, marketing a global image, and the resistance of local identities', in Anne Cronin and Kevin Hetherington (eds.) *Consuming the entrepreneurial city* (London: Routledge, 2008).
(28) Michel Foucault, 'Governmentality', in Graham Burchell, Colin Gordon and Peter Miller (eds.), *The Foucault effect: studies in governmentality* (London: Harvester Wheatsheaf, 1991); Erving Goffman, *Asylums* (Harmondsworth: Penguin, 1968).
(29) Gill Deleuze and Felix Guattari, *Nomadology* (New York: Semiotext(e), 1986); Gilles Deleuze, 'Postscript on control societies', in *Negotiations, 1972-1990* (New York: Columbia University Press, 1995).
(30) 第3章以降の議論，および以下を参照。Barry Wellman, 'Physical place and cyberplace: the rise of personalized networking', *International Journal of Urban and Regional Research*, 2001, 25: pp. 227-52; Jonas Larsen, John Urry and Kay Axhausen, *Mobilities, networks, geographies* (Aldershot: Ashgate, 2006).
(31) John Urry, *Mobilities* (Cambridge: Polity, 2007), 第12章を参照。そこでは鑑定観の重要性を理解するために土地と風景の区別を使っている。
(32) Mimi Sheller and John Urry (eds.), *Tourism mobilities* (London: Routledge, 2004); Machiel Lamers, *The future of tourism in Antartica* (Maastricht: Universitaire Pers Maastricht, 2009); Mike Robinson and Marina Novelli (eds.), *Niche*

tourism（Oxford: Elsevier, 2005).

(33) Alex Garland, *The beach* (Harmondsworth: Penguin, 1997). Colin Campbell, *The romantic ethic and the spirit of modern consumerism* (Oxford: Basil Blackwell, 1987), 参照。

(34) Mimi Sheller and John Urry (eds.), *Tourism mobilities* (London: Routledge, 2004), 参照。

(35) Barry Schwartz, *The paradox of choice* (New York: Harper, 2004), p. 172, 参照。

(36) B. Joseph Pine and James Gilmore, *The experience economy* (Cambridge, MA: Harvard Business School Press, 1999).

(37) Anthony Elliot, *Making the cut* (London: Reaktion, 2008), p. 145.

(38) http://news.bbc.co.uk/hi/health/7043639.stm （2007年10月15日最終アクセス）。

(39) David Harvey, *The new imperialism* (Oxford: Oxford University Press, 2005), and *A brief history of neo-liberalism* (Oxford: Oxford University Press, 2005), and Naomi Klein, *The shock doctrine* (London: Penguin Allen Lane, 2007). 新自由主義と社会民主主義の違いについては，Sylvia Walby, *Globalisation and inequalities* (London: Sage, 2009), を参照。

(40) John Perkins, *Confessions of an economic hit man* (London: Ebury Press, 2005), p. xiii.

(41) Mike Davis and Daniel Bertrand Monk (eds.), *Evil paradises* (New York: The New Press, 2007); Tim Simpson, 'Macao, capital of the 21st century', *Environment and Planning D: Society and Space*, 2008, 26: pp. 1053-79.

(42) http://granscalablog.com/gran-scala/ （2009年6月8日最終アクセス）。

(43) Bülent Diken and Carsten Bagge Laustsen, *The culture of exception* (London: Routledge, 2005), p. 110 で詳細に描かれている。

(44) Rachel Carson, *The sea around us* (New York: Oxford University Press, 1961), p. 2.

(45) Jørgen Ole Bærenholdt, Michael Haldrup, Jonas Larsen and John Urry, *Performing tourist places* (Aldershot: Ashgate, 2004), p. 50.

(46) Mimi Sheller, *Consuming the Caribbean* (London: Routledge, 2003).

(47) Mimi Sheller, 'Infrastructures of the imagined island: software, mobilities, and the new architecture of cyberspatial paradise', *Envrionment and Planning A*, 2008, 41: pp. 1386-1403, 1396.

(48) Mimi Sheller, 'The new Caribbean complexity: mobility systems and the re-scaling of development', *Singapore Journal of Tropical Geography*, 2008, 14: pp. 373-84.

⑷⑼ www.royalcaribbean.com（2008年5月29日最終アクセス）。

⑸⓪ Mimi Sheller, 'Infrastructures of the imagined island: software, mobilities, and the new architecture of cyberspatial paradise', *Envrionment and Planning A*, 2008, 41: pp. 1386-1403. グローバルなオフショアの免税天国の規模は、イギリスの GDP の10倍以上である、と Davis and Monk は述べている。以下を参照。'Introduction', in Evil paradises (New York: The New Press, 2007), p. ix. さらに以下も参照。Ronen Palan, *The offshore world* (New York: Cornell University Press, 2003).

⑸⑴ Mimi Sheller, 'Always turned on', in Anne Cronin and Kevin Hetherington (eds.), *Consuming the entrepreneurial city* (London: Routledge, 2008), p. 123.

⑸⑵ www.guardian.co.uk/business/2009/feb/02/tax-gap-avoidance/（2009年6月8日最終アクセス）。

⑸⑶ Steve Graham and Simon Marvin, *Splintering urbanism* (London: Routledge, 2001).

⑸⑷ Barry Schwartz, *The paradox of choice* (New York: Harper, 2004), pp. 109-10.

⑸⑸ Barry Schwartz, *The paradox of choice* (New York: Harper, 2004), p. 167.

⑸⑹ Mike Davis and Daniel Bertrand Monk, 'Introduction', in *Evil paradises* (New York: The New Press, 2007), p. xv.

⑸⑺ Barry Schwartz, *The paradox of choice* (New York: Harper, 2004), p. 191. 参照集団に関する見落とされた概念については以下を参照。John Urry, *Reference groups and the theory of revolution* (London: Routledge, 1973).

⑸⑻ Thorsten Veblen, *The theory of the leisure class* (New York: Macmillan, 1912), pp. 85, 96.

⑸⑼ Bass Amelung, Sarah Nichollls and David Viner, 'Implications of global climate change for tourism flows and seasonality', *Journal of Travel Research*, 2007, 45: pp. 285-96.

⑹⓪ Paul Lewis, 'Too high, too fast: the party's over for Dubai', *The Guardian*, 14 February 2009, pp. 28-9.

第7章

(1) John DeCicco and Freda Fung, *Global warming on the road* (Washington: Environmental Defense, 2006), p. 1.

(2) Karl Marx and Friedrich Engels, *The manifesto of the Communist Party* (Moscow: Foreign Languages, (1848) 1888), p. 58. 世界の化石燃料における有限性の含意については Max Weber, *The Protestant ethic and the spirit of capitalism* (London: Unwin, 1939), p. 181, 参照。

(3) Terry Leahy, 'Discussion of "global warming and sociology"', *Current Sociology*, 2008, 56 : pp. 475-84, 481, 近代の他の経済システムが持つ環境破壊の前科が「よりましな」ものであったといおうとしているわけではない。

(4) Graham Harris, *Seeking sustainability in an age of complexity* (Cambridge : Cambridge University Press, 2007) ; David Nye, *Consuming power* (Cambridge, MA : MIT Press, 1999).

(5) Stephen Burman, *The state of the American Empire. How the USA shapes the world* (London : Earthscan, 2007), 参照。

(6) Stephen Burman, *The State of the American Empire. How the USA shapes the world* (London : Earthscan, 2007), pp. 16-26.

(7) Julian Borger, 'Half of global car exhaust produced by US vehicles', *The Guardian*, 29 June 2008 (車の排出ガスが炭素に関係しているすべての輸送を形成しているわけでは決してないが。: www.guardian.co.uk/environment/2009/apr/09/shipping-pollution, 参照) ; John DeCicco and Freda Fung, *Global warming on the road* (Washington : Environmental Defense, 2006).

(8) Anthony Giddens, *The consequences of modernity* (Cambridge : Polity, 1990)を参照のこと。

(9) ボーダレスについては, Kenichi Ohmae, *The borderless world* (London : Collins, 1990), 参照。この本は2001年の9月11日に終了した「自由世界」における10年のオプティミズムの始まり, 1990年に出版されたものである。

(10) David Harvey, *A brief history of neo-liberalism* (Oxford : Oxford University Press, 2005), 参照。Naomi Klein は *The shock doctrine* (London : Penguin Allen Lane, 2007) において, 1999年までに, シカゴ学派の卒業生の中には25人の政府の閣僚と12人以上の中央銀行総裁がいたことを指摘している (p. 166) !

(11) Naomi Klein, *The shock doctrine* (London : Penguin Allen Lane, 2007), pp. 3-21.

(12) IPCC (2007), www.ipcc.ch/ (accessed 2 June 2008) で入手可能 ; Nicholas Stern, *The economics of climate change* (Cambridge : Cambridge University Press, 2007).

(13) Nicholas Stern, *The economics of climate change* (Cambridge : Cambridge University Press, 2007), p. 3.

(14) James Lovelock, *The revenge of Gaia* (London : Allen Lane, 2006) ; Elizabeth Kolbert, *Field notes from acatastrophe. A frontline report on climate change* (London : Bloomsbury, 2007) ; Eugene Linden, *Winds of change. Climate, weather and the destruction of civilizations* (New York : Simon and Schuster, 2007) ; Mark Lynas, *Six degrees : our future on a hotter planet* (London : Fourth Estate,

2007); Fred Pearce, *With speed and violence : why scientists fear tipping points in climate change* (Boston : Beacon Press, 2007); George Monbiot, *Heat : how to stop the planet burning* (London : Allen Lane, 2007), を参照のこと。

(15) 加えて www.opendemocracy.net/globalization-climate_change_debate/article_2508.jsp (accessed 9 November 2009), 参照。

(16) Constance Lever-Tracy, 'Global warming and sociology', *Current Sociology*, 2008, 56 : pp. 445-66, 448-50. 広くは Kingsley Dennis and John Urry, *After the car* (Cambridge : Polity, 2008), 第1章参照。

(17) Ulrich Beck, *World at risk* (Cambridge : Polity, 2009), p. 53.

(18) José Rial, Roger Pielbe, Martin Beniston, Martin Clavssen, Josep Canadell, Peter Cox, Hermann Held, Nathalie de Noblet-Ducoudré, Ronald Prinn, James Reynolds and José Salas, 'Nonlinearities, feedbacks and critical thresholds within the Earth's climate system', *Climate Change*, 2004, 65 : pp. 11-38 ; James Lovelock, *The revenge of Gaia* (London : Allen Lane, 2006) ; Fred Pearce, *With speed and violence : why scientists fear tipping points in climate change* (Boston : Beacon Press, 2007).

(19) www.guardian.co.uk/environment/2005/aug/11/science.climatechange1 (accessed 17 December 2008) で入手可能。

(20) James Lovelock, *The revenge of Gaia* (London : Allen Lane, 2006), p. 35.

(21) Fred Pearce, *With speed and violence : why scientists fear tipping points in climate change* (Boston : Beacon Press, 2007), p. 21.

(22) www.who.int/globalchange/news/fsclimandhealth/en/index.html (accessed 13 July 09) で入手可能。

(23) Thomas Homer-Dixon, *The upside of down* (London : Souvenir, 2006), p. 81.

(24) David Strahan, *The last oil shock* (London : John Murray, 2007), p. 85.

(25) David Strahan, *The last oil shock* (London : John Murray, 2007), 第2章を参照。

(26) Stephen Burman, *The state of the American Empire : how the USA shapes the world* (London : Earthscan, 2007), pp. 26-9.

(27) David Strahan, *The last oil shock* (London : John Murray, 2007), pp. 62-3.

(28) Jeremy Leggett, *Half gone : oil, gas, hot air and global energy crisis* (London : Portobello Books, 2005) ; Richard Heinberg, *The party's over : oil, war and the fate of industrial society* (New York : Clearview Books, 2005) ; Thomas Homer-Dixon, *The upside of down* (London : Souvenir, 2006) ; Julian Darley, *High noon for natural gas* (Vermont : Chelsea Green, 2004) ; David Strahan, *The last oil shock* (London : John Murray, 2007) ; Thomas Homer-Dixon (ed.) *Carbon shift*

(Random House, Canada, 2009). しかしながら P. Jackson, *Why the peak oil theory falls down : myths, legends, and the future of oil resources* も参照。www.cera.com/aspx/cda/public1/news/pressReleases/pressReleaseDetails.aspx?CID=8444 (2006 ; accessed 21 November 2006) で入手可能。「公式」見解は国際エネルギー機関の *World Energy Report 2008* でみることができる。ここには未来の石油供給に関して悲観的になりゆく未来像が，より大きな価格の上昇という強力な予測を伴って描かれている。(David Strahan, 'Pipe dreams', *The Guardian/Environment*, 3 December 2008, p. 7).

(29) Jeremy Leggett, *Half gone : oil, gas, hot air and global energy crisis* (London : Portobello Books, 2005), pp. 12, 15.

(30) このことは David Strahan に明確に描かれている。*The last oil shock* (London : John Murray, 2007), 第 1 章。

(31) David Strahan, 'Pipe dreams', *The Guardian/Environment*, 3 December 2008, p. 7.

(32) Thomas Homer-Dixon, *The upside of down* (London : Souvenir, 2006), p. 174. 食物にとっての石油の重要性については，Dale Pfeiffer によって優れたタイトルがつけられた著作 *Eating fossil foods* (Gabriola Island, BC : New Society Publishers, 2006), 参照。

(33) www.guardian.co.uk/business/2008/jun/10/oil.france (accessed 12 June 2008) で入手可能。

(34) Rob Hopkins, *The transition handbook* (Totnes : Green Books, 2008), pp. 20-1. Rifkin は石油の時代は「回転数を上げれば上げるほど終わりも早くなる」と主張する。Jeremy Rifkin, *The hydrogen economy* (New York : Penguin Putnam, 2002), p. 174.

(35) James Kunstler, *The long emergency : surviving the converging catastrophes of the 21st Century* (London : Atlantic Books, 2006), p. 65 ; Thomas HomerDixon, *The upside of down* (London : Souvenir, 2006).

(36) http://news.ncsu.edu/releases/2007/may/104.html (accessed 28 May 2008) で入手可能。

(37) 多くは大都市の外れに，おそらく20万の現代スラムがいかに存在しているのかについては Mike Davis, Planet of slums (London : Verso, 2007), 参照。

(38) Mike Davis, Planet of slums (London : Verso, 2007), p. 133.

(39) Gilberto Gallopin, Al Hammond, Paul Raskin and Rob Swart, *Branch points : global scenarios and human choice* (Stockholm : Stockholm Environment Institute -Global Scenario Group, 1997), p. 17.

⑷⓪ J. Timmons Roberts and Bradley Parks, *A climate of injustice* (Cambridge, MA: MIT Press, 2007).

⑷1 Chris Abbott, *An uncertain future: law enforcement, national security and climate change* (Oxford: Oxford Research Group, 2008), www.oxfordresearchgroup.org.uk/publications/briefing-papers/pdf/uncertainfuture.pdf（accessed 18 February 2008）で入手可能。

⑷2 Randeep Ramesh, 'Paradise almost lost: Maldives seek a new homeland', *The Guardian*, 10 November 2008, 参照。

⑷3 TimesOnline: www.timesonline.co.uk/tol/news/world/asia/article2994650.ece （accessed 11 December 2007）で入手可能。

⑷4 David Pfeiffer, *Eating fossil fuels* (Gabriola Island, BC: New Society Publishers, 2006), p. 15.

⑷5 David Pfeiffer, *Eating fossil fuels* (Gabriola Island, BC: New Society Publishers, 2006), p. 25.

⑷6 David Pfeiffer, *Eating fossil fuels* (Gabriola Island, BC: New Society Publishers, 2006), p. 2.

⑷7 以下を参照。David Strahan, *The last oil shock* (London: John Murray, 2007), p. 123; Thomas Homer-Dixon (ed.) *Carbon Shift* (Toronto: Random House, 2009), p. 13.

⑷8 Terry Leahy, 'Discussion of "Global warming and sociology"', *Current Sociology*, 2008, 56: pp. 475-84, 480.

⑷9 Ulrich Beck, *World at risk* (Cambridge: Polity, 2009), pp. 52-3.

⑸⓪ Foresight, *Intelligent infrastructure futures: the scenarios -towards 2055* (London: Office of Science and Technology, Department for Trade and Industry, 2006), 参照。John Urry は4人の専門科学者の一人だった。加えて Kevin Anderson, Alice Bowes, Sarah Mander, Simon Shackley, Paolo Agnolucci and Paul Ekins, *Decarbonising modern societies: integrated scenario process and workshops* (London and Manchester: Tyndall Centre, 2006); Forum for the Future, *Climate futures* (London: Forum for the Future, 2008); National Intelligence Council, *Global trends 2025* (Washington, DC: National Intelligence Council, 2008); Kingsley Dennis and John Urry, *After the car* (Cambridge: Polity, 2009), 参照。

⑸1 魅力的な例として Frank Geels and Wim Smit, 'Lessons from failed technology futures: potholes in the road to the future', Nik Brown, Brian Rappert and Andrew Webster (eds.), *Contested futures* (Aldershot: Ashgate, 2000), 参照。

⑸2 www.youtube.com/watch?v=wa2DUe2vJew（accessed 16 December 2008）で入

注

手可能。

(53) Marina Benjamin, *Rocket dreams* (London : Vintage, 2003), 参照。

(54) Robert Costanza, 'Four visions of the century ahead', *The Futurist*, February 1999 : pp. 23-8.

(55) Gilberto Gallopin, Al Hammond, Paul Raskin and Rob Swart, *Branch points : global scenarios and human choice* (Stockholm : Stockholm Environment Institute -Global Scenario Group, 1997), pp. 35-6 ; Robert Costanza, 'Four visions of the century ahead', *The Futurist*, February 1999 : pp. 23-8.

(56) イギリスにおける市場町の再構築の中で最近提案されていることは、このことの未来の何ものかをとらえている。すなわち、住民が他所を旅行し続けることなく、そこに住み続けたがるように、それぞれの町が特殊な持ち味を実際に持たなければならないということである。

(57) David Harvey, *Spaces of hope* (Edinburgh : Edinburgh University Press, 2000).

(58) James Kunstler, *The long emergency : surviving the converging catastrophes of the 21st century* (London : Atlantic Books, 2006).

(59) James Kunstler, *The long emergency : surviving the converging catastrophes of the 21st century* (London : Atlantic Books, 2006), p. 270.

(60) www.happyplanetindex.org/news/archive/news-2.html (accessed 12 July 2009) で入手可能。

(61) Gilberto Gallopin, Al Hammond, Paul Raskin and Rob Swart, *Branch points : global scenarios and human choice* (Stockholm : Stockholm Environment Institute -Global Scenario Group, 1997), p. 29.

(62) さまざまな、文字通りのポスト石油「軍閥」が現在台頭しつつある。Sarah Hall, *The Carhullan Army* (London : Faber and Faber, 2007) ; と Marcel Theroux, *Far north* (London : Faber and Faber, 2009), 参照。

(63) Gilberto Gallopin, Al Hammond, Paul Raskin and Rob Swart, *Branch points : global scenarios and human choice* (Stockholm : Stockholm Environment Institute -Global Scenario Group, 1997), p. 34.

(64) Kevin Hannam, Mimi Sheller and John Urry, 'Editorial : mobilities, immobilities and moorings', *Mobilities*, 2006, 1 : pp. 1-22 ; Henry Giroux, 'Violence, Katrina, and the biopolitics of disposability', *Theory, Culture and Society*, 24 : pp. 305-9.

(65) 以下を参照。David Strahan, *The last oil shock* (London : John Murray, 2007), pp. 58-9.

(66) J. Timmons Roberts and Bradley Parks, *A climate of injustice* (Cambridge, MA : MIT Press, 2007).

⑹⑺　Daniel Miller (ed.), *Car cultures* (Oxford: Berg, 2000) のエッセーを参照。

⑹⑻　1982年の映画 *Mad Max 2*, 参照。このシナリオは Robert Costanza, 'Four visions of the century ahead', *The Futurist*, February 1999: pp. 23-8 で Mad Max シナリオと呼ばれている。

⑹⑼　Naomi Klein, *The shock doctrine* (London: Penguin Allen Lane, 2007), p. 21.

⑺⓪　John Tiffin and Christopher Kissling, *Transport communications* (London: Kogan Paul, 2007), p. 204.

⑺①　エアーマイルを配当することについては George Monbiot, *Heat: how to stop the planet burning* (London: Allen Lane, 2006), p. 173, 参照。炭素一般の割り当てについては David Strahan, *The last oil shock* (London: John Murray, 2007), 第10章参照。

⑺②　www.hp.com/halo/introducing.html (accessed 8 December 2008) で入手可能。

⑺③　www.advanced.org/teleimmersion.html (accessed 8 December 2008) で入手可能。

⑺④　詳細は Bill Sharpe and Tony Hodgson, *Towards a cyber-urban ecology* (London: Foresight Project on Intelligent Infrastructure Systems, 2006), pp. 1-44, 参照。

⑺⑤　Eric Beinhocker, *The origin of wealth* (London: Random House, 2006), pp. 333, 374.

⑺⑥　Information Commissioner, *A report on the surveillance society* (London: The Surveillance Network, 2006), 参照。

⑺⑦　http://news.bbc.co.uk/1/hi/uk/6108496.stm (accessed 5 November 2006) で入手可能な BBC Report, 参照。イギリスには500万台にも及ぶ CCTV カメラが存在する。現代の監視政治における最近の調査については、www.bbc.co.uk/drama/lastenemy/ (accessed 4 April 2008) で入手可能な2008年の BBC ドラマ, *The last enemy*, 参照。

⑺⑧　Nicholas Stern, *Stern Review: the economics of climate change* (London: House of Commons, 2006), p. 1. 重要なことは、この評論が他の市場の失敗、すなわち使い尽くし、おそらく消滅するであろう石油のことについて無視していることである。Strahan はより広く経済成長率におけるエネルギーのインパクトを検証するのにこの失敗を批評している。David Strahan, *The last oil shock* (London: John Murray, 2007), 第5章。

⑺⑨　Joseph Stiglitz, *Making globalization work* (London: Penguin, 2007); Stephen Haseler, *Meltdown* (London: Forumpress, 2008).

⑻⓪　Doug Guthrie, *China and globalisation* (New York: Routledge, 2009).

⑻①　Saskia Sassen, 'Too big to save: the end of financial capitalism', *Open Democra-*

cy News Analysis, 1 April 2009.
(82) Nicholas Stern, *The economics of climate change* (Cambridge: Cambridge University Press, 2007), p. 644.
(83) Joseph Stiglitz, *Making globalization work* (London: Penguin, 2007).
(84) Paul Krugman, *The return of depression economics* (London: Penguin, 2008).
(85) Anthony Giddens, *The politics of climate change* (Cambridge: Polity, 2009), 第5章。
(86) Jared Diamond, *Collapse: how societies choose to fail or survive* (London: Allen Lane, 2005).
(87) 以下を参照。Thomas Homer-Dixon, *The upside of down* (London: Souvenir, 2006), 第2章。
(88) Joseph Tainter, *The collapse of complex societies* (Cambridge: Cambridge University Press, 1988), p. 216. 加えて, Martin Rees, *Our final century* (London: Arrow Books, 2003); Thomas Homer-Dixon, 'Prepare for tomorrow's breakdown', *The Globe and Mail*, 14 May 2006; Thomas Homer-Dixon, *The upside of down* (London: Souvenir, 2006) および, David Strahan, *The last oil shock* (London: John Murray, 2007), 参照。

おわりに

(1) Anthony Giddens, *The politics of climate change* (Cambridge: Polity Press, 2009), p. 228.
(2) Herbert Marcuse, *Eros and civilization* (London: Routledge, 2nd edition, 1987) ならびに Fredric Jameson, *The prison-house of language* (Princeton, NJ: Princeton University Press, 1975), 参照。
(3) Rob Hopkins, *The transition handbook* (Totnes: Green Books, 2008). また, 1991年のソビエト連邦崩壊によって起こったキューバ経済の破綻とその後の再生について描いたアメリカのドキュメンタリー映画 *The power of community: how Cuba survived peak oil*（2006年）も参照のこと。キューバ政府と市民双方がたどった劇的な歩みとともに, 都市農業やエネルギー依存, 持続可能性などが主要なテーマとなっている。
(4) www.romow.com/news-blog/virtual-meetings-gain-popularity-as-travel-costs-increase/ （2009年8月11日アクセス）。
(5) シスコシステムのビデオ会議については以下を参照。www.nytimes.com/2009/10/02/technology/companies/02cisco.html?hp.
(6) www.eweek.com/c/a/Search-Engines/Greenminded-Google-Gets-Redfaced-Over-Search-Energy-Consumption-Claims/を参照（2009年11月4日アクセス）。

(7) Paul Voosen, 'Industry lines up behind bold African, Mideast solar project in hopes politicians will follow', *New York Times*, 22 July 2009, www.nytimes.com/gwire/2009/07/22/22greenwire-industry-lines-up-behind-bold-african-mideast-67746.html（2009年10月9日アクセス）。

(8) Todd Woody, 'Alternative energy projects stumble on a need for water', *New York Times*, 29 September 2009, www.nytimes.com/2009/09/30/business/energy-environment/30water.html（2009年11月9日アクセス）。

監訳者あとがき

　本書は，Anthony Elliott & John Urry 共著の *Mobile lives*（Oxon：Routledge, 2010）の全訳である。

　Anthony Elliott は1986年メルボルン大学を卒業後，ケンブリッジ大学でアンソニー・ギデンズ氏に師事し，1991年に社会学博士号を取得している。その後，ケント大学教授，フリンダース大学教授を経て，現在は南オーストラリア大学教授で，ホーク・リサーチ・インスティテュート所長（Director of the Hawke Research Institute）に就いている。オーストラリア社会科学アカデミー会員でもあり，本書以外にも，以下をはじめとする多数の著書があり，社会理論家・社会学者として重要な位置を占めている。

① Anthony Elliott（2016）*Identity troubles : an introduction*, Routledge.
② Anthony Elliott and Charles Lemert（2014）*Introduction to contemporary social theory*, Routledge.
③ Anthony Elliott（2009）*Contemporary social theory : an introduction*, Routledge.
④ Anthony Elliott（2008）*Making the cut : how cosmetic surgery is transforming our lives*, Reaktion and Chicago University Press.
⑤ Anthony Elliott（2001）*Concepts of the Self*, Polity Press.［邦訳＝片桐雅隆・森真一訳（2008）『自己論を学ぶ人のために』世界思想社］

　John Urry はケンブリッジ大学で経済学を学んだ後，1970年に同大学大学院で社会学の修士号を，1972年に博士号を取得している。1970年以降，ランカスター大学で教鞭をとり，社会学科の教授（distinguished professor）をつとめた。

また1983年からは1989年まで社会学科長，1989年から1994年まで社会科学部長を歴任するだけではなく，英国王立芸術協会のフェローの任にもあたった。しかし大変残念なことに2016年３月18日に急逝され，これによって私たちは社会学のみならず人文・社会科学全体において偉大な業績を有する研究者を喪うこととなった。

　Urry の著書としては，本書以外にも以下のようなものがある。

① John Urry (2014) *Offshoring*, Polity Press.
② John Urry (2013) *Societies Beyond Oil: Oil Dregs and Social Futures*, Zed Books.
③ John Urry & Jonas Larsen (2011) *The Tourist Gaze 3.0*, Sage Publications.［邦訳＝加太宏邦訳（2014）『観光のまなざし〔増補改訂版〕』法政大学出版局］
④ John Urry (2007) *Mobilities*, Polity Press.［邦訳＝吉原直樹・伊藤嘉高訳（2015）『モビリティーズ——移動の社会学』作品社］
⑤ John Urry (2003) *Global Complexity*, Polity Press.［邦訳＝吉原直樹監訳・伊藤嘉高・板倉有紀訳（2014）『グローバルな複雑性』法政大学出版局］

　もちろん，これ以外にも多数の著書，編著等があるが，とくに晩年の Urry はデジタルな情報化，観光現象，移民問題等にも目配りをしつつ，グローバルに展開されるモビリティの諸現象や，エネルギー危機・気候変動をはじめとするリスク社会に注目し議論を展開してきた。本書において Urry は，共著者である Anthony Elliott とともに，その成果を非常にコンパクトにまとめている。Urry の（特に晩年の）思想を最初に知りたいという方には最適のものといえよう。現代社会理論，グローバル社会論，モビリティ論，リスク社会論，観光研究等に関心のある方々に，ご一読頂ければさいわいである。

監訳者あとがき

　なお翻訳作業については、遠藤英樹（はじめに・謝辞・第1章）、堀野正人（第2章）、寺岡伸悟（第3章）、神田孝治（第4章）、鈴木涼太郎（第5章・おわりに）、高岡文章（第5章）、山口誠（第6章）、須藤廣（第7章）がそれぞれに分担し、最終的に遠藤が文体や字句を統一した。

　最後に、学術書の出版が大変な時にあって、このような学術翻訳書の出版を快く引き受けて頂いたミネルヴァ書房に心より御礼を申し上げる。さらに編集の段階で大変お世話になった音田潔氏をはじめとする同社編集部の皆様にも、感謝の意を表したい。

2016年5月

訳者を代表して
遠藤英樹

索引

あ行

愛着　98
アイデンティティ　4, 9, 10, 16-18, 41, 107, 120-122, 124, 127, 129
アーキテクチャ　68
悪の楽園　151
アサンブラージュ　18-23, 211
アダプタビリティ　→適応性
新しい柔軟性　89
新しい破局説　208
アフォーダンス　19, 25
アメリカ帝国　205, 206
安全主義化（security-ization）　80
アントロポセン　209
生きられた経験　105
移行対象　54
移動オフィス　35
移動体通信　66, 82
移動のコスト　75
移動の途上　116
移民契約労働者　151
ヴァーチャル　i, v, 6, 8, 11, 13, 14, 18, 21, 29, 42, 211, 214, 215
永久凍土層　182
液状化する生　ii
エコ共同体主義　192
エコ-責任　194
エスニシティ　30
エディプス・コンプレックス　167
エートス　164
エネルギーの黄昏　185
エリート　107

遠距離関係　113, 116
オイスターカード　202
オフショア世界　169
オール・インクルーシブ　168
温暖化　173
温浴療養地　157

か行

階級構造　78
『会話――ある芸術の衰退の歴史』　85
カジノ資本主義　169
過剰　150
加速的な駆り立て　7
カーボン・シフト　188, 189
空騒ぎ的なモビリティ　163
観光　161
　――する世界　171
「感情の貯蓄」　54
感情の包み込み　46
管理社会　159
関連性　107
記号価値　156
気候大量殺戮　198
気候変化　84
技術的インフラ　44
帰属意識　112
ギャンブル　151
『共産党宣言』　175
共同体　159
京都議定書　206
規律社会　159
近隣集団　154
近隣の生　iii

索　引

くつろぎの場所　iii
クライン派　50
グローバリズム　8
グローバリゼーション　i, 4, 195
グローバル・エリート　89
グローバル資本主義　92
グローバル人　91, 99
グローバルズ　ii, iii, 30, 61, 63, 89, 149
グローバル・スラム　185
グローバルなケアチェーン　138-140
グローバルなもの　100
経済資本　14, 15, 78
経路　107
ゲーテッドコミュニティ　165
現存在　7
行為（agency）　131, 142
構造的空隙　64
高炭素社会　32, 172
小型化されたモビリティ　7, 8
小型化されたモビリティーズ　iii, 9, 19, 29, 37
国営　157
国際通貨基金　165
個人化　ii
個人生活の再創造　120
コスモポリタニズム　105
コネクショニスト　63, 64
コネクション　99
コネクトされた生　16
コミュニケーション　i, ii, 9, 10, 13, 21, 28, 97
　――機器　15
コンパクト・シティ　193
コンフリクト　100

さ　行

再帰的　131
　――近代化　123, 126
　――近代社会　66
　――な自己アイデンティティ　ii
再交渉　43
再生可能エネルギー　215
再ローカル化　194, 195
『ザ・ビーチ』　161
サブプライム住宅危機　96
ジェヴォンズのパラドクス　202
ジェンダー　153
『ジェンダー化されたモビリティーズ』　87
シカゴの熱波　84
資源資本主義　207
自己アイデンティティ　iii, 5
シティ・センター　77
自動車　156
『資本論』　80
指紋認証　1
ジャガーノート　178
社会階級　153
社会関係資本　85, 107
社会的コンテクスト　65
社会的世界　79
社会的紐帯　84
社会的ネットワーク　72
社会的排除　86
社会的不平等　83
柔軟性　5, 10, 98
象徴権力　14, 107
象徴資本　153
象徴闘争　78
情動の蓄積　iii
消費主義　152
消費の殿堂　156
消費文化　152
城壁都市　197
所有物　165
人種　153
新自由主義　149

249

――経済　92
身体化　157
身体的移動　79
親密性　31, 113, 122
　――の変容　116, 118, 123
親密な関係　115
　――性　116, 122, 125
スーパーマーケット　164
スーパーリッチ　94, 168
スカイプ　36
スケジューリング　98
スプリームルーラー 2020　198
スペクタクル　152
スマート・ガード　199
スモールワールド　5, 67, 70
性産業　149
精神分析　50
生体ID　1
　――情報　9
精緻化　53
制度化　159
正のフィードバック　181
世界金融危機　93
世界-内-存在　7
世界貿易機構　165
セキュリティ化　204
セクシュアリティ　30, 31
即応モード　103
速度　103
組織化された資本主義　108
存在主義（presentism）　77

た　行

体験の経済　163
対象そのものの痕跡　53
対面的共在　74
対面的相互作用　70
ダウンサイジング　61

ダーザイン　7
脱埋め込み化　117
脱エキゾチズム化　73
タックス・ヘイブン　186
脱クルマ　193, 202, 204
脱グローバル化　187
脱新自由主義　207, 208
脱組織化された資本主義　108
脱中心化　16
脱伝統化　5, 16
脱文脈化　100
ターボ資本主義　94
多様性　16
炭素社会　iv
断片化　16
地域軍閥主義　195
地域性からの距離　105
『小さな世界』　71
地球温暖化　212
地球幸福度指数　195
中毒者　152
超然とした関与　101
集い（meetings）　71
集い性（meetingness）　iii, 77, 81, 85, 86
ツーリスト　23
ツーリズム　ii, 10
ディスタンクシオン　22, 107
低炭素社会　172
テーマ化　158
適応性　5, 10
デザイン　153
デジタル技術　34
テレコミュニケーション　171
逃避可能経路の地図化　105
逃避主義　105
都市生活　69
ドバイ　149
トランジション・タウン運動　213

索 引

トランジスタ　38

な 行

ナラティブ・アプローチ　iii
難民　160
ニューオーリンズ　197
ネットワーキング　62, 70
ネットワーク　97, 102-104
ネットワーク化　99
　——された可能性　104
　——された個人主義　12, 66, 80
ネットワーク資本　iii, 13-15, 23, 30, 62, 72, 79-81, 83-86, 128, 160
『ネットワーク社会の到来』　63
ネットワークの拡張　61
ノード　83
ノートPC　44

は 行

ハイパー・モビリティ　190
バージン・ギャラクチック社　190
パスポート　160
パーソナル・コミュニティ・ネットワーク　69
パーソナル・マルチモーダル・ポッド　199
離れたつながり　191
ハビトゥス　14, 79
ハリケーン・カトリーナ　84, 197
バングラディッシュ　198
ピーク・オイル　213, 214
ビーチ　167
非日常　155
非モバイル　141
非モビリティ　98, 140, 141
非モビリティ・システムズ　95
非モビリティーズ　140, 142, 144, 147
貧困　94
フェアトレード　208

不公平な気候　185
沸騰　22
浮動　102
フード・マイル　187
不平等　92
ブランド　153
フレキシビリティ　→柔軟性
フロイト派　45
文化資本　14, 15, 78
分裂　16
ヘイロー　200, 201
ボイスメール　42
ポスト移動　198
ポスト9.11　204
ポスト炭素社会　iv
ポータブルな人格　iii, 4, 31

ま 行

マイクロエレクトロニクス　39
マス・ツーリズム　162
マタイ効果　83
『マッドマックス2』　198
メディア　160
モバイル　144-146
　——な関係性　130, 134, 136, 137, 140, 145-147
　——な親密性　113, 120, 128, 130, 133-136, 138, 146
　——・ライフ　90
　——・ライブズ　146
　——・ライフの戦略　111
モビリティ　113, 122, 128, 134, 141, 145, 215
　——・システム　129, 211, 212
　——・システムズ　91
　——・パラダイム　28
　——・プロセス　147
モビリティーズ　133, 135, 137, 140, 142-147
　——社会　110

251

――の速度　89
――・パラダイム　ii, 20
モビリティ複合体　13
モルジブ　186

や　行

「夢の仕事」　52
要塞世界　196
抑うつ　57
弱い紐帯　67-69, 73, 77

ら・わ行

ライフスタイル　34, 91, 93, 99, 109, 151
ラディカルな想像力　137
リキッド・モダニティ　95
リスク　130, 134, 212, 216
――社会　246
旅行　97, 99, 108, 109
労働組合　165
労働時間　81
ローカル・サスティナビリティ　192
ローカルズ　91
ローカルなもの　100
ローカル文化　74
6次のつながり　5
ロケットドリーム　190
ロック・イン　176
ワイルド・ゾーン　196

欧　文

Agustin, Laura Maria.　142, 144
Altink, Sietske.　141
Altman, Dennis.　143
Apple　36
Barthes, Roland.　156
Bauman, Zygmunt.　89, 104
Beck, Ulrich.　131
Bion, Wilfred.　51

BlackBerry　39
Bluetooth　35
Bollas, Christopher.　52
Boltanski, Luc.　102
Bourdieu, Pierre.　107
Carson, Rachel.　167
Castells, Manuel.　63, 142
Castoriadis, Cornelius.　137
Cetina, Knorr.　42
Chiapello, Eve.　102
Cohen, Daniel.　103
Davis, Mike.　149
Deleuze, Gilles.　159
Diamond, Jered.　209
Eisner, Wim.　141
Facebook　55
Foucault, Michel.　159
Freud, Sigmund.　134
Garland, Alex.　161
Giddens, Anthony.　130, 163, 208
Goffman, Erving.　153
Google　36, 49
Granovetter, Mark.　67
Hadid, Zaha.　168
Haseler, Stephen.　94
Hochschild, Arlie.　138, 139
Holmes, Mary.　138, 146
Homer-Dixon, Thomas.　182
Hubbert, Marion King.　183
IMF　→国際通貨基金
iMovie　36
IPCC　180, 181
iPhone　35
iPod　35
iTunes　40
King, Russell.　132
Krugman, Paul.　208
Kunstler, James.　184, 194

Lawson, Annette. 137
Leahy, Terry. 188
Le Corbusier. 190
Leggett, Jeremy. 183
Lewis, Paul. 173
Lovelock, James. 182
Lukas, Scott. 158
Luttwak, Edward. 94
Marx, Karl Heinrich. 80, 175
Mason, Jennifer. 130, 131
Monk, Daniel Bertland. 149
Moukarbel, Nayla. 139
Nie, Norman H. 58
Orwell 化 203
Phillips, Adam. 106, 134
Picasa 36, 49
Pinochet, Augusto. 179
Putnam, Robert. 85
Schumacher, Ernst. Friedrich. "Fritz". 192
Schwartz, Barry. 171
Scott, John. 95
Seabrook, Jeremy. 142

Second Life 45
Sheller, Mimi. 168
Simmel, Georg. 69, 82
Simpson, Tim. 166
SMS 37, 45
Sony 39
Stern, Nicholas. 205, 207
Stiglitz, Joseph. 208
Strahan, David. 183
Terry, Leahy. 176
Tett, Gillian. 94
Veblen, Thorstein. 172
VFR tourism 73
Walkman 39
Walsh, Katie. 133
Watters, Ethan. 133
Watts, Duncan. 67, 70
Wellman, Barry. 65, 81
we-think（私たちが考える） 65
WiFi 44
WTO →世界貿易機構

訳者紹介（所属，執筆分担，執筆順，＊は監訳者）

＊遠藤 英樹（監訳者紹介参照：はじめに・謝辞・第1章・訳者あとがき）

堀野 正人（奈良県立大学名誉教授：第2章）

寺岡 伸悟（奈良女子大学文学部教授：第3章）

神田 孝治（立命館大学文学部教授：第4章）

鈴木 涼太郎（獨協大学外国語学部教授：第5章・おわりに）

高岡 文章（立教大学観光学部教授：第5章）

山口 誠（獨協大学外国語学部教授：第6章）

須藤 廣（法政大学大学院政策創造研究科教授：第7章）

監訳者紹介

遠藤英樹（えんどう・ひでき）
　1963年生。
　1995年　関西学院大学大学院社会学研究科後期博士課程単位取得退学。
　現　在　立命館大学文学部教授。
　主　著『ガイドブック的！　観光社会学の歩き方』春風社，2007年。
　　　　『現代文化論――社会理論で読み解くポップカルチャー』ミネルヴァ書房，2011年。
　　　　『観光メディア論』ナカニシヤ出版，2014年。
　　　　『空間とメディア』ナカニシヤ出版，2015年。

　　　　　　　　　モバイル・ライブズ
　　　　　　　　――「移動」が社会を変える――

2016年11月10日　初版第1刷発行　　　　　〈検印省略〉
2021年3月30日　初版第2刷発行
　　　　　　　　　　　　　　　　　　　　定価はカバーに
　　　　　　　　　　　　　　　　　　　　表示しています

　　　　　　　　監　訳　者　　遠　藤　英　樹
　　　　　　　　発　行　者　　杉　田　啓　三
　　　　　　　　印　刷　者　　坂　本　喜　杏

　　　　　　　発行所　株式会社　ミネルヴァ書房
　　　　　　　　　　607-8494　京都市山科区日ノ岡堤谷町1
　　　　　　　　　　　　　　電話代表（075）581-5191
　　　　　　　　　　　　　　振替口座　01020-0-8076

　　　　Ⓒ遠藤英樹ほか，2016　　冨山房インターナショナル・新生製本

　　　　　　　　ISBN 978-4-623-07687-1
　　　　　　　　　Printed in Japan

ポップカルチャーで学ぶ社会学入門

遠藤英樹 著

Ａ５判／216頁／本体2400円

現代文化論

遠藤英樹 著

Ａ５判／176頁／本体2400円

よくわかる観光社会学

安村克己・堀野正人・遠藤英樹・寺岡伸悟 編著

Ｂ５判／216頁／本体2600円

ジェントリフィケーションと報復都市

ニール・スミス 著／原口　剛 訳

Ａ５判／480頁／本体5800円

再魔術化する都市の社会学

園部雅久 著

Ａ５判／264頁／本体5500円

――― ミネルヴァ書房 ―――
https://www.minervashobo.co.jp/